天津市教育科学规划课题（项目号：EIE220146）："双碳经济学"课程思政的内容体系与建设路径研究

双碳经济学概论

孙云鹏　编著

南开大學出版社

天　津

图书在版编目(CIP)数据

双碳经济学概论 / 孙云鹏编著. —天津 : 南开大
学出版社, 2023.10
　　ISBN 978-7-310-06476-2

　　Ⅰ. ①双… Ⅱ. ①孙… Ⅲ. ①低碳经济－经济学－概
论 Ⅳ. ①F062.2

中国国家版本馆 CIP 数据核字(2023)第 190471 号

双碳经济学概论
SHUANGTAN JINGJIXUE GAILUN

南开大学出版社出版发行
出版人:陈　敬

地址:天津市南开区卫津路 94 号　　邮政编码:300071
营销部电话:(022)23508339　营销部传真:(022)23508542
https://nkup.nankai.edu.cn

天津泰宇印务有限公司印刷　全国各地新华书店经销
2023 年 10 月第 1 版　　2023 年 10 月第 1 次印刷
240×170 毫米　16 开本　14.75 印张　2 插页　273 千字
定价:78.00 元

如遇图书印装质量问题,请与本社营销部联系调换,电话:(022)23508339

前　言

党的十八大以来，习近平总书记多次深刻指出："绿水青山就是金山银山""我国建设社会主义现代化具有许多重要特征，其中之一就是我国现代化是人与自然和谐共生的现代化，注重同步推进物质文明建设和生态文明建设"。2020年在第七十五届联合国大会上，我国正式提出"碳达峰、碳中和"重大战略目标（简称"双碳"目标）。党的二十大报告提出"积极稳妥推进碳达峰碳中和"，从建设人与自然和谐共生的中国式现代化的高度，对推动绿色发展、建设美丽中国做出重大战略部署，将生态优先、绿色发展作为鲜明导向，实施"碳达峰行动"，加快促进人与自然和谐共生。

"双碳"目标与人类命运共同体建设息息相关，是人类实现可持续发展的现实需要，也是推动我国经济实现高质量发展及中华民族永续发展的客观需要。"双碳"目标是我国基于推动构建人类命运共同体的责任担当和实现可持续发展的内在要求而做出的重大战略决策，展示了我国为应对全球气候变化做出的新努力和新贡献，彰显了中国积极应对气候变化、走绿色低碳发展道路、推动全人类共同发展的坚定决心，也向全世界展示了应对气候变化的中国雄心和大国担当。在此背景下，无论理论界还是实务界均需要探究"双碳经济学"的发展，为双碳目标的实现提供智力支持和人才保障。

本教材是我国第一本"双碳经济学"教材，具有首创性、前瞻性。本教材从双碳经济学的基本理论入手，对双碳与经济发展、可持续发展、绿色创新、生态创新、技术创新、交通、旅游、制造业等不同方面进行了深入讲解，意在为双碳经济学的理论学习和实践提供指南。本教材可作为经济学、管理学、环境与科学工程等专业本科生、研究生的教材使用，也可作为政府、企事业单位相关人员培训的参考用书。

本教材是天津市教育科学规划研究课题——本科院校"双碳经济学"课程思政建设路径研究（项目编号：EIE220146）的阶段性研究成果。特别感谢刘书瀚教授、陈冠益教授、包群教授、涂红教授、孙华平教授、刘小军教授、王玉婧教授、梁新义教授、姜达洋教授、尚云峰教授、梁学平教授、李海伟教授、刘程副教授、李颖副教授对本教材的主旨思想、框架设计、内容把握等提出宝贵意见和建议。本教材是团队成员共同编写的成果，在孙云鹏副教授的领导下，由姜宏、李浩宁、关伟民、曹宇凝、董誉婷等协助完成。

此外，本教材的面世也离不开南开大学出版社周敏女士等的辛苦编辑，借此表达深深的谢意！

孙云鹏

2023 年 7 月

目　录

1 什么是双碳经济学

1.1 双碳经济学概述

1.1.1 双碳经济学的定义

双碳，即碳达峰与碳中和的简称。碳达峰（peak carbon dioxide emissions）就是指在某一个时点，二氧化碳的排放达到峰值，不再增长，之后逐步回落。碳达峰是二氧化碳排放量由增转降的历史拐点，标志着碳排放与经济发展实现脱钩，达峰目标包括达峰年份和峰值。碳中和（carbon neutrality），即国家、企业、产品、活动或个人在一定时间内直接或间接产生的二氧化碳或温室气体排放总量，通过植树造林、节能减排等形式，以抵消自身产生的二氧化碳或温室气体排放量，实现正负抵消，达到相对"零排放"。"双碳"主要目标是倡导绿色、环保、低碳的生活方式，进一步迅速推动降低碳排放步伐，促进引导绿色技术创新，提高产业和经济的全球竞争力。

"双碳经济学"以国家"双碳"目标为导向，以绿色新发展理念为指导，以先进低碳技术为支撑，以产业低碳化转型与低碳产业化发展为主要内涵，以双碳为研究对象，探究双碳带动经济社会高质量发展而形成的新型经济形态，是在低碳经济学概念基础上的延展和升华。

1.1.2 双碳经济学的特点

一是覆盖领域广泛。相较于低碳经济，"双碳经济"涉及农业、制造业、服务业、社会治理等方面，能够引起经济社会各领域生产方式和生产关系发生革命性变化。

二是发展速度较快。过去一段时间低碳经济、技术和产业经历了由萌芽期到发展过渡期的演变，当前我国"双碳"目标明确提出"低碳"和"零碳"的相关政策、技术和产业要迅速向成熟期迈进，进而带动经济快速发展。

三是实践操作性较强。"双碳"目标的提出将"碳"在我国经济社会发展中的地位提升到新的高度，无论是碳排放指标的调整，还是大规模市场化碳交易，都倒逼着"碳"的评估由过去的定性分析向当前和未来的精准量化转变，保障经济发展低碳转型获得切实可见的成效。

四是行业集中度高。产业联盟或未来"双碳"目标下的产业格局将出现变化，行业集中度会进一步提高。清洁能源属于制造业，而制造业具有规模效应，规模越大，分摊的单位成本就越低，对于头部企业而言，规模优势不仅体现在制造工艺方面，还体现在人力资源方面。随着成本的降低和盈利的改善，头部企业将有更多的资金投入研发和招募人才，从而形成正反馈。进一步而言，行业集中度的提高也会使头部企业承担更多的社会责任，引导整个行业的低碳化转型，促成由龙头企业作为牵头者的产业联盟的形成，帮助促进联盟内部成员之间的技术合作、技术交流和技术转化，例如，2021年11月全球低碳冶金创新联盟宣布成立，成员来自15个国家的62家企业、高等院校和科研机构。未来类似的产业联盟或将逐步涌现，而最先涌现出来的可能是当前低碳化转型较为迫切的行业，如电力、钢铁、煤炭、运输等高耗能行业。

1.2 双碳经济学的由来与发展

1.2.1 双碳经济学的由来

中国于1992年经全国人大批准《联合国气候变化框架公约》（以下简称《公约》），并于1993年1月5日将批准书交存联合国秘书长处，《公约》自1994年3月21日起对中国生效。中国不仅成立了国家气候变化对策协调机构，而且根据国家可持续发展战略的要求，采取了一系列与应对气候变化相关的政策措施，为减缓和适应气候变化做出了积极贡献。在应对气候变化问题上，中国坚持共同但有区别的责任原则、公平原则和各自能力原则，坚决捍卫包括中国在内的广大发展中国家的权利。2002年，中国政府核准了《京都议定书》。2007年，中国政府制定了《中国应对气候变化国家方案》，明确了到2010年应对气候变化的具体目标、基本原则、重点领域及政策措施，要求2010年单位国内生产总值（GDP）能耗比2005年下降20%。2007年，科技部、国家发展改革委等14个部门共同制定和发布了《中国应对气候变化科技专项行动》，提出到2020年应对气候变化领域科技发展和自主创新能力提升的目标、重点任务和保障措施。

2013年11月，中国发布第一部专门针对适应气候变化的战略规划《国家适应气候变化战略》，使应对气候变化的各项制度、政策更加系统化。2015年6月，中国向《公约》秘书处提交了《强化应对气候变化行动——中国国家自主贡献》文件，确定了到2030年的自主行动目标：二氧化碳排放在2030年左右达到峰值并争取尽早达峰；单位国内生产总值二氧化碳排放比2005年下降60%~65%，非化石能源占一次能源消费比重达到20%左右，森林蓄积量比2005年增加45亿立方米左右。继续主动适应气候变化，在抵御风险、预测预警、防灾减灾等领域向更高水平迈进。作为世界上最大的发展中国家，中国为实现公约目标所能做出的最大努力得到国际社会的认可，世界自然基金会等18个非政府组织发布的报告指出，中国的气候变化行动目标已超过其"公平份额"。

在中国的积极推动下，世界各国于 2015 年达成了应对气候变化的《巴黎协定》，中国在自主贡献、资金筹措、技术支持、透明度等方面为发展中国家争取了最大利益。2016 年，中国率先签署《巴黎协定》并积极推动落实。到 2019 年底，中国提前超额完成 2020 年气候行动目标，树立了信守承诺的大国形象。通过积极发展绿色低碳能源，中国的风能、光伏和电动车产业迅速发展壮大，为全球提供了性价比最高的可再生能源产品，让人类看到可再生能源大规模应用的未来已来，从根本上提振了全球实现能源绿色低碳发展和应对气候变化的信心。

2020 年 9 月，习近平主席在第七十五届联合国大会上阐明，应对气候变化的《巴黎协定》代表了全球绿色低碳转型的大方向，是保护地球家园需要采取的最低限度行动，各国必须迈出决定性步伐。同时宣布，中国将提高国家自主贡献力度，采取更加有力的政策和措施，二氧化碳排放力争于 2030 年前达到峰值，争取 2060 年前实现碳中和。中国的这一庄严承诺，在全球引起巨大反响，赢得了国际社会的广泛积极评价。在此后的多个重大国际场合，习近平主席反复重申了中国的"双碳"目标，并强调要坚决落实。特别是在 2020 年 12 月举行的气候雄心峰会上，习近平主席进一步宣布，到 2030 年，中国单位国内生产总值二氧化碳排放将比 2005 年下降 65%以上，非化石能源占一次能源消费比重将达到 25%左右，森林蓄积量将比 2005 年增加 60 亿立方米，风电、太阳能发电总装机容量将达到 12 亿千瓦以上。习近平主席还强调，中国历来重信守诺，将以新发展理念为引领，在推动高质量发展中促进经济社会发展全面绿色转型，脚踏实地落实承诺目标，为全球应对气候变化做出更大贡献。

"双碳"目标是我国基于推动构建人类命运共同体的责任担当和实现可持续发展的内在要求而做出的重大战略决策，展示了我国为应对全球气候变化做出的新努力和新贡献，体现了对多边主义的坚定支持，为国际社会全面有效落实《巴黎协定》注入了强大动力，重振了全球气候行动的信心与希望，彰显了中国积极应对气候变化、走绿色低碳发展道路、推动全人类共同发展的坚定决心。也向全世界展示了应对气候变化的中国雄心和大国担当，使我国从应对气候变化的积极参与者、努力贡献者，逐步成为关键引领者。

"双碳"目标的发展与其对经济社会所产生的效应，形成了"双碳经济学"的基本形态。

1.2.2 双碳经济学的发展

能源使用技术与效率的提高往往决定了人类生产方式的变革，因此，绿色能源革命注定会对经济增长方式产生深远的影响。从全球能源革命的历史周期来看，主导能源革命的国家将成为最具有经济活力的经济体。

工业革命后，蒸汽机、内燃机的大量使用带动英国煤炭开采技术及利用效率的提升，1890 年英格兰与威尔士地区煤炭消费量占能源总消费量的比重已经达到了 95.5%。英国主导的，以煤炭为代表的能源革命，带动了 19 世纪中期欧洲经济的崛起。

20 世纪初期，化石燃料开采及使用技术在全球范围内普及，经济发展均必须依赖石油这一禀赋不均的能源资源，美国凭借大量的石油生产及油井开发技术，享受了油气电力革命带来的经济腾飞。比如，1924 年美国发电量相当于世界其他地区的总和。第二次世界大战之后，中东也凭借常规油气资源的充沛的禀赋持续享受能源红利。

展望未来，全球碳中和共振下，碳约束朝着中长期愈加严厉的趋势演变，新的一轮能源革命终将在可再生能源领域发生。2020 年 9 月 22 日，我国在第七十五届联合国大会一般性辩论上向世界做出中国二氧化碳排放力争于 2030 年前达到峰值、努力争取 2060 年前实现碳中和的承诺，在世界范围引起强烈反响。"双碳"目标与经济活动共同作用促进了降排减耗，推动了经济发展，进而演变为双碳经济学。

1.2.3　中国的双碳经济学

我们现有的国情面临着"三高一短"的基本局面。"三高"：第一，在世界上主要能源消耗国里，中国现有的能源结构中化石能源在总能源的比例及煤炭在三种化石能源中的比例都是最高的，是一个明显的高碳的能源结构；第二，现有的世界产业分工和中国社会经济产业的发展阶段是典型的高碳产业结构，煤电、钢铁、水泥等产业是大家公认高碳、难减碳的行业，在全球产业界里中国的占比最高，比例高就意味着未来的任务重；第三，中国是一个发展中国家，还处在进一步城市化、工业化进程当中，我们在增量当中求减碳，也新增了更多的困难。"一短"是指从碳达峰到碳中和我们只有三十年时间，跟欧美五六十年甚至六七十年的周期相比，我们的时间更短。

2020 年我国碳排放总量为 99 亿吨，居全球二氧化碳排放量的首位（占比高达 30%）。在全球气候治理框架下，"碳中和"是全球战略共识，北美洲和欧洲的主要发达国家已经经历经济高速增长时代，历史累积碳排放总量位居全球前列。如果以单一的横截面数据来作为衡量各国碳减排的标准难免有失公允，而以"人年"为单位的历史累积排碳算法能够相对更好地结合人际公平及区域公平，厘清各国碳减排的历史责任。

2021 年以来，全国"能耗双控"政策调控的升级、煤电短缺的"限电限产"对能源供给端的约束，驱动了市场周期行情；同时，海内外煤炭、石油、天然气等能源价格波动，催生了投资者对"碳中和"趋势下掀起绿色能源革命的

"渴望"。

中国科学院地理科学与资源研究所发布的《人均历史累积碳排放 3 种算法及结果对比分析》研究表明，1900—2010 年我国的人均历史累积碳排放在"人年"算法下分别为 0.406tC/人年，而美国在同一时段的数值为 4.755tC/人年，是我国的 11.71 倍，欧盟主要排放国为 3.989tC/人年，是我国的 9.82 倍。由此可见，跨过经济中高速增长阶段的发达经济体历史上贡献了更高的碳排放，而我国当前处在经济中高速增长的阶段，主动参与到全球碳中和阵营意味着承担了更多碳减排的历史责任。同时，从完成碳中和的时间安排来看，英国、法国和美国等发达国家的碳排放在 20 世纪 70 年代至 80 年代就已经实现达峰，留给他们实现碳中和的时间长达 70 年，而我国碳中和的时间仅约 30 年。站在全局角度，结合当前的经济发展阶段，我国完成"双碳"目标的任务十分艰巨。

更值得注意的是，从另一个角度来看，发展中经济体高速发展的初期阶段往往以高耗能、高排放、资源型的工业为主，工业推动经济增长的粗放模式需要化石能源的消耗，发展中的经济增速与能源消耗及碳排放份额变化趋势均表现得"高度一致"。而高碳排放部门与基础工业生产息息相关，碳排放权的大力约束必然会动摇传统的工业根基。

目前我国发展"双碳经济"仍存在问题，主要表现在以下几个方面：

第一，经济会存在短期波动。据相关数据预测，在现有的技术条件下要实现 75% 的脱碳转型意味着中国每年要多花 7200 亿美元的成本，而且这个成本曲线还会快速变陡，等到完全脱碳的时候，这个成本更是会提高到每年 1.8 万亿美元。中国 2023 年 6.0% 以上的经济增速目标定得并不高，看似保守但实则是基于长远考虑。一方面 2023 年的目标是"防风险"重于"稳增长"，另一方面是为了较好衔接明年甚至是未来几年的经济发展目标，同时为经济结构性升级预留空间，而这预留的空间很大程度上是为"双碳"目标下行业和企业转型可能引发的经济短期下行风险提供缓冲。中国经济"稳增长"的压力依然很大，同时双碳任务需要持续推进，而低碳化转型是个长期的过程，技术更新、设备迭代、储能发展都需要一定的发展时间和空间，因此各行业和各企业的脱碳尝试将使 2024 年的经济，尤其是制造业进一步承压。但同时我们乐观地相信，在低增长率数字的背后是高质量发展的积淀，此中蕴藏着未来巨大的发展潜能。

第二，成本与收益难以匹配。补贴与政策支持是早期脱碳改革的关键。资本是逐利的，但在低碳化转型初期，成本与收益很难匹配，且市场对未来的预期也不明朗，造成很多社会资本持观望态度。因此在双碳改革初期，补贴与财政支持是必要的驱动力和催化剂，只有当补贴或财政支持使企业达到盈亏平衡的边界，社会资本才会涌入，并助推产业加速成长。例如为支持太阳能产业发展，美国联邦政府给予太阳能产业 30%的减税优惠。此外，低碳转型还涉及"外部性"概念，即企业生产的利润独享，而生产过程中产生的碳排放，造成的环境污染却要由社会共同承担，这种外部性也需要政策的纠偏，否则企业自身是没有动力也没有动机进行低碳转型的。目前我国双碳支持政策持续出台，预计此类政策文件还会不断推陈出新，并且政策的内容会根据发展的不同阶段及不同阶段要达成的不同目标进行相应调整，但整体上易松难紧。

第三，缺乏健全长效机制。"双碳"目标下必然会伴随着改革摸索过程带来的经济下滑、失业增加等短期冲击，而建立健全长效机制可以缓解或减轻短期冲击带来的阵痛，并减少可能的风险外溢。在低碳转型过程中，传统高耗能企业可能会大量裁员，而与此同时，清洁能源领域会出现大量就业机会，但是失业人群可能无法胜任新增岗位的就业要求，造成结构性失业。这就需要建立长效机制来对这类群体进行再就业培训，提升其业务水平，满足新的岗位要求。同时在企业层面，也需要建立相关的投融资长效机制。投资端，ESG［环境（Environment），社会（Social），治理（Governance）］概念日益盛行，对于及早实践低碳转型的企业无疑是福音，随着资本的涌入，企业会发展得更快更好，并通过估值和股价的上升回馈投资者，从而形成良性循环；融资端，完善金融支持的长效机制，包括政策性银行的信贷倾斜、贷款贴息政策、财税优惠政策、研发补贴政策、出口退税政策等，更好地助力"双碳"目标早日实现。

第四，全球清洁能源设备需求或为我国制造业带来巨大增量。随着越来越多的国家或地区承诺碳中和，全球对相关清洁能源设备的资本开支也将急速攀升。据国际能源署（IEA）测算，2016—2020 年间全球在碳中和领域的年均投资规模约 2 万亿美元，2030 年年均投资规模将升至 5 万亿美元。而我国在清洁能源基础设施领域具有相对优势，在经历数十年的发展后，中国已从过去"三来一补"的局面转变成现今能源设备大国。根据黄奇帆教授的统计，全世界使用的清洁能源装备，不管是风电水电还是光伏装备材料，有 60%～70%的相关采购来源于中国，中国市场占有率高达 70%。根据国际能源署在《2050 年净零排放：全球能源行业路线图》的预测，2050 年清洁能源在全球电力结构中的占比将达到 90%，其中风能和太阳能光伏合计占比近 70%，而目前风能和太阳能占比仅为 10%左右，因此未来清洁能源设备具有巨大的成长空间，而我国凭借技术优势、规模优势，无疑将在整个资本开支链条中承担重要角色，并给国内相关制造业带来巨大增量。

1.3 双碳经济学的研究对象

基于宏观角度分析，碳中和正是一次经济转型，并且也是中华民族伟大复兴的思想、观念、生活的"三位一体"革命。基于微观角度分析，碳中和是具有代表性的供给侧结构性改革，倒逼企业在减排方面实现绿色转型，进一步提高产品质量和生产效率。

1.3.1 宏观维度

在宏观维度上，双碳经济学立足于双碳经济总体发展和碳总量变化进行研究。碳总量是分析双碳经济发展的现象、运行和特征的变量。针对产业收入、就业、价格水平、利率、汇率、政府收支、总投资、总消费、进出口等进行研究，都是对于宏观经济总量的研究。

从宏观维度看，双碳经济学重点研究总量问题，集中于相关产业经济的长期增长，收入水平的决定与波动，支出、利率、价格等宏观变量与收入之间的关系，失业问题，开放经济下的宏观经济运行问题，宏观经济政策取向与效果，都是双碳经济从宏观方面所要研究的问题。

1.3.2 微观维度

碳中和在社会上倡导以绿色为核心导向，进而重构社会经济复合系统，实现推动各产业间的协同发展与协同减排效应，充分将工业企业提升清洁能源消费与应用低碳技术有机结合。总而言之，在碳中和目标的实现过程中，社会经济系统将逐渐得到重构。

金融层面，推动绿色金融成熟稳定发展将完善现代金融体系。中国正在积极探索有关于投融资模式和服务模式等在内的成熟的绿色金融发展模式，加快完善金融体系建设，推动相关金融新标准出台，其中涉及产业分类标准、碳市场交易标准、环境信息披露标准等，同时全方位提供参与国际标准制定的机会，利用统一标准来提高绿色资金的国际流动性与国内外低碳市场的开放性，进而消除投资壁垒。

市场层面，碳市场发展模式能够为企业低碳转型带来机遇。碳市场的全国性建设为碳中和目标的实现提供了参考和有效的借鉴，并且也推动我国选择一些低碳路径发展情况较好的地区，成立以碳中和为中心的碳金融试点地区，更好地服务于当地企业，并发挥碳排放权交易的地区辐射作用。

民生层面，低碳经济将为劳动力提供更多的就业岗位。碳中和所带来的新兴绿色产业将为中国提供大量工作岗位和人才需求。在大企业自主探索减排路径与方式，进一步带动中小企业建立减排联盟的过程中，必然需要碳减排领域的管理人才、专业技术人才助力，而绿色初创企业为人民群众带来更多创新创业的机会。

风险层面，气候环境因素是企业风险管理的重点监控内容。气候环境风险重点表现在两个方面：一方面，企业本身进行低碳绿色转型带来的主观风险，涉及转型成本、政策变动、信贷审批等；另一方面，企业参与气候投融资中遇到的自然环境引发的客观风险。所以，风险层面的转变将进一步推动企业提高风险管理能力，设立专门的气候管理部门，提升整个行业的环境抗风险能力与国际气候防御力。

1.3.3　政府政策

1.3.3.1　国家层面

2020 年 9 月 22 日，习近平主席在第七十五届联合国大会一般性辩论上发表重要讲话："中国将提高国家自主贡献力度，采取更加有力的政策和措施，二氧化碳排放力争于 2030 年前达到峰值，努力争取 2060 年前实现碳中和。"

2020 年 9 月 30 日，习近平主席在联合国生物多样性峰会上发表重要讲话："中国将秉持人类命运共同体理念，继续做出艰苦卓绝努力，提高国家自主贡献力度，采取更加有力的政策和措施，二氧化碳排放力争于 2030 年前达到峰值，努力争取 2060 年前实现碳中和。"

2020 年 10 月 26 日，十九届五中全会《中共中央关于制定国民经济和社会发展第十四个五年规划和二〇三五年远景目标的建议》指出，实现能源资源配置更加合理、利用效率大幅提高。加快推动绿色低碳发展，降低碳排放强度，支持有条件的地方率先达到碳排放峰值，完成好 2023 年前碳排放达峰行动方案。全面推进实行排污许可制，推进排污权、用能权、用水权、碳排放权市场化交易。设定 2035 年远景目标为实现广泛形成绿色生产生活方式，碳排放达峰后稳中有降。

2020 年 11 月 12 日，习近平主席在第三届巴黎和平论坛上发表致辞："不久前，我提出中国将提高国家自主贡献力度，力争 2030 年前二氧化碳排放达到峰值，2060 年前实现碳中和，中方将为此制定实施规划。"

2021 年 2 月 22 日，国务院印发的《国务院关于加快建立健全绿色低碳循环发展经济体系的指导意见》指出，建立健全绿色低碳循环发展的经济体系，确保实现碳达峰、碳中和目标，推动我国绿色发展迈上新台阶。

2021 年 3 月 5 日，第十三届全国人民代表大会第四次会议做出的《政府工作报告》中指出，要扎实做好碳达峰、碳中和各项工作。制定 2030 年前碳排放达峰行动方案。优化产业结构和能源结构。

2021 年 3 月 11 日，第十三届全国人大四次会议提出的《中华人民共和国国民经济和社会发展第十四个五年规划和 2035 年远景目标纲要（草案）》指出，单位国内生产总值能源消耗和二氧化碳排放分别降低 13.5%、18%。落实 2030 年应对气候变化国家自主贡献目标，制定 2030 年前碳排放达峰行动方案。完善能源消费总量和强度双控制度，重点控制化石能源消费；实施以碳强度控制为主、碳排放总量控制为辅的制度，支持有条件的地方和重点行业、重点企业率先达到碳排放峰值；推动能源清洁低碳安全高效利用，深入推进工业、建筑、交通等领域低碳转型；加大甲烷、氢氟碳化物、全氟化碳等其他温室气体控制力度；提升生态系统碳汇能力；锚定努力争取 2060 年前实现碳中和，采取更加有力的政策和措施。

2021 年 4 月 22 日，习近平主席参加领导人气候峰会并发表重要讲话："中国承诺实现从碳达峰到碳中和的时间，远远短于发达国家所用时间，需要中方付出艰苦努力。中国将碳达峰、碳中和纳入生态文明建设整体布局，正在制定碳达峰行动计划，广泛深入开展碳达峰行动，支持有条件的地方和重点行业、重点企业率先达峰。中国将严控煤电项目，'十四五'时期严控煤炭消费增长、'十五五'时期逐步减少。此外，中国已决定接受《〈蒙特利尔议定书〉基加利修正案》，加强非二氧化碳温室气体管控，还将启动全国碳市场上线交易。"①

2021 年 4 月 26 日，中共中央办公厅、国务院办公厅印发的《关于建立健全生态产品价值实现机制的意见》中指出，健全碳排放权交易机制，探索碳汇权益交易试点。

2021 年 5 月 2 日，碳达峰碳中和工作领导小组第一次全体会议紧扣目标分解任务，加强顶层设计，指导和督促地方及重点领域、行业、企业科学设置目标、制定行动方案。

2021 年 9 月 12 日，中共中央办公厅、国务院办公厅印发《关于深化生态保护补偿制度改革的意见》指出："加快建设全国用能权、碳排放权交易市场。健全以国家温室气体自愿减排交易机制为基础的碳排放权抵消机制，将具有生态、社会等多种效益的林业、可再生能源、甲烷利用等领域温室气体自愿减排项目纳入全国碳排放权交易市场。"

2021 年 10 月 21 日，中共中央办公厅、国务院办公厅印发《关于推动城乡建设绿色发展的意见》中指出，坚持生态优先、节约优先、保护优先，坚持系统观念，统筹发展和安全，同步推进物质文明建设与生态文明建设，落实碳达峰、碳中和目标任务，推进城市更新行动、乡村建设行动，加快转变城乡建设方式，促进经济社会发展全面绿色转型，为全面建设社会主义现代化国家奠定坚实基础。

2021 年 10 月 24 日，《中共中央、国务院关于完整准确全面贯彻新发展理念做好碳达峰碳中和工作的意见》提出五方面的主要目标。作为碳达峰碳中和"1+N"政策体系中的"1"，《意见》为碳达峰碳中和这项重大工作进行系统谋

---

① 光明网，习近平在《领导人气候峰会上的讲话（全文）》，2021-04-22.

划、总体部署。根据《意见》，到 2025 年，绿色低碳循环发展的经济体系初步形成，重点行业能源利用效率大幅提升，单位国内生产总值能耗比 2020 年下降 13.5%，单位国内生产总值二氧化碳排放比 2020 年下降 18%，非化石能源消费比重达到 20% 左右，森林覆盖率达到 24.1%，森林蓄积量达到 180 亿立方米，为实现碳达峰、碳中和奠定坚实基础；到 2030 年，经济社会发展全面绿色转型取得显著成效，重点耗能行业能源利用效率达到国际先进水平，单位国内生产总值能耗大幅下降，单位国内生产总值二氧化碳排放比 2005 年下降 65% 以上。

2021 年 10 月 26 日，《国务院关于印发 2030 年前碳达峰行动方案的通知》发布主要目标："十四五"期间，产业结构和能源结构调整优化取得明显进展，重点行业能源利用效率大幅提升，煤炭消费增长得到严格控制，新型电力系统加快构建，绿色低碳技术研发和推广应用取得新进展，绿色生产生活方式得到普遍推行，有利于绿色低碳循环发展的政策体系进一步完善。到 2025 年，非化石能源消费比重达到 20% 左右，单位国内生产总值能源消耗比 2020 年下降 13.5%，单位国内生产总值二氧化碳排放比 2020 年下降 18%，为实现碳达峰奠定坚实基础。"十五五"期间，产业结构调整取得重大进展，清洁低碳安全高效的能源体系初步建立，重点领域低碳发展模式基本形成，重点耗能行业能源利用效率达到国际先进水平，非化石能源消费比重进一步提高，煤炭消费逐步减少，绿色低碳技术取得关键突破，绿色生活方式成为公众自觉选择，绿色低碳循环发展政策体系基本健全。到 2030 年，非化石能源消费比重达到 25% 左右，单位国内生产总值二氧化碳排放比 2005 年下降 65% 以上，顺利实现 2030 年前碳达峰目标。该《通知》发布重点任务：将碳达峰贯穿于经济社会发展全过程和各方面，重点实施能源绿色低碳转型行动、节能降碳增效行动、工业领域碳达峰行动、城乡建设碳达峰行动、交通运输绿色低碳行动、循环经济助力降碳行动、绿色低碳科技创新行动、碳汇能力巩固提升行动、绿色低碳全民行动、各地区梯次有序碳达峰行动等"碳达峰十大行动"。

1.3.3.2　部委层面

2020 年 12 月 29 日，生态环境部印发《2019—2020 年全国碳排放权交易配额总量设定与分配实施方案（发电行业）》《纳入 2019—2020 年全国碳排放权交易配额管理的重点排放单位名单》，加快推进全国碳排放权交易市场建设。

2020 年 12 月 31 日，生态环境部发布的《碳排放权交易管理办法（试行）》指出，建设全国碳排放权交易市场是利用市场机制控制和减少温室气体排放、推动绿色低碳发展的重大制度创新，也是落实我国二氧化碳排放达峰目标与碳中和愿景的重要抓手。

2021 年 1 月 11 日，生态环境部印发的《关于统筹和加强应对气候变化与生态环境保护相关工作的指导意见》中指出，要积极应对气候变化国家战略，更好履行应对气候变化牵头部门职责，统筹和加强应对气候变化与生态环境保护相关工作。

2021 年 3 月 26 日，生态环境部印发《企业温室气体排放报告核查指南（试行）》用以规范全国碳排放权交易市场企业温室气体排放报告核查活动。

2021 年 5 月 17 日，生态环境部发布《碳排放权登记管理规则（试行）》《碳排放权交易管理规则（试行）》和《碳排放权结算管理规则（试行）》，用以规范全国碳排放权登记、交易、结算活动。

2021 年 5 月 30 日，生态环境部发布《关于加强高耗能、高排放建设项目生态环境源头防控的指导意见》，坚决遏制高耗能、高排放项目盲目发展，推进"两高"行业减污降碳协同控制。

2021 年 7 月 1 日，国家发展改革委印发《"十四五"循环经济发展规划》，推进循环经济发展，构建绿色低碳循环的经济体系，助力实现碳达峰、碳中和目标。

2021 年 7 月 15 日，国家发展改革委印发的《国家发展改革委、国家能源局关于加快推动新型储能发展的指导意见》提出，以实现碳达峰、碳中和为目标，推动新型储能快速发展。

2021 年 9 月 11 日，国家发展改革委员会印发的《完善能源消费强度和总量双控制度方案》提出，完善能源消费强度和总量双控制度，助力实现碳达峰、碳中和目标。

2021 年 10 月 18 日，《国家发展改革委等部门关于严格能效约束推动重点领域节能降碳的若干意见》发布，出台冶金、建材、石化、化工等重点行业严格能效约束推动节能降碳行动方案。

2021 年 10 月 26 日，生态环境部发布《关于做好全国碳排放权交易市场数据质量监督管理相关工作的通知》，要求迅速开展企业碳排放数据质量自查工作，各地生态环境局对本行政区域内重点排放单位 2019 年度和 2020 年度的排放报告和核查报告组织全面自查。

2021 年 10 月 28 日，生态环境部发布《关于在产业园区规划环评中开展碳排放评价试点的通知》，要求充分发挥规划环评效能，选取具备条件的产业园区，在规划环评中开展碳排放评价试点工作。

1.3.3.3　地方层面

2021 年 3 月 13 日，北京市发布的《北京市国民经济和社会发展第十四个五年规划和二〇三五年远景目标纲要》明确了"十四五"时期的发展目标：能源资源利用效率大幅提高，单位地区生产总值能耗持续下降，碳排放稳中有降，碳中和迈出坚实步伐，为应对气候变化做出北京示范。"十四五"时期的重点任务：发布实施碳中和时间表路线图，实现碳达峰后稳中有降，率先宣布碳达峰研究开展应对气候变化立法。制定应对气候变化中长期战略规划。开展碳中和路径研究。系统建立碳排放强度持续下降和排放总量初步下降的"双控"机制。完善低碳标准体系。强化二氧化碳与大气污染物协同控制，实现碳排放水平保持全国领先。深化完善市场化碳减排机制，积极争取开展气候投融资试点。研究低碳领跑者计划。优化造林绿化苗木结构，推广适合本市的高碳汇量树种，进一步增加森林碳汇。积极开展应对气候变化国际交流合作。推动产业绿色化发展。完善能源和水资源总量和强度双控机制，大力发展循环经济，推动资源利用效率持续提升。

2021 年 2 月 8 日，天津市发布的《天津市国民经济和社会发展第十四个五年规划和二〇三五年远景目标纲要》明确了"十四五"时期的发展目标：生产生活方式绿色转型成效显著，能源资源配置更加合理、利用效率大幅提高。"十四五"时期的重点任务：做好碳达峰、碳中和工作，制定实施力争碳排放提前达峰行动方案，开展重点行业碳排放达峰行动，推动钢铁、电力等行业率先达峰。深化天津碳排放权交易试点市场建设，推动市场机制在控制温室气体排放中发挥更大作用。创新开展近零碳排放区建设。促进资源节约高效循环利用。严格实行能耗总量和强度"双控"，大幅降低能耗强度，严格控制能源消费总量增速。2021 年 9 月 27 日，天津市出台《天津市碳达峰碳中和促进条例》。这是全国首部以促进实现碳达峰、碳中和目标为立法主旨的省级地方性法规。

2021 年 5 月 31 日，河北省发布的《河北省国民经济和社会发展第十四个五年规划和二〇三五年远景目标纲要》明确了"十四五"时期的发展目标与任务：制定实施碳达峰、碳中和中长期规划，支持有条件市、县率先达峰。开展大规模国土绿化行动，推进自然保护地体系建设，打造塞罕坝生态文明建设示范区。强化资源高效利用，建立健全自然资源资产产权制度和生态产品价值实现机制。2021 年的重点任务：推动碳达峰、碳中和。制定省碳达峰行动方案，完善能源消费总量和强度"双控"制度，提升生态系统碳汇能力，推进碳汇交易，加快无煤区建设，实施重点行业低碳化改造，加快发展清洁能源，光电、风电等可再生能源新增装机 600 万千瓦以上，单位国内生产总值二氧化碳排放下降 4.2%。2021 年 9 月 20 日，河北省印发的《关于建立降碳产品价值实现机制的实施方案（试行）》中提出，加快建立健全河北省生态产品价值实现机制，实现降碳产品价值有效转化，遏制高耗能、高排放行业盲目发展，助力经济社会发展全面绿色转型。

2021 年 4 月 9 日，山西省发布的《山西省国民经济和社会发展第十四个五年规划和二〇三五年远景目标纲要》明确了"十四五"时期的发展目标：绿色能源供应体系基本形成，能源优势特别是电价优势进一步转化为比较优势、竞争优势。"十四五"时期的重点任务：实施碳达峰、碳中和山西行动。主动应对气候变化，以市场化机制和经济手段降低碳排放强度，制定山西省碳达峰碳中和行动方案。探索建立碳排放总量和强度"双控"制度。加快调整优化能源结构，推动煤炭消费尽早达峰，大力发展新能源。开展近零碳排放、气候融资等各类试点示范。完善金融服务，适时推动碳税改革试点。2021 年 7 月 22 日，山西省碳达峰碳中和工作领导小组第一次会议提出，持续大力推进产业转型升级，深化能源革命综合改革试点，加强能耗总量和强度"双控"管理，加快绿色低碳循环发展，推动经济社会绿色转型，奋力实现碳达峰碳中和目标。会议审议通过了《省推进碳达峰碳中和工作领导小组工作规则》《省推进碳达峰碳中和工作领导小组办公室工作细则》。2021 年 9 月 7 日，山西省碳达峰碳中和工作领导小组开展第二次会议，要求深入研究山西省碳排放结构特征、变化趋势和影响因素，高质量编制山西行动方案，明确碳达峰时间表、路线图、施工图，落细落实工作举措。

2021 年 2 月 7 日，内蒙古自治区发布的《内蒙古自治区国民经济和社会发展第十四个五年规划和二〇三五年远景目标纲要》明确了"十四五"时期的发展目标：生态文明制度不断完善，生产生活方式绿色转型成效显著，能源资源配置更加合理、利用效率大幅提高，节能减排治污力度持续加大。"十四五"时期的重点任务：坚持减缓与适应并重，开展碳排放达峰行动。积极调整产业结构、优化能源结构、提高能源利用效率、增加森林草原生态系统碳汇，有效控制温室气体排放。建立健全碳排放权交易机制，深化低碳园区和气候适应型、低碳城市试点示范，大力推进应对气候变化投融资发展。探索重点行业碳排放达峰路径，积极构建低碳能源体系，重点控制电力、钢铁、化工、建材、有色等工业领域排放，有效降低建筑、交通运输、农业、商业和公共机构等重点领域排放，推动地方和重点行业落实自主贡献目标。提高城乡基础设施、农业林业和生态脆弱区适应气候变化能力。2021 年 9 月 17 日，内蒙古自治区印发的《内蒙古自治区人民政府关于加快建立健全绿色低碳循环发展经济体系具体措施的通知》提出，建立健全自治区绿色低碳循环发展经济体系。2021 年 9 月 26 日，内蒙古自治区印发的《内蒙古自治区"十四五"生态环境保护规划》提出以下发展目标："十四五"时期，绿色低碳发展加快推进，能源资源利用效率大幅提高，碳排放强度有所下降，生产生活方式绿色转型成效明显。到 2035 年，绿色生产生活方式广泛形成，碳排放达峰后稳中有降，经济社会发展全面绿色转型，生态环境根本好转，美丽内蒙古基本建成。《规划》中提出的重点任务：

以加快推进碳达峰、碳中和进程为目标,坚持减缓与适应并重,协同推进应对气候变化与环境治理、生态保护修复工作,有效降低碳排放强度。实施应对气候变化战略,增强应对气候变化能力。

1.4 双碳经济学的研究方法

1.4.1 演绎法和归纳法

演绎法是从既有的普遍性结论或一般性事理中推导出个别性结论的一种方法,即由较大范围逐步缩小到所需的特定范围。在演绎论证中,普遍性结论是依据,个别性结论是论点,它反映了论据与论点之间由一般到个别的逻辑关系。

演绎法的主要作用如下:第一,检验假设和理论。演绎法对假说做出推论,同时利用观察和实验来检验假设。第二,逻辑论证的工具。为科学知识的合理性提供逻辑证明。第三,做出科学预见的手段。把一个原理运用到具体场合,做出正确推理。

演绎推理是一种必然性推理,推理的前提是一般,推出的结论是个别,一般中概括了个别。事物有共性,必然蕴藏着个别,所以"一般"中必然能够推演出"个别",而推演出来的结论是否正确,取决于大前提是否正确,推理是否合乎逻辑。演绎法也有其局限性,推理结论的可靠性受前提(归纳的结论)的制约,而前提是否正确,在演绎范围内是无法解决的。在演绎论证中,普遍性结论是依据,而个别性结论是论点。演绎推理反映了论据与论点之间由一般到个别的逻辑关系。

归纳法是一种由个别到一般的推理,即由一定程度的关于个别事物的观点过渡到范围较大的观点,由特殊具体的事例推导出一般原理、原则的解释方法。自然界和社会中的一般,都存在于个别、特殊之中,并通过个别而存在。一般都存在于具体的对象和现象之中,因此,只有通过认识个别,才能认识一般。人们在解释一个较大事物时,从个别、特殊的事物总结、概括出各种各样的带有一般性的原理或原则,然后才可能从这些原理、原则出发,再得出关于个别事物的结论。这种认识秩序贯穿于人们的解释活动中,不断从个别上升到一般,即从对个别事物的认识上升到对事物的一般规律性的认识。例如,根据各个地区、各个历史时期生产力不发展所导致的社会生活面貌落后,可以得出生产力发展是社会进步的动力这一结论,这正是从对于个别事物的研究中得出一般性结论的推理过程,即归纳推理。显然,归纳推理是从认识研究个别事物到总结、概括一般性规律的推断过程。在进行归纳和概括的时候,解释者不单纯运用归纳推理,同时也运用演绎推理。在人们的解释思维中,归纳和演绎是不可分割的。

　　归纳和演绎这两种方法既互相区别、互相对立，又互相联系、互相补充，它们相互之间的辩证关系表现如下：一方面，归纳是演绎的基础，没有归纳就没有演绎；另一方面，演绎是归纳的前导，没有演绎也就没有归纳。一切科学的真理都是归纳和演绎辩证统一的产物，离开演绎的归纳和离开归纳的演绎，都无法获得真理。

　　归纳和演绎是互为条件、互相渗透，并在一定条件下互相转化的。归纳出来的结论，成为演绎的前提，归纳转化为演绎；以一般原理为指导，通过对大量材料的归纳得出一般结论，演绎又转化为归纳。归纳和演绎是相互补充，交替进行的。归纳后随之进行演绎，归纳出的认识成果得到扩大和加深；演绎后随之进行归纳，用对实际材料的归纳来验证和丰富演绎出的结论。人们的认识，在这种交互作用的过程中，从个别到一般，又从一般到个别，循环往复，一步步深化。

1.4.2　静态分析、动态分析和比较静态分析

　　静态分析（static analysis）就是分析经济现象的均衡状态及有关的经济变量达到均衡状态所需要具备的条件，它完全抽调了时间因素和具体变动的过程，是一种静止、孤立考察某些经济现象的方法。例如考察市场价格时，它研究的是价格随供求关系上下波动的趋向或者供求决定的均衡价格，也就是说这种分析只考察任一时点上的均衡状态。

　　动态分析（dynamic analysis）就是对经济变动的实际过程进行分析，其中包括分析有关变量在一定时间内的变动、这些经济变量在变动过程中的相互影响和彼此制约关系，以及它们在每一时点上变动的速率等。这种分析考察时间因素的影响，并把经济现象的变化当作一个连续的过程来看待。蛛网模型就是运用动态分析一个典型的例子。

　　比较静态分析（comparative analysis）就是分析在已知条件发生变化后经济现象均衡状态相应的变化，以及有关的经济总量在达到新的均衡状态时的相应变化，即对经济现象有关经济变量一次变动（而不是连续变动）的前后进行比较。此种分析就是比较一个经济变动过程的起点和终点，而不涉及转变期间和具体变动过程本身，实际上只是对两种既定的自变量和它们各自相应的因变量的均衡值加以比较。

　　分析单个供求均衡时运用的就是静态分析。当影响供求的因素发生变化时，相应的供给和需求曲线也会发生移动，它们会达到新的均衡状态，这时运用的就是比较静态分析，即两个均衡状态的比较。动态分析则是分析当每一期自变量发生变化，相应的因变量的变化情况，同时把时间的因素考虑进去。

　　静态分析和动态分析的基本区别在于，前者不考虑时间因素，而后者考虑

时间因素。或者说，静态分析考察一定时期内各经济变量之间的相互关系，而动态分析考察各种经济变量在不同时期的变动情况。静态分析主要是一种横截面分析，不涉及时间因素所引起的变动；而动态分析是一种时间序列分析，要涉及时间因素所引起的变动。换言之，静态分析研究经济现象的相对静止状态，而动态分析研究经济现象的发展变化过程。静态分析方法是抽象掉了时间因素和变化过程而静止地分析问题的方法，主要致力于说明什么是均衡状态和均衡状态所要达到的条件，而不管达到均衡的过程和取得均衡所需要的时间。当条件转化以后，均衡状态会由一种状态转化到另一种状态。不论简单静态分析还是比较静态分析，都只集中在均衡立直上面，它既不涉及达到一个均衡位置所需要的时间，也不涉及各个变量间均衡状态变化所经过的路线。然而，动态分析就需要考虑这些问题，动态分析是对经济体系变化运动的数量进行研究，通过引进时间因素来分析经济事件从前到后的调整过程。

在经济分析中，静态分析必须同动态分析相结合，但更应坚持以动态分析法作为主要的经济研究方法。如果只着眼于前后均衡状态的比较，而不考虑从一个均衡点到另一个均衡点的移动过程和经济变化中的时间延滞，则为比较静态分析方法。

1.4.3　经济模型法

经济模型是经济理论的数学表述。经济模型是一种分析方法，它极其简单地描述现实世界的情况。现实世界的情况是由各种主要变量和次要变量构成的，错综复杂，除非把次要因素排除，否则就不可能进行严格的分析，或者导致分析复杂得无法进行。

通过做出某些假设，可以排除许多次要因子，从而建立起模型，对假设的特殊情况进行分析。经济模型本身可以用带有图表或文字的方程来表示。

经济学的研究是通过对社会现象建立模型来进行的，通过一个模型，我们可以简单地表示现实世界的情况。模型的力量在于能去除无关的细节，从而让经济学家把研究重点放在经济现实的基本特征上。在建立模型时，选择正确的简化方法是具有一定艺术的。一般而言，我们要采用的是最简单的并且能够描述出我们正在考察的经济状况的模型，然后再逐步增加复杂的因素，使模型变得更为贴合实际情况。

经济学研究中的基本经济数学模型如下：

第一，边际分析模型。设成本函数为 $C = C(q)$（q 是产量），则边际成本表示产量为 q 时生产 1 个单位产品所花费的成本。设需求函数为 $P = P(q)$（q 是产量，P 是价格），则收益函数为 $R = R(q) = q \cdot p(q)$，边际收益表示销售量为 q

时销售 1 个单位产品所增加的收入。设利润函数 $L = L(q) = R(q) - C(q)$，则边际利润 $ML = L'(q)$，表示销售量为 q 时销售 1 个单位产品所增加的利润。

第二，弹性分析模型。设需求函数 $q = q(p)$，q 是需求量，P 是价格。需求价格弹性表示如下：当价格上升百分之一时，需求量减少百分之一；当价格下降百分之一时，需求量上升百分之一。需求收入弹性表示如下：需求量是收入的（单增）函数，$q = q(R)$，q 是需求量，R 是收入，则当收入增加百分之一时，需求量增加百分之一；当收入减少百分之一时，需求量减少百分之一。

第三，最大利润模型。设总利润 $L = L(q) = R(q) - C(q)L(q)$，总利润取得最大的必要条件：$L'(q) = 0$；总利润取得最大的充分条件：$L''(q) < 0$。

第四，线性回归方程。设变量 x 与 y 存在线性关系，$y = ax + b$，对 n 项实验的 n 对数据 $(x_1, y_1), (x_2, y_2), \cdots (x_n, y_n)$，可得出 $y = ax + b$。

第五，风险型决策数学模型。期望值准则如果用 A 表示各行动方案的集合，N 表示各自然状态的集合，P 是各状态出现的概率向量，M 是益损值的矩阵，即这时，则决策实质就是求向量 $E(A)$ 的最大元或最小元对应的行动方案。除此之外，还经常使用决策树方法，形式上采用了树状图，实质还是对各方案的期望值进行比较。

1.5　双碳经济学科与其他学科的联系

1.5.1　双碳经济学与其他学科的关系

双碳经济学与其他社会学科是相互关联的。双碳经济学是建立在生态学的基础上的，与工业等相关产业紧密联系在一起。此外，经济学还涉及其他学科，包括法学、伦理学、历史学、心理学、教育学、管理学、民俗学、新闻学、传播学等。

1.5.2　双碳经济学与其他学科的相同点

双碳经济学与生态学具有内在的联系性和彼此的互动性。生态学包含了对整个生态系统的研究，由于生态系统的整体性与复杂性直接反映出生态系统中事物联系的多样性，并且人类社会的存在依赖于生态经济大系统中生物多样性的平衡和自我调节。生态学与双碳的联系是通过减少碳排放，在合理有序恢复与调节生态系统的基础上探究"双碳"目标带来的经济效益与社会效益。双碳经济学与生态学具有区域差异性这一相同点。双碳经济学兼具短期与长期效应，一方面研究减少碳排放量所带来短期的经济效益，另一方面强调长远的生态效益及资源配置和自然环境的代际公平性，其研究的生态保护、资源节约、环境治理等都是具有长远战略意义的问题。

伦理学是社会构建的基础，必须依附在经济学和政治学的基础上。法学是构建伦理和实现政治经济目标的基础工具。历史学，则是经济学的参考学科，经济发展必须要从历史中归纳经验。社会学是经济学的另一个角度的理论框架，其目标是一致的，但侧重点有所不同。教育学、管理学则是经济目标下的细分项。人类学、民俗学与社会学紧密相关。新闻学、传播学则是更下层的细分学科。经济学和自然科学的关联性，是近年来经济学发展的主要方向。经济学主要研究目标是人的行为，更多地侧重于人的经济行为。经济学原理有个重要支柱，就是效用理论。效用是人们进行机会成本判断、做出权衡取舍的基础，但不同的人对同样的商品感受到的效用完全不同，这就使效用理论无法进入自然科学领域。近年新出现的社会行为学，是经济学和心理学的整合，是经济学研究的新领域。

相比物理学、化学、生物学等自然科学旨在解释和预测自然环境中某一特定的层次或者片段，经济学等社会科学更像是人类社会的映射，它们的研究对象都是人类社会，但参照的角度不同。经典的经济学研究建立在理性人基础上，研究社会中商品和服务的生产和分配，以及生产者和消费者在市场的中如何做出选择。经济学与其他社会科学的关系如下：①经济学与社会学。从社会学的视角来看，经济类似于政治，是一种单一的社会制度，是一般社会制度在经济领域的存在形态和具体表现。因此，社会学对具体经济分配原理并不感兴趣，其关注点主要在于经济分配对社会阶层及社会不平等的影响。②经济学与人类学。人类学关注人类社会的演变，其主要关心的问题是人类社会的物质文化和非物质文化的演变。因此，人类学更多关注于人类经济的演变，包括交换的出现、货币的产生等。③经济学与心理学。心理学的关注点是人"内部"的心理现象和结构，包括心理的生理基础、记忆、情绪、智力、认知等多方面。而经济学中的决策正是由微观主体的个人决策决定的，因此认知心理学等关于人类问题解决和决策的研究与经济学的基本假设——"理性人"假设相关。心理学的研究本质上挑战了经济学的基本假设，这也进一步促进了经济学的发展。经济学、社会学和心理学被称为管理学的三块基石，其中经济学部分主要包括组织如何应对外部经济环境的变动，企业内部的会计系统及财务管理系统的部分。从经济学的起源来看，经济学源于政治学，因此初期的经济学又被称为"政治经济学"（不是指现在国内大学的马克思主义经济学），而随着经济学的发展，经济学家们认为经济学不只是为政治服务的，而是包含了对经济本身运行规律的探索。因此，经济学研究常常可以分为实证和规范两类，其中实证研究站在中立的科学家立场上揭示经济运行规律，而规范研究站在政策评价者和建议者的角度对经济政策进行评估并指导其制定。除了以上经济学与其他社会科学的交叉外，还有很多领域交叉，如法经济学、信息经济学等。

1.5.3 双碳经济学与其他学科的不同点

双碳经济学与经济学的区别体现在，双碳经济学是以碳排放为基础，研究碳总量与经济之间关系的学科，而经济学是研究人类社会在各个发展阶段的各种经济活动和相应的经济关系及其运行、发展的规律的学科。因此，两个学科所研究的主体对象存在一定的差异，研究的基础也存在一定的差距。

双碳经济学与碳金融的区别主要在于研究对象不同，双碳经济学被划分到社会科学，主要研究重点是宏观上的碳总量、消费，以及商品、服务和资源的分配问题。并且，双碳经济学也涉及政府关于碳的税收政策、货币政策，以及其他管制政策对宏观经济和微观企业、市场参与者的影响与作用；研究市场的供给与需求问题。这些双碳经济学领域的问题往往与微观市场参与者（包括企业、个人等）的金融决策（如融资、投资等）紧密相连。而碳金融的主要研究对象是碳市场的交易理论等。

双碳经济学与投资学也有区别。投资学是对投资进行系统研究，从而实现科学投资。投资学覆盖证券投资、国际投资、企业投资等范围。投资学专业旨在培养理论和能力兼备的高素质的投资专门人才。此外，双碳经济学与碳金融、投资学的实践内容也不同，从狭义上说，双碳经济学主要研究碳总量与经济发展之间的关系，立足于宏观层面，其包括工业、农业等；碳金融只是对碳市场交易方面进行研究。

1.6 怎样学习双碳经济学

第一，要学好双碳经济学这门学科，首先要奠定好经济学基础。对于微观经济学，可以先学习初级经济学，推荐教材为高鸿业的《微观经济学》、平狄克的《微观经济学》、萨缪尔森的《经济学》、曼昆的《经济学》等。对于宏观经济学，除了要认真研读高鸿业的《宏观经济学》、多恩布什的《宏观经济学》、萨缪尔森的《经济学》和曼昆的《经济学原理》等教材外，平时还要多看宏观经济评论，以训练宏观经济思维。

第二，要多训练经济思维。需要多接触以下媒介：一是媒体，多看相关新闻；二是论坛，中国经济学教育科研网、经管之家论坛都是非常大的交流论坛，有助于开阔视野；三是相关经济学的经典书籍；四是优质网络资源。要训练独立思考的能力，经济学毕竟是研究经济社会的学科，需要对经济结构有必要的了解，需要经常翻看一些常识性的教材，如商业银行学书籍介绍金融市场结构，财政学书籍介绍基本的财政运作知识，统计学书籍介绍如何分析数据，会计学书籍介绍企业财务方面知识等，有助于理解经济学课程。

第三，在学好经济学的基础上，关注碳经济的运行机制，分析实现"双碳"目标对社会所产生的影响，分析碳交易市场与各个行业之间所产生的经济效应、边际效应、经济发展规律等。

本章小结

本章作为全书的第一章，简单介绍了双碳经济学，主要对双碳经济学的相关内容进行了概述，介绍了双碳经济学的研究对象、研究方法，梳理了双碳经济学的由来与发展，讲解了双碳经济学和其他学科的联系，以及学好双碳经济学的方法。

思考与练习

1. 双碳经济学的含义是什么？
2. 双碳经济学与经济学的区别是什么？
3. 双碳经济学的研究方法是什么？
4. 简述我国双碳经济学的发展历程。
5. 梳理促进"双碳"目标实现的相关政策。

2 碳达峰概述

2.1 碳达峰的概念

国家"十四五"规划首次明确了我国实现碳达峰、碳中和的时间表和路线图，指出"落实 2030 年应对气候变化国家自主贡献目标，制定 2030 年前碳排放达峰行动方案，努力争取 2060 年前实现碳中和"。中共中央、国务院印发的《国家综合立体交通网规划纲要》明确指出，加快推进绿色低碳发展，交通领域二氧化碳排放尽早达峰。交通领域作为第三大二氧化碳排放源，理应成为我国碳达峰与碳中和战略的一个重要着手点。2021 年 3 月 15 日，中央财经委员会第九次会议提出了要把碳达峰、碳中和纳入生态文明建设整体布局，力争 2030 年前实现碳达峰，2060 年前实现碳中和。我国做出承诺，二氧化碳排放量在 2030 年前不会增加，并且随着达到峰值后会逐渐减少。

习近平主席在联合国会议上向国际社会做出了碳达峰、碳中和的承诺，在 2022 年的政府工作报告中也明确提出要做好碳达峰、碳中和的相关工作，这表明中国政府对于实现降低碳排放有了明确的目标和坚定的信念。碳中和意味着碳排放和碳利用要达到平衡，简单地说就是自己排放的二氧化碳自己消化利用，这就从两方面提出要求：一是减少碳排放，二是加大二氧化碳的转化利用，从而实现碳中和的目标。虽然我国正处在社会主义初级阶段，发展的任务还十分艰巨，与发达国家相比，实现碳中和的时间短、任务重，但我们做出主动承诺，充分展现了大国的责任与担当。

2.1.1 碳达峰的提出

2.1.1.1 碳减排目标发展历程

2007 年，国务院公布了《中国应对气候变化国家方案》，这是中国第一份全面应对气候变化的政策文件，也是发展中国家颁布的第一部应对气候变化的国家方案。其中制定了各项节能减排的举措，通过实施产业结构调整、科技进步方案、加强法律监管及一系列的激励政策来动员全民加入节能降耗的队伍中来。我国碳减排目标的最终提出经历了 5 个发展历程（见表 2-1）。

表 2-1　我国碳减排目标的发展历程

2007 年	● 《中国应对气候变化国家方案》
2009 年	● 召开哥本哈根气候大会 ● 到 2020 年碳强度较 2005 年下降 40%~45%，非化石能源占一次性能源消费比重达 15% 左右 ● 积极发展低碳经济和循环经济，研发和推广气候友好技术
2014 年	● 首次正式提出 2030 年左右二氧化碳排放达到峰值 ● 非化石能源占比达到 20%
2016 年	● 签署《巴黎协定》 ● 二氧化碳排放 2030 年左右达到峰值并争取尽早达峰，碳强度下降 60%~65%，非化石能源占比达到 20%
2020 年	● 气候雄心峰会：到 2030 年碳强度下降 65% 以上，非化石能源占比达到 25% 左右；力争到 2030 年以前实现二氧化碳排放达峰，努力争取到 2060 年以前实现碳中和 ● 十九届五中全会：到 2035 年广泛形成绿色生产生活方式，碳排放达峰后稳中有降，生态环境根本好转

2.1.1.2　碳排放量结构

要减少碳排放首先就得明确碳排放的主要来源。从 2018 年的数据可以看出（见图 2-1），我国碳排放来源情况如下：火电，占比为 43%；石油，包括汽车燃油、工业用石油等，占比为 15%；天然气，占比为 5%；水泥，占比为 7%；钢铁，占比为 9%；其他，占比为 21%。这样的结构也与我们国家的能源结构类似：以煤炭为主、石油和天然气为辅。天然气的供给主要得益于西气东输及与俄罗斯天然气管线的连通，近年来天然气普及得很快，这也是 5% 天然气碳排放的来源。不了解的人可能会对水泥 7% 的碳排放量产生困惑，实际上这与水泥的生产工艺有关，在生产水泥熟料的过程中，原料在高温（接近 1500℃）下会产生二氧化碳，我国近年来的城市化建设和举世罕见的基建建设，消耗了大量的水泥。有数据统计，中国每年的水泥消耗量占到世界的一半以上，仅 2011—2013 年中国消耗的水泥量比美国在整个 20 世纪的用量还多，巨大的用量也相应地带来了数量庞大的碳排放。

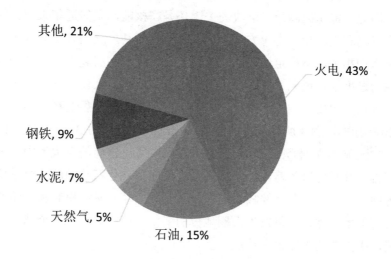

图 2-1 2018 年我国碳排放量结构

资料来源：中国碳核算数据库（CEADs）。

从 2019 年企业的直接碳排放量结构可见（见图 2-2），我国企业直接碳排放结构及占比如下：原煤，占比为 50%；焦炭，占比为 13%；其他气体，占比为 8%；非金属矿产品，占比为 7%；柴油，占比为 5%；汽油，占比为 4%；其他，如天然气、液化石油气、煤油、洗煤等总共占比为 13%。可以看出，我国以煤炭为主的能源使用特征，与全球能源结构不同，我国 80% 的二氧化碳来自煤炭。而汽油、柴油被广泛应用于大型车辆、船舰、发电机，以及汽车、摩托车、快艇、直升机、农林业用飞机等，用途常见且广泛。非金属矿产品的利用较为广泛，在农业方面，人们为了提高并保持农作物的产量，在农田中大量使用由磷、钾矿石生产的磷肥、钾肥及农用轻稀土，其为农产品的丰收做出了贡献。在工业方面，在玻璃、造纸、橡胶、食品、医药、电子电气、机械、飞机、雷达、导弹、原子能、尖端技术工业及光学、钻探等领域需要应用品种繁多、有特殊工艺技术特点的非金属矿产。例如，硅石和长石是制造玻璃的主要原料；石墨在火箭、导弹的装置中被用作耐热材料，并在许多领域被用作机械运转的润滑剂；云母是电气、无线电和航空技术中不可缺少的电气绝缘材料；明矾可作为炼铝、制造钾肥和硫酸的原料，也可用于印刷、造纸、油漆工业等。在建筑材料方面，建材用矿物原料占整个非金属矿产量的 90%，仅石灰岩每年的消耗量就高达数十亿吨。随着现代化城市建筑向高层发展，人们已经开始研究和寻找具有轻质、高强度、隔热、隔音和防震等性质的非金属原料。总体来看，我国主要的碳排放还是来源于化石能源的燃料，其被用于发电、交通、取暖等。因此，能源问题最终解决的关键还是在核能，虽然近年来国家在大力提倡风力发电和太阳能发电等方式，但显而易见的是，这些方式与气候条件、环境条件密切相关，不稳定性较高。如果把它们合理利用起来，以减少当下对化石能源的过度依赖也无可厚非，可它们终究难以担当大任。言归正传，说一说核能的优点。首先从能量值来说，1千克的铀235全部裂变释放出的能量相当于2700吨标准煤燃烧所释放出的能量，标准煤密度按照1.3克/立方厘米（g/cm³）计算，2700吨煤的体积在2000立方米左右，可见核能的巨大潜力。另外，核能的碳排放几乎可以忽略不计，这也是核能能替代化石能源的一个重要原因。目前各国正在加紧研发可控核聚变，一旦研发成功，必将引起新一轮的能源革命，现有的工业体系必将发生天翻地覆的变化。可以说，未来全球能源的出路在核能，碳排放的出路也在核能。

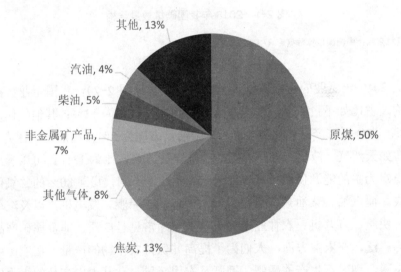

图 2-2　2019 年我国企业的直接碳排放结构

资料来源：中国碳核算数据库（CEADs）。

应对气候变化是重大国家战略。全球目前以"碳基能源"为主体，使用后会排放二氧化碳等温室气体，而温室效应会导致全球升温。科学界目前有一个预测：如果按照过去30年的碳排放趋势，到21世纪末，全球平均升温将超过3℃，这将带来气候灾难甚至物种灭绝。因此，中国承诺的碳达峰和碳中和（简称"双碳"）是承担大国责任的体现。我国坚持把低碳发展作为生态文明建设的重要途径，把控制温室气体排放作为提质增效的重要抓手，通过一系列绿色低碳发展的政策措施，提高发展质量和效益，抑制能源消费过快增长，促使清洁能源消费比重逐步提高。碳排放权交易试点施行后，高耗能行业温室气体排放增长趋势可得到控制。

进入 21 世纪，全球气候变化逐渐成为人类面临的严重挑战。中国是世界上最大的二氧化碳排放国。应对气候变化涉及国内外发展，同时关乎我国整体发展和长远发展，是促进高质量经济发展和生态文明的重要着手点，也是全球治理和坚持多边主义的重要组成部分。自 2020 年起，我国在多个重大国际场合就应对气候变化提出了有力度的目标和愿景，发表了一系列倡议和看法，为绿色低碳循环指明了方向与道路，也为不断推动全球气候治理注入了新的动力。

2.1.2 碳达峰的定义

世界资源研究所（WRI）指出，碳达峰是指在某一地区或某一行业中，一年中二氧化碳排放量经历历史最高值后，通过平台期进入排放量持续下降的过程，这是二氧化碳排放量从上升到下降的历史转折点，标志着二氧化碳的排放与经济发展不再具有关系。碳达峰包括达峰的时间和峰值。2030 年是我国做出承诺的时间，承诺在 2030 年前二氧化碳的排放量不会再增长，达到峰值后慢慢下降。

2.1.2.1 碳达峰的目标

2021 年 10 月 26 日，国务院发布了《2030 年前碳达峰行动方案》，方案聚焦"十四五"和"十五五"两个碳达峰关键期，提出了提高非化石能源消费比重、提升能源利用效率、降低二氧化碳排放水平等主要目标。比如，到 2025 年，非化石能源消费占比将达到 20%左右，与 2020 年相比，单位 GDP 能耗下降 13.5%，单位 GDP 二氧化碳排放量降低 18%，为达到碳峰值奠定了坚实基础。到 2030 年，非化石能源消费占比将达到 25%左右，单位 GDP 二氧化碳排放量较 2005 年将减少 65%以上，顺利实现 2030 年前碳达峰目标。

《关于完整准确全面贯彻新发展理念做好碳达峰碳中和工作的意见》（以下简称"《意见》"）作为碳达峰、碳中和"1+N"政策体系中的"1"，为碳达峰、碳中和这项重大工作进行系统谋划、总体部署。

根据《意见》，到 2025 年，绿色低碳循环发展的体系将初步建成，重点产业能效将显著提高；到 2030 年，经济社会实现全面绿色的转型工作也将取得不错的成绩，高耗能行业的能效也努力跻身国际先进水平，二氧化碳的排放量也逐步实现在平稳中有所下降的趋势；到 2060 年，将全面建立起绿色低碳循环经济体系和清洁低碳安全高效的能源体系，对能源的高效利用率将达到世界先进水平，对非化石能源消费的占比达到 80%以上。碳中和目标在此时成功实现，无论是生态文明的建设还是经济社会的发展都将取得不错的成绩与丰厚的硕果，人与自然也将进入和谐共处的前所未有的新境界。

一些发达国家已达到碳排放高峰并处于下降阶段，逐步实现了碳达峰。英国、法国、德国和欧盟早在20世纪70年代就达到了碳排放高峰。美国和日本分别在2007年和2013年达到碳高峰，随着发展阶段的推进和高耗能产业的转移，均实现了"自然达到峰值"。作为主要生产国，中国的人均二氧化碳排放量不到美国的一半，并且历史累计的排放量仅为美国的1/8。作为最大的发展中国家，中国的工业化和城镇化仍在深入发展，发展经济和改善民生的任务仍然艰巨，能源消费仍是刚需并将继续保持刚性增长。中国的碳达峰和碳中和目标完全符合《巴黎协定》的要求，中国正努力实现碳达峰，并将实现世界上最大的二氧化碳减排强度，在此过程之中也付出了汗水和努力。

2.1.2.2 碳达峰的原则

碳达峰的原则可概括为五个把握[①]：把握好降碳和发展的关系，把握好碳达峰的节奏，把握好不同行业的实施路径，把握好公平与效率的关系，把握好国内发展与国际合作的关系。

（1）把握好降碳和发展的关系

实现碳达峰的时间点与全面建设社会主义现代化国家的第一阶段基本一致，在实施过程中既要注重降碳，又要注重发展，以更好地支撑建设美丽中国和实现中华民族伟大复兴两大目标。要在世界经济"绿色复苏"的背景下优选对我国发展势头影响最小、国际比较优势影响最小、最可持续的低碳发展方向，探索建立碳排放预留机制，对于充分参与国际竞争的行业和产品、"卡脖子"关键核心技术，在其发展突破初期，要从有限的碳排放空间中预留部分容量，避免丧失发展机遇。

（2）把握好碳达峰的节奏

碳排放高质量达峰和尽早达峰是实现碳中和的前提，但不能脱离我国资源禀赋实际，超越经济发展阶段，过分追求提前达峰，否则将大幅增加成本，还可能给国民经济带来负面影响。国家"十四五"规划纲要草案明确指出，实施以碳强度控制为主、碳排放总量为辅的制度，支持有条件的地方率先达到碳排放峰值，这是在充分考虑中国碳排放现状的基础上提出的。因此，建议根据"30·60"目标制定科学的时间表，对于条件成熟的地区、领域达峰时间可以稍有提前，但不宜过早，更不能不顾客观条件全部提前，特别是要防止出现层层加码的现象。

---

① 中国石油化工集团有限公司党组书记、董事长张玉卓在第三届中国制氢大会与氢能源产业发展大会上的发言，https://xw.qq.com/cmsid/20210414A06WG800?ivk_sa=1023197a。

（3）把握好不同行业的实施路径

由于碳排放基础、能源消耗模式、技术路线和产品特性等因素的影响，不同行业实现碳达峰和碳中和的时间与方式不同，发挥的作用也各不相同。因此，要在总量达峰最优框架下测算哪个行业能最先达峰、哪个行业减排对社会的影响最大、哪个行业减排成本最低，然后制定最经济有效的降碳顺序和路径。

从碳排放比率来看，目前电力部门排放占比37%、工业部门排放占比34%、工业过程排放占比12%、建筑部门和交通部门排放各占9%。要推进减碳基础较好的电力部门、建筑部门等率先达峰，2030年碳排量应较2020年明显降低，以对碳减排做出正向贡献。工业部门、交通部门也要在2030年前后达峰，其中工业部门要推动钢铁、水泥、冶金、炼油等高耗能行业率先达峰。在碳中和阶段，电力部门、工业部门、交通部门仍将是减排的主力。

（4）把握好公平与效率的关系

运用市场和行政双手段配合使用的方式来实现碳减排工作的达标，利用市场这一手段来为碳排放搭建交易平台，利用行政手段制定规章制度以约束各方行为。实施过程中既要考虑不同行业之间的差异，避免"一刀切"，又要对同一行业内的国有、民营、外资企业一视同仁，在统一标准和尺度下开展降碳减排工作。要加快推进碳交易市场建设，建立完善的碳税体系和全国性碳配额交易市场。要探索把碳汇交易纳入碳交易市场体系，通过碳交易真正把绿水青山变成金山银山。

（5）把握好国内发展与国际合作的关系

要顺应全球低碳经济发展趋势，加快制定实施低碳发展战略，积极发展绿色低碳产业，建立勤俭节约的消费观念和文明简朴的生活方式，推进我国能源变革和经济发展方式脱碳化转型。同时，要坚持公平原则、共同但有区别的责任及各自能力原则，建设性参与和引领应对气候变化的国际合作，倡导国际气候交流磋商机制，参与全球碳交易市场，积极开展气候变化"南南合作"，与"一带一路"沿线国家携手探索气候适宜型低碳经济发展之路。

2.1.3 碳达峰目标的主要测算方法

2.1.3.1 碳排放强度的测算方法

碳排放强度是指单位GDP的增长所产生的二氧化碳排放量。

$$碳排放强度 = \frac{碳排放量}{GDP}$$

计算基准：人类生产生活中排出的各类温室气体。为了便于统计计算，人们把这些温室气体按照影响程度不同，折算成二氧化碳量，所以人们常常用二氧化碳指代温室气体。

碳排放量：碳排放量是指在生产、运输、使用及回收该产品时所产生的平均温室气体排放量。

标准煤：我国把热值为 7000kcal/kg（29 307 千焦/千克，即 7000×4.186）的煤炭定义为标准煤。

$$1\,kg\ 标准煤 = 2.493\,kg\ 二氧化碳$$

由于煤炭、石油、天然气、电力及其他能源的发热量不同，为了使它们能够进行比较，以便计算、考察国民经济各部门的能源消费量及其利用效果，通常采用标准煤这一标准折算单位。主要能源发热量的情况见表 2-2。

$$能源折算标准煤系数 = \frac{某种能源实际热值（kcal/kg）}{7000（kcal/kg）}$$

表 2-2　主要能源发热量

能源名称	平均低位发热量	折标准煤系数
原煤	20 908 kJ/kg（5 000 kcal/kg）	0.714 3 kgce/kg
汽油	43 070 kJ/kg（10 300 kcal/kg）	1.471 4 kgce/kg
柴油	42 652 kJ/kg（10 200 kcal/kg）	1.457 1 kgce/kg
原油	41 816 kJ/kg（10 000 kcal/kg）	1.428 6 kgce/kg

注：kJ/kg 即千焦/千克，kgce/kg 即千克煤当量。

低位发热量因为最接近工业锅炉燃烧时的实际发热量，常被用于设计计算。

平均热值（kcal/kg）又被称为平均发热量，是指不同种类或品种的能源实测发热量的加权平均值。[1]

$$平均热值 = \frac{\sum\big[某种能源实测低位发热量（千卡 / 千克）\times 该能源数量（吨）\big]}{能源总量（吨）}$$

$$1\,kcal \approx 0.004\,186\,千焦 = 4.186\,kJ$$

$$1\,kJ = \frac{1}{4.186} = 0.238\,9\,kcal$$

以汽油为例，

$$\frac{43\,070（kJ / kg）}{4.186} \approx 10\,289（kcal / kg）\approx 10\,300（kcal / kg）$$

$$\frac{10\,300（kcal / kg）}{7000（kcal / kg）} \approx 1.471\,4（kgce / kg）$$

---

[1] 我国现行的各种能源折标准煤参考系数国家标准。

基础原理如下：

①能量守恒

可以将各种能源转化成标准煤（同样热量需要各自物质的质量）。

标准煤系数计算：1kg汽油等于多少标准煤（热量相等）

标准煤：7000 kcal/kg

汽油：10 300 kcal/kg

$$\frac{10\,300}{7000} \approx 1.471\,4$$

即1kg汽油产生的热量等于1.471 4kg标准煤产生的热量。

②元素守恒

二氧化碳（CO_2）分子量为$12 + 16 \times 2 = 44$，

碳（C）分子量为12，

二氧化碳与碳的比值：$\dfrac{44}{12} \approx 3.666\,7$

计算碳排放量理论上只需要知道各种能源碳含量多少即可，现实中碳不一定被氧化，因此再乘以碳氧化率。

2.1.3.2　交通领域二氧化碳排放量的测算方法

各行各业的碳排放总量的核算方法是不一样的，需要做到具体问题具体分析。其中，计算交通领域二氧化碳排放量是分解碳达峰、碳中和战略目标，评估地方交通碳排放情况，引导交通领域减"碳"治理措施的重要基础。目前，主流的交通二氧化碳排放量计算方法有三种。

第一种是"自上而下"方法，即按照地区范围内的交通运输行业能源消耗数据乘以燃料碳排放系数计算交通碳排放量。这种方法的特点是依据交通运输行业整体能源消耗计算交通碳排放量。优点是数据容易获取，而且准确度高。缺点是没有办法体现不同交通方式的碳排放情况，并且此方法将交通运输、仓储和邮政作为一个行业统计，难以按照管理部分范畴进行拆分。

第二种是"自下而上"方法，即依据各种交通方式的活动水平（如行驶里程）乘以单位活动水平的碳排放因子来计算交通碳排放量。这种方法的特点是根据不同交通方式的出行需求计算交通碳排放量。优点是能够精确反映不同交通方式的碳排放量，引导针对性地采取减排措施。缺点是其对数据的需求较多，而且分散在不同的部门、企业之中，获取难度比较大。

第三种方法是生命周期法，即计算各类交通工具生产、运营、回收等整个生命周期内产生的碳排放总量。这种方法的特点是根据不同交通工具从生产到淘汰的这个生命周期耗能计算交通碳排放量。优点是能够全面反映出各种交通工具全生命周期耗能的情况。缺点是这种方法的数据需求涉及多学科、多环节、多部门，计算起来较为复杂，误差较大，因此使用频率较少。

　　整体而言，"自上而下"方法可通过能源统计年鉴获取数据，但由于我国能源终端消费统计中将交通运输、仓储和邮政作为一个行业，难以按照交通运输管理部门业务范畴拆分，无法精准获取不同交通方式能源消耗量。全生命周期法无论是数据需求还是量化方法均涉及多学科、多环节、多部门，计算复杂度较大，误差相对较大。"自下而上"方法的各类数据分散在不同部门、企业，数据获取有一定难度，但基于完善的跨部门协调机制，可实现各类数据收集，可精准反映不同交通方式在城市二氧化碳排放中的贡献度，便于交通运输管理部门引导开展针对性的减排措施。目前，"自下而上"方法是国际城市计算交通领域二氧化碳排放量最常用的方法。

2.2　实现碳达峰的必要性

2.2.1　全球气候问题严峻

　　未来碳排放约束将明显增强，高碳行业的转型风险上升。气候变化带来的自然灾害频发，也会对多个领域造成冲击。应通过气候风险压力测试、环境和气候风险分析等手段，增强金融体系管理转型风险和气候变化风险的能力。

　　为了保护人类免受全球变暖带来的不良影响，1997 年 12 月在日本京都举行的联合国气候变化框架公约缔约方第三次会议通过了《京都议定书》，目的是遏制发达国家的温室气体排放，以解决全球变暖这一越来越突出的问题。《京都议定书》规定，到 2010 年，所有发达国家二氧化碳等 6 种温室气体的排放量，要比 1990 年减少 5.2%。

　　具体来说，在 2008—2012 年这 4 年间，发达国家必须达到的减排目标是，与 1990 年碳排放量相比，欧盟削减 8%，美国削减 7%，日本削减 6%，加拿大削减 6%，东欧国家削减 5%～8%，新西兰、俄罗斯和乌克兰可以将排放量稳定在 20 世纪 90 年代的水平。允许与 20 世纪 90 年代相比，爱尔兰增加 10%、澳大利亚增加 8%、挪威增加 1%。

　　《京都议定书》必须至少获得世界温室气体排放量占比达 55% 以上、不少于 55 个国家同意，才能成为具有法律约束力的国际协议。中国于 1998 年 5 月签署该协议，并于 2002 年 8 月得以核准。欧盟及其成员国于 2002 年 5 月 31 日正式批准了《京都议定书》。2004 年 11 月 5 日，俄罗斯总统普京签署了《京都协议》，该协议正式成为俄罗斯的法律文件。截至 2022 年，全世界已有 141 个国家和地区签署了该议定书，其中有 30 个国家为工业化国家。

　　虽然美国人口仅占世界人口的 3%～4%，但其二氧化碳排放量占世界排放量的 25%以上，是世界上温室气体排放量最大的国家。美国于 1998 年签署了《京都议定书》，但 2001 年 3 月布什政府宣布拒绝批准《京都议定书》，理由为"温室气体排放的减少影响美国的经济发展""发展中国家也应负有减排和温室气体监管的义务"。中国政府于 2002 年 9 月 3 日签署了《京都议定书》，但是中国不在《京都议定书》框架之外，也不受温室气体排放限制。时任中国外交部发言人的刘建超指出，发达国家必须要采取措施，然后发展中国家，如中国，才必须跟进。

2021 年 7 月 27 日，一批全球顶尖科学家联合发出警告称，当下地球的"生命体征"正在逐步减弱，接下来"气候临界点"极有可能会被打破。除此之外，共计 1.4 万位科学家组建的研究团队也在近期发文称，在地球的 31 项生命体征中，冰川厚度、温室气体排放量等共计 18 项已经达到峰值，并特意强调要警惕热浪、洪水等气象灾害的大幅增加，提议当前世界各国都应该抓紧进入"气候紧急状态"。

世界各国纷纷提高警惕，虽然在此前的很长一段时间，我们一直将气候问题挂在嘴边，但是却没有意识到原来气候危机已经离我们如此之近，而且其将直接威胁全人类的生存问题，这必然会引起国际社会的一致重视，为此已有多国领导人对此"警告"做出表态。2021 年，中国外交部发言人就曾提到，近期中国已经启动了碳市场的在线交易，首批碳市场覆盖企业的碳排放量达 40 亿吨二氧化碳，这也将成为全世界覆盖温室气体排放规模最大的碳市场。同时，中国还积极努力实现 2030 年碳达峰和 2060 年碳中和的目标。

2.2.2　体现大国责任与担当

2021 年 4 月，中法德领导人在视频峰会中重点讨论了气候的相关问题。在会议上，中国直接阐明观点和立场：只有一个地球，人类命运与共，气候问题是每一个人都逃不掉的责任与义务。

根据世界气象组织的数据，2020 年成为有记录以来气温最高的 3 年之一。世界经济论坛发布的《2020 年全球风险报告》指出，未来 10 年全球前五大风险全部与气候和环境相关。这表明全球应对气候变化的任务非常紧迫，日益严重的气候危机是对全人类的又一次严峻考验，需要世界各国采取实际行动并且共同应对。习近平总书记多次强调，应对气候变化不是别人要我们做，而是我们自己要做。作为世界上主要碳排放国中第一个设定碳中和最后期限的国家，中国必须竭尽全力促进碳达峰与碳中和目标达成，这比发达国家的任务困难得多。具体体现在以下方面：

一是加大减排力度。目前，中国是世界上最大的二氧化碳排放国，且排放量仍在上升。尽管中国的能源效率不断提高，但单位 GDP 的能源消耗强度和二氧化碳排放强度仍然相对较高，这意味着中国实现二氧化碳中和困难重重。

二是从碳达峰到碳中和历经时间较短。一些发达国家自 20 世纪 70 年代以来就达到了碳峰值，并承诺在 2050 年实现碳中和的目标，发达国家一般有 45～70 年的时间来完成过渡，而中国从碳峰值到碳中和只有 30 年的时间，平台周期和缓冲时间明显较短，挑战和困难更大。

三是面临更多的系统性挑战。与西方工业化国家不同，中国尚未完成工业化，人均能源消费与发达国家相比仍有很大差距。经济发展与碳排放没有脱钩，碳排放仍在上升。要想彻底改变以煤炭为主的能源消费结构，不可能一蹴而就。考虑到中国人口、经济总量、发展速度和资源禀赋的客观现实，促进碳达峰和碳中和将对中国的经济结构、产业结构、消费结构、能源结构、能源体系等提出巨大的革命性和系统性要求和挑战。

我国推进碳达峰、碳中和意义重大，能够大力推动全球能源、气候政策及低碳发展。

首先，促进碳达峰和碳中和将为建设人类命运共同体做出巨大贡献。应对气候变化是人类要面临的难题与挑战，每个国家在气候危机中很难独善其身。中国是建设人类命运共同体的发起者和先驱，与高质量的共建绿色地带和道路一样，中国推动碳达峰和碳中和将为建设人类命运共同体做出重大贡献。据英国剑桥计量经济研究所预测，中国的减排承诺可以使全球温度降低约 0.25℃，将为解决全球气候问题做出重大贡献。

其次，促进碳达峰和碳中和将为全球能源和气候合作提供强大动力。当今世界正在经历百年以来从未见过的巨大变化，突如其来的新冠肺炎疫情（现称"新型冠状病毒感染"），使百年大变局加速演进，单边主义、保护主义上升，民粹主义蔓延，多边主义和国际合作受到冲击，全球治理的短板和挑战也日益凸显。在此背景下，中国推动碳达峰和碳中和将有助于巩固共识和实力，共同应对气候变化，增强全球合作中的信任和决心，增强向心力，提高合作程度。同时，中国作为多边主义倡导者和捍卫者，以身作则，身体力行地投入各项工作中去，将有助于推动构建公平、合理、共赢的全球气候保护体系，构建适合绿色低碳能源转换的全球能源治理体系。

最后，促进碳达峰和碳中和将为世界创造巨大的绿色和低碳发展机会。虽然中国在促进碳达峰和碳中和方面将面临许多挑战，但一方面，中国巨大的绿色经济和低碳绿色市场需求将推动全球经济增长，并为各国在中国投资和创业提供巨大机会；另一方面，中国已经是世界上最大的可再生能源生产国和使用国，在整个产业链中具有明显的优势。中国的技术进步和低碳产业发展将为世界创造巨大的绿色供应，为世界各国的绿色低碳发展提供巨大帮助。

2.2.3　坚持人类命运共同体

长期以来，中国高度重视应对气候变化工作，为全球气候治理做出了重大贡献。中国在《巴黎协定》的缔结、执行和生效方面发挥了十分重要且难以替代的作用。近年来，中国通过积极推行绿色低碳生产生活方式、调整产业结构、优化能源结构、提高资源能源效率、加快推进全国碳市场建设等手段，使得资源能源效率得到大幅提高，能源结构不断优化，绿色低碳发展的格局初步显现。2020 年，中国单位 GDP 二氧化碳排放量较 2005 年减少了 48.4%，下降幅度超过了气候变化行动所制定的目标。同时，中国积极推动应对气候变化领域双边和多边合作，赢得了国际社会的普遍赞誉。《关于完整准确全面贯彻新发展理念做好碳达峰、碳中和工作的意见》提出了 2025 年单位国内生产总值能耗比 2020 年下降 13.5%、单位国内生产总值二氧化碳排放比 2020 年下降 18%、2030 年单位国内生产总值二氧化碳排放比 2005 年下降 65%、2060 年非化石能源消费比重达到 80%以上等一系列目标，充分体现了中国作为一个发展中大国的责任担当，也充分体现了中国在推动构建人类命运共同体方面所付出的巨大努力。认真贯彻落实《意见》所确定的各项任务，扎实做好碳达峰、碳中和工作，将对构建人类命运共同体发挥重要作用。

一是做好中国的碳达峰、碳中和工作，将为全球绿色低碳发展提供重大机遇。中国有巨大的经济体量和较快的经济发展速度，将形成强大的绿色低碳市场需求，为所有国家带来巨大福利，如绿色投资和绿色贸易机会频出。绿色投资、绿色贸易和绿色技术转让等可以大大加快各国的绿色和低碳发展步伐。特别需要指出的是，中国是世界上最大的可再生能源生产国和利用国，在相关技术和产业方面有巨大的合作需求，可以给各国带来广泛的合作机会。

二是做好中国的碳达峰和碳中和工作，将是全球气候政策的强大推动力。当今世界正在经历百年以来从未见过的巨大变化，单边主义和保护主义盛行，多边主义和国际合作受到影响。应对气候变化是世界各国面临的共同挑战，但同样受到各种不和谐因素的干扰。中国大力推进碳达峰、碳中和工作，支持其他国家实现低碳发展和温室气体减排目标，推动建立公平合理、合作共赢的全球气候治理体系，是构建人类命运共同体的重要努力，将有利于各国凝聚共识、加强合作，实现《巴黎协定》提出的全球气候治理目标。

三是做好中国的碳达峰、碳中和工作，将为"一带一路"倡议的推动发挥重要作用。共建"一带一路"符合全球多极化、经济全球化、文化多样性的发展趋势，符合国际社会的根本利益，是构建人类命运共同体的重要组成部分。《意见》提出要让绿色切实成为共建"一带一路"的底色，并提出了一系列政策措施，这为进一步推进"一带一路"倡议指明了方向。近年来，中国在"一带一路"沿线国家实施了包括清洁能源项目在内的大量绿色投资项目，相关投资呈增长态势，绿色"一带一路"的建设已经成为"一带一路"沿线国家实现自身发展目标的重要手段。

2.2.4　生态环境质量改善的关键

降低碳排放不仅能促进和推动经济结构的绿色转型，实现生产与生活的高质量发展，也有利于促进对污染源的管理，促进 CO_2 减排和污染物减排的协同效应的发挥，改善生态环境质量，缓解极端气候变化，特别是异常和极端天气条件造成的不良影响，更好地保护人民生命财产安全、促进经济社会良好发展。值得一提的是，降低碳排放还可以保护生物多样性，发挥生态系统的优势与功能，其目的是从战略角度减少环境污染和碳排放。我国生态文明建设已进入以碳减排为重点战略方向，促进污染减排与碳减排协同发展的关键时期，致力于推动经济社会发展全面绿色转型，实现生态环境由数量改善向质量改善的转变。推动经济社会全面绿色转型必须要从源头发力，推动能源结构和产业结构转型升级。

中国的环境问题从根本上讲是结构的问题，包括高碳能源结构和高能耗、高碳产业结构。要想处理好这些环境问题，需要从源头上下功夫，也就是着手解决好能源结构和产业结构问题，不断推动其转型和现代化升级，坚持走绿色低碳发展道路，做到碳减污并举，方能实现污染与二氧化碳减排的协同效应。

中国目前的产业结构依然是偏中低端，高耗能、低产出者甚众。碳中和的提出有利于淘汰原有高能耗、低效率的企业和技术，倒逼其采用更清洁和高效的技术路线，甚至改善产业结构，向行业上游和高精尖技术发展。目前我国正朝着碳达峰和碳中和目标努力，实现碳中和的前提是实现碳达峰，积极开发新能源，加强我国森林的储蓄量，在碳排放总量上以 30 年期为目标，深化改革高碳能源为主的消费结构，推动中国绿色经济发展。实现"双碳"目标的最大好处就是能够发展可持续的绿色经济，同时对中国的环境治理也有着积极的作用。

2.3　实现碳达峰的意义

持续推进碳达峰工作的顺利开展不仅有助于推动我国绿色低碳产业的研发进程，进一步扩大绿色低碳产业队伍，还有助于建立起绿色发展的新动能及可持续增长极，对我国经济、社会等多方面的发展质量产生积极的影响，为我国发展路上的目标实现创造强大动力。

2.3.1　符合国家安全和可持续发展战略

实现碳达峰、碳中和对国家安全有利，符合国家核心利益。碳减排可以减少对石油等能源的依赖，使能源使用不受限。目前石油资源及其生产、海上运输对于中国来说是影响极大且不可控的因素，随时可能因为某些极端事件而中断，影响能源的供应，进而危害国家安全。

根据中国石油集团经济技术研究院发布的《2019 年国内外油气行业发展报告》，石油对外依存度突破 70%，对外依存度仍处于较高水平。国际方面，美国借助能源独立，加强了对全球石油市场的掌控力和影响力，石油输出国组织（欧佩克）石油市场份额不断被美国挤压，内部凝聚力和整体影响力下降。

如果中国能源结构优化，不再依赖石油等能源，那么相关海域及掌控全球石油市场的主体对中国国家安全的影响就会显著减小。除此以外，实现"双碳"目标也对中国经济的高质量发展及生态文明建设起到重要的推动和促进作用，最终实现可持续发展战略。

2.3.2　破除单边主义的有效方式

中美贸易战是不同意识形态下的冲突。当前的情况更能验证习近平总书记提到的"百年未有之大变局"。对中国而言，通过气候变化合作领域与欧洲及世界各国进行交流，建立沟通机制，是解决当前某些国家奉行的"单边主义""逆全球化"的良好途径，也是打破目前美国及相关方制造的"合围"紧张局势的有效方式之一，毕竟从经济、技术等方面寻求突破的空间和可能性不大。而且，碳交易市场已经成为国际上主流的碳减排工具，也是国际互相交流碳排放权的路径，中国碳交易市场也将在碳排放权方面成为国家对外沟通的桥梁。中国碳中和也可避免受碳关税等单边主义手段的影响。

正是因为当前面临实质性全球气候危机，所以碳减排议题是一个非常重要的国际关系话题。欧盟是全球碳中和行动起步最早、最快采取政策战略调控的经济体。美国的碳中和之路可谓一波三折。区别于美国，中国制定了"3060"碳减排目标，全国上下一盘棋，无论是决策机构还是企业，都要严格按照既定路线执行。

2.3.3　国际外汇中保留优势

当中国亮出"碳达峰"和"碳中和"时间表之后，实则废掉了美国这张能源博弈牌。这几年，世界经济增速放缓叠加新冠肺炎疫情，即便各国中央银行放水几十万亿美元，石油价格依然低迷，每桶几乎不会超过 70 美元，这和 10 年前动辄 100 美元的价格相比，我国这些年在石油采购方面节约了大量外汇。人民币国际化的发展是中国自改革开放以来崛起的重要标志之一，更是中国不断发展、走向世界舞台过程中必不可少的制度性基础设施，也是中国综合竞争力的体现。

中国实施积极应对全球气候变化战略，设定碳达峰、碳中和目标，为碳排放权交易市场奠定制度、政策依据，极大地促进中国碳排放权交易市场不断走向成熟。中国一如既往地践行国际一系列气候公约，碳交易市场最终也将与国际接轨，届时，中国作为全球最大碳排放权交易市场，开放交易，可以提高人民币在国际贸易结算货币中的占比，有效地推动人民币国际化的发展。

2.3.4 促进产业发展

中国在硅基能源方面的布局超前，目前处于领先水平。"硅基能源"是指以硅元素为主要材料的能源，光伏就是其中最重要的代表。现在光伏产业全球前20名的企业中，80%都是中国企业。在硅料、硅片、电池、组件这四大产业链环节中，中资企业占比全部超过50%，设备不仅完全本地化，而且占全球产量的70%，产品毛利润高，技术精湛。光伏发电需要更高效智能的电力传输网络，这就需要特高压技术和智能电网技术，这两方面又是中国强项。通过特高压技术，中国实现了西电东送、南电北送，用电效率提升。而智能电网技术对数据依赖程度很高，中国经济规模大、数据量大、应用场景广，对智能电网形成源源不断的滋养。

白天可以使用光伏发电，在晚上则需要储能技术。近几年，国内企业的电池产能占全球70%以上，新能源汽车销量超过全球50%。通过储能也就是电池技术的突破，我国的新能源优势神奇般地与制造业"皇冠上的明珠"——汽车制造关联到了一起。由于新能源车的核心部件全面电气化，中国车企通过新能源车实现了对欧美、日本汽车企业的"弯道超车"。目前，世界车企市值前10名的企业有3家是中国企业。

二氧化碳是温室气体排放中最主要的组成部分，石化行业是一个以资源和能源为基础的行业，它们的产品主要来自石油、天然气和煤炭等化石资源，生产过程中伴随着二氧化碳产生。石化工业作为国民经济的重要支柱产业，不仅关系到农业的高产和丰收，即"饭碗问题"，还满足了人们生活中方方面面的基本需求。此外，新型化学材料、特种化学品、高端纤维材料和高端膜材料为电子电气、轨道交通、5G等高端制造业及航空航天和国防军工等战略领域提供了重要的支撑设施。未来10~15年，石化行业将是建设石化强国的关键，这个阶段也是中国建设现代化国家和实现第二个百年奋斗目标的重要时期，发展石化工业和为工业能源、航空航天能源和国防电力提供关键材料的任务正在艰难前进。石油、天然气和煤炭等化石资源是许多石化产品的重要元素来源，离开了石油、天然气、煤炭等化石原料，石化工业就成了无米之炊，石化产业这根"擎天柱"就失去了基础。因此，石化工业的高质量发展必须处理好碳达峰与碳中和之间的关系，不仅要做好对国民经济及其高端制造业、航空航天和国防事业的支撑和支持，还要为碳达峰和碳中和做出不可替代的积极贡献。

2.3.5　生态文明与经济协调发展

在新的国内外复杂环境特别是全球气候变化日益严峻的背景下，我国能源资源安全问题依然突出、环境污染治理任务重、生态系统不断面临新压力，实现"双碳"目标可以提供系统的解决方案。从发展角度看，碳排放与大气污染物同根同源，碳达峰、碳中和工作要求加速能源结构转型、引导产业结构调整，这将在促进减污降碳的同时，实现大气环境质量的不断提升。从自然角度看，自然生态系统是碳汇的重要来源，人类可以通过学习自然演化的规律，提供基于自然的解决方案。

2.4　实现碳达峰的路径

实现碳达峰，是一种系统的经济和社会变革，此过程具有多个目标和局限性，必须处理好发展与减排、二氧化碳减排与安全、整体与地方、立法与破坏、政府与市场、国内与国际等多种不同的关系。实现碳达峰的过程中应采取有力、有效的措施，使得中国经济结构和能源结构得以转型和重塑，改变生产、生活方式。不能只依靠节能提效带来的能源需求降低，也不能只依靠可再生能源发展带来的能源电力部门脱碳，而必须依靠各经济部门和各能源行业的全面努力。实现碳达峰、碳中和目标愿景，需要技术的快速突破和市场的有效激励，需要有突破性的技术予以支撑。

在常规减排技术或替代技术难以实现深度减排的领域，技术尚不成熟、成本较高，必须通过碳定价机制，加快技术研发，推动产业化。有了碳市场的价格机制，企业通过碳交易市场补偿减排成本甚至获取收益，从而提升其参与技术研发的积极性。当然，碳市场不可能"包打天下"，必须多种市场机制协同发力。

2.4.1　调整能源结构

实现"双碳"目标，有很大一部分是依靠能源结构的重大改变与调整。火力发电、钢铁生产、水泥、化工和其他一些高耗能、高排放行业都是主要的二氧化碳排放主体，其中火力发电可能是排放量最大的。调整能源结构将是我国实现"双碳"目标的重要措施。关于能源结构的调整，一方面要采用新的技术，利用技术创新降低有关能耗；另一方面，要更多地采用一些绿色的新能源，包括可再生能源。"双碳"目标的实现不仅仅是一个气候问题，国家要借此实现高质量的发展，实现由过去的粗犷型生产模式向绿色可持续发展模式转型，因此，它又是一个技术升级、社会经济结构升级换代的问题。要实现"双碳"目标，一方面要靠技术的进步；另一方面要靠各个领域同心协力，在科技领域实现能源科技创新、在经济领域实现绿色金融、在农业领域实现农业生产智能化，以及建筑业的节能化等多领域的绿色、高效发展。

大力发展煤化工。中国的主要能源是煤炭，煤炭的形成与原油不同，主要是树木埋藏地下沉积而成，它的储量一般与国土面积有关，国土面积越大，煤炭越多。中国煤炭量大便宜，但煤化工成本极高，因为煤的主要成分是碳，我们需要的工业原料是各种烃类，即碳氢化合物，需要用高温高压加氢，将煤炭变成烃类的成本极高，而从原油中提炼烃类只需要简单分馏裂解就可以了。因此，只有当原油价格高于 40 美元/桶时，中国煤化工才可以达到盈亏平衡，目前原油价格为 25 美元/桶，煤化工行业肯定是全线亏损的，但是为了实现能源自由，即便亏损也要生产，因此我国几乎是唯一一个大力发展煤化工的国家。

大力发展新能源电动车行业，减少对石油化工的依赖。如果以电动车取代燃油车，我国就可以脱离对汽油、柴油的依赖，不需要进口大量原油，可以用其他方式发电给车充电。另外，我国汽车产业发展比较晚，希望通过电动汽车"弯道超车"。因此，我国投入上千亿元大力补贴电动车行业，预计到 2025 年新能源汽车销量将达到 500 万辆，2020 年提出了 34 万亿新基建计划，其中包含新建充电桩以大力支持电动车行业的内容。

大力发展可再生能源。可再生能源包括水能、风能、太阳能、生物质能、潮汐能、地热能等。可再生能源环保清洁，今后可大力新修水电、建立风力发电装置、发展光伏太阳能发电等。太阳能发电的缺点是能量转换率太低，低于20%，但是未来随着技术进步，转换率必然会提升。

大力研发核聚变技术。中国的核聚变水平世界领先，最新进展是合肥的中国聚变工程实验堆（CFETR）项目实现 1 亿度运行近 10 秒。核聚变的成功还有很长的路要走，一旦真正实现，中国就真的实现能源自由了。能源自由意味着很多工业产品成本能够达到世界最低，能源自由也意味着粮食自由，粮食生长不再局限于土地面积，我们可以建造立体农场，每一层用电能制造一个巨大的人工太阳，24 小时照射农作物，促进其快速生长，粮食产量能十倍、百倍地增加。一旦实现能源自由，我们的生活将发生翻天覆地的变化。

2.4.2 推动产业结构转型

有序推进绿色低碳金融产品和服务开发，设立碳减排货币政策工具，将绿色信贷纳入宏观审慎评估框架，引导银行等金融机构为绿色低碳项目提供长期限、低成本资金。鼓励开发性、政策性金融机构按照市场化、法治化原则为实现"双碳"提供长期稳定的融资支持。支持符合条件的企业上市融资和再融资，以用于绿色低碳项目建设运营，扩大绿色债券规模。研究设立国家低碳转型基金。鼓励社会资本设立绿色低碳产业投资基金。建立健全绿色金融标准体系。

推进碳市场化机制建设。加快建设完善全国碳排放权交易市场，逐步扩大市场覆盖范围，丰富交易品种和交易方式，完善配额分配管理。将碳汇交易纳入全国碳排放权交易市场，建立健全能够体现碳汇价值的生态保护补偿机制。健全企业、金融机构等碳排放报告和信息披露制度。完善用能权有偿使用和交易制度，加快建设全国用能权交易市场。加强电力交易、用能权交易和碳排放权交易的统筹衔接。发展市场化节能方式，推行合同能源管理，推广节能综合服务。

推动产业结构优化升级。加快推进农业绿色发展，促进农业固碳增效。制定能源、钢铁、有色金属、石化化工、建材、交通、建筑等行业和领域碳达峰实施方案。以节能降碳为导向，修订产业结构调整指导目录。开展钢铁、煤炭去产能"回头看"，巩固去产能成果。加快推进工业领域低碳工艺革新和数字化转型。开展碳达峰试点园区建设。加快商贸流通、信息服务等绿色转型，提升服务业低碳发展水平。

坚决遏制高耗能、高排放项目盲目发展。新建、扩建钢铁、水泥、平板玻璃、电解铝等高耗能、高排放项目严格落实产能等量或减量置换，出台煤电、石化、煤化工等产能控制政策。未纳入国家有关领域产业规划的，一律不得新建、改扩建炼油和新建乙烯、对二甲苯、煤制烯烃项目。合理控制煤制油气产能规模。提升高耗能、高排放项目能耗准入标准。加强产能过剩分析预警和窗口指导。

大力发展绿色低碳产业。加快发展新一代信息技术、生物技术、新能源、新材料、高端装备、新能源汽车、绿色环保及航空航天、海洋装备等战略性新兴产业。建设绿色制造体系。推动互联网、大数据、人工智能、第五代移动通信（5G）等新兴技术与绿色低碳产业深度融合。

2.4.3 提升能源利用效率

对各种能源消耗情况的掌控是企业资源节约和可持续发展的关键内容之一。为了更深入地掌握目前企业能源规划落地的实际情况，总结和推广绿色建筑建设的成功经验，通过持续优化，保证企业能效指标和节能目标的贯彻执行，传统的管理方式和举措已难以满足节能管理的需求，因此借助信息技术工具，搭建企业能源管理平台，已成为持续推进节能减排、实现用能精细化管理的必需。

第一，转变能源消费结构。目前，大多数能源消费以煤炭消费为主，这是由工业发展历史形成的。近期可以减少原煤直接燃烧的数量，使用二次能源或清洁能源，以减少对环境的污染和减轻对运输的压力。据了解，近年来大部分企业都在进行技术改造，把直接燃烧煤炭改为使用天然气。从长远来看，应努力调整和优化能源结构，实现能源供给和消费的多元化，以应对能源消费日益扩大的趋势。通过提高电、石油、天然气等优质能源消费比重和提高单位能耗来解决能耗利用率低和能耗对环境造成压力的问题。

第二，节约能源，提高效益。通过多年的节能宣传，企业的节能意识已经有了很大提高。多数企业在厂区内制作节能宣传板报，划拨节能奖励资金，对节能个人进行精神和物质双重奖励，使节能意识深入人心，这些做法对提高能源利用率起了很大的作用。

第三，提高企业报表的填报质量。部分企业因填报不当造成能源转换效率低，常见问题是在填报统计报表时，缺报或少报二次能源转换产出。经过2008年天津市统计局三次集中培训和与企业统计员的面对面沟通，企业能够正确计算二次能源转换产出，基本能以客观真实的数据反映能源消费情况。

2.4.4 建立和完善相关法律法规

第一，进一步明确碳排放权交易的法律法规，努力建立排污权交易法律制度。在借鉴国外经验的基础上，应该深入研究二氧化碳排放配额的所有权和商品特征，为二氧化碳排放配额顺利运行创造有利条件。对于排污权交易市场中各方主体的排放资格建立统一的法律标准，明确排污权交易各方的权利、义务和责任。对二氧化碳排放配额市场交易的条件、程序和内容进行监管和制约，以不断规范市场行为。制定二氧化碳排放交易所设立、运营和管理的统一规则。

第二，加快依法建立二氧化碳排放交易市场监管。中国应尽快完善相关环境法律法规，建立适当的组织和管理设施，认真履行监督义务，树立责任意识。

第三，建立一系列监管监督和保障机制，如市场参与者的合法合规注册、二氧化碳排放交易指标的合法报告、二氧化碳排放的合法监测，以及制定完善企业温室气体排放量的具体核算办法等，以促进二氧化碳排放交易市场依法正常运作。

第四，针对不同行业企业的特点，在组织营运边界设定、二氧化碳排放源的识别和确认、恰当计算方法和排放系数的选择等方面做出具体细致的规定，为企业参与碳排放权交易奠定良好的技术基础。尽早出台与碳排放权交易有关的财务会计规范。

本章小结

碳达峰是指在某一地区或某一行业中，一年中二氧化碳排放量经历历史最高值后，通过平台期进入排放量持续下降的过程，这是二氧化碳排放量从上升到下降的历史转折点，标志着二氧化碳的排放与经济发展不再具有关系。碳达峰包括达峰的时间和峰值。碳达峰的原则可概括为五个把握：把握好降碳和发展的关系、把握好碳达峰的节奏、把握好不同行业的实施路径、把握好公平与效率的关系、把握好国内发展与国际合作的关系。

碳达峰的测量可以通过碳排放强度来观察，碳排放强度是指单位国内生产总值的增长所产生的二氧化碳排放量。目前，全球气候问题严峻，我国主动承担起大国担当责任，坚持人类命运共同体，改善生态环境质量。实现碳达峰目标，符合国家安全和可持续发展战略，是打破单边主义的有效方式，对于国际外汇中保留优势、促进产业间良性发展、实现生态文明与经济协调发展具有重要意义。在实践中，应通过调整能源结构、推动产业结构转型、提升能源利用效率、建立和完善相关法律法规来实现碳达峰。

思考与练习

1. 梳理碳减排目标的发展历程。
2. 简述碳达峰的必要性。
3. 碳达峰的测度方法有哪些？
4. 实现碳达峰的意义有哪些？
5. 概述碳达峰目标的实现路径。

3 碳中和概述

3.1 碳中和的概念

3.1.1 碳中和的提出

碳中和的提出是基于全球变暖的严峻形势。过去 100 年，人类活动导致地表温度增加了 1.1℃，现在的地球比过去几万年的任何时期都要热，大气中的二氧化碳含量达到了有史以来的最高值。全球变暖会带来显著的气候变化，在造成干旱和洪涝的同时也会引发粮食安全危机。科学研究表明，地表温度每上升 1℃，粮食产量会下降 17%。全球变暖还会导致冰川融化和海平面上升，地表温度每上升 1.7℃，海平面将上升 30 厘米，而全球超过一半的人口居住在海岸线 200 千米以内，这意味着他们都是潜在的受害者。

2020 年 12 月 21 日，国家能源局局长章建华在出席发布会时指出，中国已经成为全球最大的能源生产国，同时也是全球最大的能源消费国。未来，中国将加大煤炭的清洁化开发利用，大力提升油气勘探开发力度；加快非化石能源的开发利用，如大力开发太阳能、水能、生物能等，推动低碳能源取代高碳能源；以新一代信息基础设施建设为契机，推动能源数字化和智能化发展。

2020 年，全球能源碳排放 320 亿吨，中国碳排放 99 亿吨，约占全球碳排放的 31%。中国能源累计碳排放 2100 亿吨，占全球碳排放的 13%。

实现碳达峰、碳中和，是以习近平同志为核心的党中央统筹国内、国际两个大局做出的重大战略决策，是着力解决资源环境约束突出问题、实现中华民族永续发展的必然选择，是构建人类命运共同体的庄严承诺。为完整、准确、全面贯彻新发展理念，做好碳达峰、碳中和工作，提出如下要求：

（1）指导思想

以习近平新时代中国特色社会主义思想为指导，全面贯彻党的二十大精神，深入贯彻习近平生态文明思想，立足新发展阶段，贯彻新发展理念，构建新发展格局，坚持系统观念，处理好发展和减排、整体和局部、短期和中长期的关系，把碳达峰、碳中和纳入经济社会发展全局，以经济社会发展全面绿色转型为引领，以能源绿色低碳发展为关键，加快形成节约资源和保护环境的产业结构、生产方式、生活方式、空间格局，坚定不移走生态优先、绿色低碳的高质量发展道路，确保如期实现碳达峰、碳中和。

（2）工作原则

实现碳达峰、碳中和目标，要坚持"全国统筹、节约优先、双轮驱动、内外畅通、防范风险"原则。

全国统筹。全国一盘棋，强化顶层设计，发挥制度优势，实行党政同责，压实各方责任。根据各地实际分类施策，鼓励主动作为、率先达峰。

节约优先。把节约能源资源放在首位，实行全面节约战略，持续降低单位产出能源资源消耗和碳排放，提高投入产出效率，倡导简约适度、绿色低碳生活方式，从源头和入口形成有效的碳排放控制阀门。

双轮驱动。政府和市场两手发力，构建新型举国体制，强化科技和制度创新，加快绿色低碳科技革命。深化能源和相关领域改革，发挥市场机制作用，形成有效激励约束机制。

内外畅通。立足国情实际，统筹国内国际能源资源，推广先进绿色低碳技术和经验。统筹做好应对气候变化对外斗争与合作，不断增强国际影响力和话语权，坚决维护我国发展权益。

防范风险。处理好减污降碳和能源安全、产业链供应链安全、粮食安全、群众正常生活的关系，有效应对绿色低碳转型可能伴随的经济、金融、社会风险，防止过度反应，确保安全降碳。

3.1.2　碳中和的含义

3.1.2.1　碳中和的定义

碳中和是节能减排术语，是减少二氧化碳排放量的手段。碳中和是指对公司、团体或个人直接或间接地在一段时间内的温室气体排放总量的测算，通过植树造林、节能减排抵消自身的二氧化碳排放，以实现二氧化碳"零排放"，这是碳排放与碳吸收和利用之间的平衡。

碳中和不是一个概念，而是全球科学家和政治家的共识，它是保护人类生存环境的必备政策，由欧洲率先发起。从能源消耗的结构来看，欧洲的水电、风电、光伏占了38%，清洁能源的比例居全球首位，中国的清洁能源只占10%左右，73%靠火电，所以我们提出的能耗双控面临着严峻的挑战。

"碳"是指二氧化碳，"中和"是指正补偿和负补偿。排放的二氧化碳或温室气体被重新造林、节能和减排，即所谓的"碳中和"所抵消。减少二氧化碳排放的手段首先是碳固存，主要是指利用土壤、森林和海洋等吸收和储存空气中的二氧化碳。其次是碳抵消，即通过投资可再生能源和低碳清洁技术的开发，减少一个行业的二氧化碳排放量以补偿另一个行业，补偿的计算单位应为二氧化碳当量吨。

3.1.2.2　碳排放最主要的来源

碳排放最主要的来源是传统能源，如石油、煤炭、天然气的使用。要想达到碳中和，主要有两个途径：一个途径是减少这些能源的使用，发展清洁能源；另一个途径提高"碳"的利用率。

碳中和从长期来看确实是一个非常有价值的措施，它能解决两大最重要的难题——能源和环保。能源问题一直是我国一个很大的痛点，我国石油资源不多，每年都要进口大量石油，而石油的定价权被掌握在石油生产国手中，这也意味着每年我们都会花费很多钱在石油和相关金融衍生品上。而环保也是目前亟须解决的难题，绿水青山才是金山银山，靠牺牲资源和环境获得的发展是不可持续的。

碳中和是一个终极目标，在这之前还有一个阶段性过渡目标——碳达峰，这主要依靠促使压制化工、钢铁、有色金属企业节能减排、提高能源利用率来达成。

3.1.2.3　碳中和的三个阶段

阶段一：2020—2030 年，主要目标为碳排放达峰。在碳达峰目标的基本任务下，降低能源消费强度与 CO_2 排放强度、着手控制煤炭方面的消费和使用，并不断发展清洁能源。

阶段二：2031—2045 年，主要目标为快速降低碳排放。达峰后的主要减排途径转为可再生能源，大面积实现电动汽车对传统燃油汽车的替代，同时完成第一产业的减排改造。

阶段三：2046—2060 年，主要目标是深度脱碳，参与碳沉降，实现碳中和的目标。从深度脱碳到完成碳中和目标，工业、发电端、交通和居民侧的高效、清洁利用潜力基本开发完毕。

3.1.2.4　碳中和的主要目标

到 2025 年，绿色低碳循环发展的经济体系初步形成，重点行业能源利用效率大幅提升。单位国内生产总值能耗较 2020 年下降 13.5%；单位国内生产总值二氧化碳排放量较 2020 年下降 18%；非化石能源消费比重达到 20% 左右；森林覆盖率达到 24.1%，森林蓄积量达到 180 亿立方米，为实现碳达峰、碳中和奠定坚实基础。

到 2030 年，经济社会发展全面绿色转型取得显著成效，重点耗能行业能源利用效率达到国际先进水平。单位国内生产总值能耗大幅下降；单位国内生产总值二氧化碳排放量较 2005 年下降 65% 以上；非化石能源消费比重达到 25% 左右，风电、太阳能发电总装机容量达到 12 亿千瓦以上；森林覆盖率达到 25% 左右，森林蓄积量达到 190 亿立方米，二氧化碳排放量达到峰值并实现稳中有降。

到 2060 年，绿色低碳循环发展的经济体系和清洁低碳安全高效的能源体系全面建立，能源利用效率达到国际先进水平，非化石能源消费比重达到 80% 以上，碳中和目标顺利实现，生态文明建设取得丰硕成果，开创人与自然和谐共生新境界。

3.1.3 碳中和的意义

3.1.3.1 有利于实现政府职能的转变

碳市场的运行机制为政府确定总体减排目标，采用配额制。将原始二氧化碳排放权分配转让给一级市场交易系统中的公司，这些公司可以在二级市场上自由交易二氧化碳排放权。具有经济激励和减排成本相对较低的公司将率先减排，并向减排成本相对较高的公司出售多余的二氧化碳排放限额，以获得额外收益。减排成本较高的公司通过购买二氧化碳排放限额来降低二氧化碳排放标准的成本。

二氧化碳的减排总量由政府确定，碳排放权的交易价格由市场确定，更好地体现了市场在资源配置中起着至关重要的作用，有助于企业创新低碳技术、调整能源结构。2013 年以后，中国增大节能减排力度，碳排放量已经进入平台期，过去的十几年中，我国在各个方面均采取切实有效的行动，成为全球绿色能源技术发展和土地绿化的表率。在全球减碳事业中，中国的作用无可替代。一方面，从数字上来看，在 1.5℃ 升温控制的目标下，如果中国不采取更积极的举措，至 2050 年，其他国家必须减碳超过 95% 甚至达到负排放，这对全世界而言几乎无法完成；另一方面，作为碳排放大国，我国身体力行取得的成果能起到很强的示范作用，从而推动全球各国在减排方面开展紧密的多边合作。

3.1.3.2 有利于实现产业结构向中高端水平转换

在碳排放权交易制度下，首先，可以通过差异化的碳排放配额初始分配推动产业结构的升级；其次，碳排放配额的货币化有利于形成产业结构升级的动力，技术的外溢效应与产业内其他企业的追随将推动整个产业结构的升级；最后，碳排放权交易有利于低碳技术的流动与转让。更为关键的是，在努力实现碳中和目标的过程中，一定会在关键技术和商业模式方面实现更多前沿突破。根据测算，至 2050 年，绿色技术投资将为我国 GDP 增长贡献超过 2%。转型过程中，碳捕捉、存储或氢能等方面的开发与研究，以及更加智能的综合服务型模式创新，会促使各国间展开更多的技术合作。

3.1.3.3 有利于形成区域经济协调发展的新格局

碳中和是应对全球气候变化及其国际治理的重要手段，是区域竞争和经济社会发展的重要影响因素。自工业革命以来，人类排放的二氧化碳等温室气体导致了全球变暖和一些负面影响，如频繁的极端天气和自然灾害造成的损失增加，阻碍了人类文明的进程。在碳排放权交易政策下，区域间差异化的碳排放权初始分配，可以在引导产业在区域间转移的同时，落实区域间碳减排"共同但有区别的责任"。

　　碳中和将重塑区域经济，甚至所有经济体。发达国家经济发展水平高，低碳产业比重大，技术先进，实现碳中和目标难度较小；对于中东、俄罗斯和澳大利亚等资源型经济体，国民经济收入的很大一部分依赖于原油和矿产品；对于中国和日本等缺乏优质能源资源的经济体，碳中和革命为其提供了减少外部依赖性的机会。简言之，不同地区对化石燃料的依赖、生产水平、在全球产业链中的地位、技术创新能力和其他因素将影响碳中和革命的反应效率。

3.1.3.4　有利于推动绿色金融发展

　　碳排放权交易市场可以充分发挥资源配置作用，在碳中和约束下促进碳价格发现。碳交易市场的建设也为绿色金融体系其他板块的完善提供经验，有助于进一步完善金融机构监管和信息披露。低碳转型将创造巨大的投融资需求，金融机构将迎来新的业务增长点。根据清华大学气候变化与可持续发展研究所发布的数据，在2020年到2050年间，仅能源系统就需要新增投资约138万亿元人民币（约20万亿美元），超过年度GDP的2.5%。面对百万亿级的资金缺口，金融机构应积极参与、创新和丰富绿色金融产品，提高绿色金融的份额，树立负责任商业银行的形象。

　　减少二氧化碳排放的支持工具将促进政策的示范效应，引导金融机构和企业更好地理解绿色转型的重要性，鼓励社会基金更多地投资于低碳绿色领域、绿色生产和生活方式，向企业和公众推广循环经济和其他方式，帮助实现碳达峰和碳中和的目标。

3.1.4　碳中和目标的测算方法

3.1.4.1　碳足迹的定义

　　碳足迹无处不在，不论是个人、生产的产品还是各种活动，都有碳足迹。例如，个体在乘坐公共交通工具前往目的地的过程中，在手机等产品的生产过程中，抑或是在消费、经营、交易等行为发生的过程中，都留下了碳足迹，人类社会的行为对自然界产生了种种影响。我们也可以大致计算出我们的碳足迹，例如，当乘坐飞机到达2000公里外的目的地时，我们消耗了278千克的二氧化碳，为了进行补偿，我们必须种植3棵树；如果我们打开空调，消耗100度电，相当于消耗78.5千克二氧化碳，需要种1棵树来进行平衡；当我们为车辆加了50升汽油并用完时，相当于消耗了270千克的二氧化碳，必须种植1.5棵树来弥补这一损失。如果不通过种树来抵消二氧化碳的消耗，也可以根据国际碳汇价格水平（每吨二氧化碳消耗 10 美元）进行计算，然后用这笔钱请其他人种树。杉木在 30 年内能够吸收 111 千克二氧化碳，我们可以计算一下需要种植几棵树来弥补这一损失。

碳足迹与碳达峰的关系需要从气候变化说起。由于全球气候变暖，冰川融化，海平面上升，极地动物面临生存威胁，气候变化导致极端天气频繁发生，海洋生态系统破坏严重；气象灾害不仅造成了人员伤亡和经济损失，还严重影响了生态系统，极端强降水、高温热浪等现象频发。气候变化主要是因为人类燃烧煤炭、石油为主的化石能源产生的温室气体造成的，所以，我们要采取更加切实有效的行动控制气温上升。

3.1.4.2　碳足迹的测算方法

计算碳足迹主要有以下 4 种方法：第一种是使用生命周期分析法，这种方法更准确、更具体；第二种方法是计算能源矿物燃料排放量（IPCC），这种方法更普遍；第三种是投入产出法（IO）；第四种是 Kaya 碳排放恒等式。

生命周期分析是一种自下而上的计算方法，是对产品及其"从头到尾"过程的计算方法，计算过程更加详细和准确。IPCC 是由联合国气候变化委员会制定的温室气体排放指南，在计算过程中综合考虑了温室气体排放。投入产出法是一种自上而下的计算方法，使用投入产出进行计算，不足之处是计算结果不精确。Kaya 碳排放恒等式通过一种简单的数学公式，将经济、政策和人口等因子与人类活动产生的二氧化碳联系起来。

每个国家（或其他高级工作团队、组织等）的人均碳足迹和总排放量可以在世界地图上自上而下地计算，居民的个人排放量可以从集团或组织中分离出来。

以汽车的碳足迹为例。第一种方法将估算所有二氧化碳排放量，包括从使用汽车原材料（包括制造汽车的所有金属、塑料、玻璃和其他材料）到生产、驾驶和处置汽车整个生命周期的二氧化碳排放量。第二种方法仅计算用于制造、驾驶和处置车辆的化石燃料的二氧化碳排放量。每个过程都有自己的碳足迹，我们可以用不同的方法测量每种元素的碳足迹，其他温室气体包括但不限于甲烷、臭氧、一氧化二氮、六氟化硫、氟碳化合物、全氟化碳和氟碳化合物。美国大多数的碳足迹计算都包括所有适用的气体，它们可以帮助我们认识和理解温室效应和全球变暖。碳足迹的计算涉及用于电力、房屋建设、交通（包括汽车、飞机、铁路和其他公共交通）及我们使用的所有消耗品的所有能源，计算起来相当复杂，并且人与人之间的行为不同，变数会更多。上述许多个人因素可以单独计算（如个人碳足迹、家庭、旅行、食物等）。一旦了解了你的碳足迹并知道它来自哪里，就可以采取措施减少它。有很多方法可以产生碳足迹，也总有一些方法可以减少碳足迹。

据专家统计，少使用 1 度电可节省 0.4 克标准煤，并且能够减少 0.272 千克碳粉尘、0.997 千克二氧化碳、0.03 千克二氧化硫和 0.015 千克氮氧化物的排放。

因此，可以推导出：节省 1 度电，相当于减少 0.997 千克二氧化碳排放。减少 1 千克标准碳排放量，相当于减少 2.493 千克二氧化碳排放。[①]

每个人也可以在日常生活中以自己的方式为节能减排做出贡献。以下是碳足迹的基本计算公式：

$$家居用电的二氧化碳排放量（kg）= 耗电度数 \times 0.785$$

$$驾驶车辆的二氧化碳排放量（kg）= 油耗公升数 \times 0.785$$

$$短途飞机旅行（200 \, km 以内）的二氧化碳排放量 = 公里数 \times 0.275$$

$$中途飞机旅行（200 \sim 1000 \, km）的二氧化碳排放量 = 55 + 0.105 \times（公里数 - 200）$$

$$长途飞机旅行（1000 \, km 以上）的二氧化碳排放量 = 公里数 \times 0.139$$

3.2 碳中和的重要性

3.2.1 充分发挥资源配置作用

为实现碳中和这一目标、促使绿色金融发展聚焦绿色低碳领域，可使相关主体通过货币政策、信贷政策、监管政策、强制披露、绿色评估、行业自律、产品创新和其他政策措施，引导和使用金融资源向清洁能源、绿色转型、碳捕集与封存等绿色创新项目倾斜。

与发达国家相比，我国每吨二氧化碳排放所产出的 GDP 明显低于发达国家，说明我国目前产业结构能耗和污染较大。

为了实现碳中和，中国的经济增长可能在短期内受到影响，这主要体现在环境约束对资源配置计划的负面影响。但从长远来看，实现碳中和将加速中国经济结构的转型，逐步降低高能耗、高污染企业的生产能力并逐步将其淘汰，高科技产业在经济中的份额将继续增加，未来的经济发展将由科技创新驱动。实现碳中和目标将促使中国的经济增长更加绿色、低碳和可持续发展。

我国的资源具有多煤、少油、缺气的特点，2020 年我国对原油和天然气的对外依存度分别在 72% 和 41% 左右，能源需要大量进口。实现碳中和后，我国可以将清洁能源产生的电能供给工业、农业和居民部门，从而实现能源独立。在碳中和背景下，清洁能源、环保等绿色产业的需求将快速增长，投融资环境因政策支持和行业景气度上升得到改善，行业迎来快速发展期。广阔的市场前景和对产品更高的要求都将推动技术持续进步。

---

① 以上电的折标煤按等价值，即系数为 1 度电 = 0.4 kg 标准煤，而 1 kg 原煤 = 0.7143 kg 标准煤。

3.2.2 做好气候变化相关的风险管理

碳中和可以抑制年度温室气体排放量的增长，遏制住全球气候变暖的大趋势。温室气体其实是个总称，水蒸气、甲烷、二氧化碳等都属于温室气体，这些温室气体在低空不断地反射太阳辐射，导致地表温度升高。温室气体导致一系列环境变化，如北极冰川融化、海平面上升、厄尔尼诺现象和拉尼娜现象交替加剧等，给人类生存环境造成了很大的威胁。目前来看，地球现在的温度对于人类是适宜的，但是如果大幅升高或者降低（即平均温度浮动几摄氏度），对人类社会的影响将是深远的。

自 18 世纪瓦特改良了蒸汽机以来，化石能源（如煤炭、石油、天然气等）在近 300 年的时间里被人类应用。这些化石能源在燃烧过程中不断释放出二氧化碳，导致自然界中温室气体大量增加，并最终导致地球表面环境温度上升。另一方面，在地球上的 70 亿人口中仅有约 12 亿人处于发达经济社会，其余 58 亿人口仍在中等收入甚至贫困线上挣扎。从人类历史上看，经济要发展，社会要进步，就必须增加社会活动（生产、消费），这就意味着要增加二氧化碳排放量。一方面要发展，另一方面要面临地表温度不断上升，人类面临两难抉择。

未来碳排放约束将明显增强，高碳行业的转型风险上升。气候变化带来的自然灾害频发，也会对多个领域造成冲击。气候风险压力测试、环境和气候风险分析及其他手段可以提高金融系统管理转型风险和气候变化风险的能力。人类对不排放温室气体的能源（即清洁能源）的探索包括燃料电池、太阳能、水电、核能、风能、可控核聚变等，然而目前这些能源形式中没有一种可以替代化石能源在人类社会中的角色。中国的碳中和目标就是在发展经济的同时，在 2030 年之前控制碳排放达到历史峰值，在 2060 年之前达到年度排放的二氧化碳量与当年二氧化碳吸收、固化的总量大体相当，即碳中和。同时，两个一百年的奋斗目标也绝不妥协，即 2021 年全面建成小康社会，2049 年建成富强、民主、文明、和谐、美丽的社会主义现代化强国。碳排放是导致全球气温升高的主因，而气温升高带来的一系列环境问题已经对人类的生存和发展产生了威胁。为了积极应对气候变化，保护我们的家园，实现可持续长期发展，需要实现碳中和。

3.2.3 在碳中和约束下促进碳价格发现

碳交易市场产生于《京都协定书》及其他具有法律效力的国际政治协定，与石油、天然气等其他能源相似，二氧化碳的价格深受政治因素的影响。市场参与者应当经常关注国家配额计划（NAP）、连接机制及《京都协定书》到期之后的国际协定，这些减排计划和配额在很大程度上决定了碳交易市场的空间，如果某个国家的减排计划过于宽松，不能造成企业碳排放额的稀缺性，则无法形成有效市场。尽管目前全国碳市场相对低迷，但是政策层面的积极信号十分明显，多个外部分析均对全国碳市场的发展前景给予认可，并认为中国碳价未来会持续上涨。中国 2060 年实现碳中和的目标符合《巴黎协定》控制全球升温较前工业化时期不超过 1.5℃的目标，而清华大学气候变化与可持续发展研究院发布的《中国长期低碳发展战略与转型路径研究》综合报告指出，在 1.5℃情景下，中国 2020—2050 年在能源转型上的投资需求高达 137.7 万亿元。北京绿色交易所总经理梅德文指出，如此巨大体量的投资需要一个成熟的市场和定价机制来确保资源的合理配置，如果碳价格较低，这个市场就无法对积极减排的企业给予足够的激励。因此，可以预见的是，中国将持续投入建设全国碳市场，并提供必要的政策支持。

围绕碳中和目标，制定具有强约束力的碳排放指标，从而推动建设全国碳排放权交易市场，设计好与碳交易相关的金融产品和交易机制，在碳排放约束下促进市场发现合理的碳价格。推动实现碳中和目标不单是一个挑战，从长远来说，其还具有大量投资的可能性，也是人类社会发展的机会。目前，实现碳中和目标的当务之急在于迅速形成碳价格发现机制，金融体系需要参与到碳交易市场之中。

3.3　碳中和的影响因素

3.3.1　社会方面

从我们周围的生活来看，在交通方面，普通汽车需要燃料，新能源汽车需要电力；在饮食方面，需要用煤气或用电做饭；在娱乐方面，没有电，手机就无法正常使用。除了直接燃烧化石燃料外，我们的大部分电力来自燃煤发电厂，一小部分来自风能和太阳能等非化石能源。工业生产、建筑和运输也是二氧化碳排放的集中来源。事实证明，为了实现碳中和，推动经济社会发展，必须全面依靠绿色低碳产业。

碳中和必须在实现过程中做好"加减法"工作，减少二氧化碳等温室气体的排放，增加碳汇，开发碳捕获和储存技术，实现排放和吸收之间的平衡。缓解措施需要很长时间才能生效，但目前气候已经发生了变化，适应气候变化至关重要。

在快速城市化过程中，城市空间密度、人口密度和经济活动急剧增加，土地利用率和土地覆盖率发生重大变化，过度的能源消耗导致以二氧化碳为主的人为温室气体排放增加，导致局部、区域甚至全球变暖，严重威胁生态环境、国家能源安全、粮食安全、生物多样性及人类生存与城市社会经济发展。城市绿地是城市地区重要的近自然生态空间，可以固定碳、释放氧气，有效缓解热岛效应，降低城市整体能耗，对于实现碳中和总体目标发挥重要作用。

一方面，城市绿地植物通过光合作用有效吸收和转化大气中的二氧化碳，并将其固定在植被和土壤中，以降低二氧化碳浓度，这是负排放技术的重要组成部分，也是城市绿地影响碳中和的最直接途径。影响城市绿色碳汇的因素包括植物类型、年龄、规格和群落结构、大气温度和相对湿度，以及人为干预。

另一方面，绿色空间可以通过影响城市热环境和降低城市总体能耗间接实现减排效果。在场地规模上，城市绿地中的树木可以提供遮阳和防风保护，并改善建筑物周围的小气候环境条件；在城市尺度上，城市绿地的尺度和分布特征可以改变城市热平衡，降低城市热岛强度。

3.3.2　家庭方面

在碳中和领域，没有消费，就没有碳排放。正是因为有了各种各样的消费需求，才使得在生产这些产品的过程中产生了大量碳排放。人类排放的所有温室气体都是由消费产生的，其中有 70% 左右的碳排放直接来自家庭和个人的消费。所以从碳减排的角度上讲，个人行为能够在很大程度上影响碳中和的进程。举个例子，每个人都需要呼吸氧气，排出二氧化碳。假设我们过着最原始的生活，狩猎采集，茹毛饮血，完全不用火，每个人每天也会释放大约 1140 克的二氧化碳，以 80 年的生存年限来计算，一个人一生排出的二氧化碳量为 33 288 千克。也就是说，通过呼吸作用，使得大气中的二氧化碳增加了大约 33 吨。其中 25 岁左右是人体新陈代谢最旺盛的阶段，每天排出的二氧化碳量最多，这就是碳达峰。而碳中和，就是指你要想办法，让大气中的二氧化碳减少 33 吨，让大气中的温室气体量回到你出生时的状态。但人是生物学中的消费者，并不能自己固碳，所以需要采取其他办法，而最经济的方法就是植树造林。

网购日益便利和快捷，个人消费中有 36% 的消费可能是不必要的，其中又有一半以上的不必要购物与网购有直接关系，很多人即使没有消费需求，也会习惯性地在购物网站闲逛，逛着逛着就会产生冲动性消费，买回来的东西很多都是用一次就扔掉甚至一次都没用就扔掉了。随着快递和外卖等行业的兴起，一次性消耗品，如塑料袋、一次性筷子、一次性饭盒及塑料瓶装饮料数量不断增加，它们的原料通常来自煤炭和石油，生产过程中也会产生大量碳排放，然而它们到达消费者手里后大都不超过 1 天就会被扔进垃圾桶，如果按照单位使用时间来计算碳排放的话，它们是碳排放最高的产品之一。不仅如此，塑料制品还存在难以自然降解的问题，给整个地球生态造成了永久性污染。人类因饮食产生的温室气体排放量占全球温室气体排放量的 29%，折算下来每人每年因饮食产生的碳排放在 2.5 吨左右，是个非常大的数字。

3.3.3 企业方面

中国经济的飞速发展经历了许多次的城市化建设改造，从工业化时期到城市化时期，中国的发展虽然逐渐向好，但是所产生的污染仍然不容忽视。当下，全球气候变暖，海平面上升，火灾等自然灾害频发等情势非常急迫，需要各行各业共同应对。

能源生产行业的改革是实现应对气候变化中长期目标的关键。鉴于中国的电气化进程处于电气化的中期发展阶段，与美国、德国、日本等处于电气化中期高级阶段的发达国家还有差距，提高整个社会的电气化水平是实施"四个革命与一个合作"能源安全战略的重要途径。未来，整个社会的用电量将继续以一定的速度增长，电能在最终能源消费中的份额将继续增加。然而，我国有丰富的煤炭资源，但缺乏石油和天然气资源的特点导致煤炭在电力结构中的份额大大高于国际平均水平。中国发电行业的二氧化碳排放量约占全国二氧化碳排放量的40%。上述因素决定了在碳中和的背景下，绝对减排是根本的，即增加非化石能源的装机容量，从而提高非化石能源在一次能源消费中的份额，是实现碳中和愿景的最重要途径。因此，将能源发电产业引入碳市场，推动能源和电力的绿色低碳转型，已成为实现中国中长期气候保护目标的关键。

能否全面规划煤电发展道路，决定着低碳转型的成败。由于新能源发电的有效容量较低，且缺乏系统灵活性资源，有必要建设一定规模的燃煤电厂，以"支撑底部、确保供应"，满足特定时期和区域的能源平衡需求。然而，建立燃煤发电厂并不意味着二氧化碳排放量同时上升。首先，中国仍然直接燃烧了约7亿吨煤用于供暖或热负荷，减少了用于发电的散装煤使用量，以电能替代可以在不增加碳排放的情况下提高能源效率。其次，随着新能源的大规模开发，燃煤能源在能源系统中的作用将逐步转变为灵活的供电调节，燃煤能源的使用时间将继续减少，单位燃煤能源的碳排放量将呈现明显下降趋势。最后，随着燃煤机组年龄的增长，一些低效和陈旧的机组逐渐退役，成为战略备用机组，电力系统中常规运行的燃煤机组容量逐渐降低。

经过几十年的发展，煤电行业产业链已发展成熟。燃煤发电厂的生死直接决定着其背后的煤炭公司、设备制造公司和运输公司的生死，影响着千万人的就业甚至社会稳定。因此，有必要以"十四五"规划为契机，全面规划煤电淘汰模式和节奏。

全球最大的资产管理公司黑石（Black Rock）曾公开表示，对碳排放没有采取积极措施的企业将会被剔除出投资组合。黑石公司 CEO 拉里·芬克（Larry Fink）表示，当下投资风向正在发生"结构性转变"，机构更愿意将资本投向在环境、社会与公司治理，即 ESG 领域表现突出的可持续发展企业。他认为，"从汽车到银行，从石油到天然气公司······2020 年 ESG 领域表现较好企业的业绩，都比同行业其他企业表现得更好，享受'可持续性估值溢价'。"

3.3.4 政策方面

法律和政策在确保长期、可持续和深度减排及有序推进"碳中和"方面发挥着至关重要的作用，它们创造的长期机制可以提供体制支持。然而，由于法律的相对稳定性和社会的无限变化，法律（"昨天"）和现实（"今天"）之间存在的时空差异，导致了法律的滞后性。"碳中和"作为一种新现象，其相关立法仍然空白。薄弱的法律体系远远不能满足国家的战略需求，限制了"碳中和"行动的实施。虽然在"1+N"政策体系下的行动计划仍在全面展开，但其不具备法律的稳定性、清晰性和可执行性，很难建立明确的机制来确认相关问题的权利和责任履行。

2021 年 11 月 1 日实施的《天津市碳达峰碳中和促进条例》作为促进碳达峰碳中和的法规，只是一项地方性法规，不能在全国范围内协调。例如，中国尚未通过有关农业碳中和的具体法律法规，也没有制定减少农业温室气体排放的具体目标。然而，近年来，中国逐渐认识到农业碳排放的重要性，加强了低碳农业发展相关政策的制定，并在农业生产化学原料方面制定了减少碳排放、实施、监测、评估的制度，它包括最初形成的政策和法律体系。目前，中国农业和林业的相关政策和法律主要侧重于防止生产污染，加强基础设施建设，促进废物的广泛利用，完善林业碳汇的建设和交易体系。这些指令和法律的出台是对中国农业和林业二氧化碳减排的有益研究，但尚未形成相对完善的二氧化碳中和政策和法律体系。

3.4 实现碳中和的路径

从全球来看，中国碳排放占全球比例仍然超过 20%。中国最高决策层已承诺，将于 2060 年实现碳中和。根据波士顿咨询公司（BCG）的分析，现有措施尚无法保证实现《巴黎协定》制定的 2℃/1.5℃ 乃至碳中和目标，需要即刻贯彻更有效的减碳措施，这将为发展的可持续性、直接的经济促进、国家能源安全性带来新机遇。

3.4.1 健全绿色低碳发展机制

完善绿色能源管理体系和政策体系，建立绿色低碳能源开发利用新机制；完善新能源体系建设和运行机制、清洁高效化石能源开发利用机制、绿色低碳能量转换安全保障和供应体系，建立支持绿色低碳能源转换的科技创新体系，建立支持绿色、低碳能源转化的财政保障机制；推动绿色低碳能源转型国际合作，完善绿色低碳发展相关治理机制。在工业领域，我们应该引导工业企业使用清洁能源，减少每种产品的二氧化碳排放量，并鼓励合格企业率先采取低碳和零碳能源消费模式。此外，构建低碳能源技术开发机制、生态环境补偿机制、低碳产品认证体系、碳排放约束机制。

强化绿色低碳发展规划引领。将碳达峰、碳中和目标要求全面融入经济社会发展中长期规划，强化国家发展规划、国土空间规划、专项规划、区域规划和地方各级规划的支撑保障。加强各级各类规划间衔接协调，确保各地区各领域落实碳达峰、碳中和的主要目标、发展方向、重大政策、重大工程等协调一致。

优化绿色低碳发展区域布局。持续优化重大基础设施、重大生产力和公共资源布局，构建有利于碳达峰、碳中和的国土空间开发保护新格局。在京津冀协同发展、长江经济带发展、粤港澳大湾区建设、长三角一体化发展、黄河流域生态保护和高质量发展等区域重大战略实施过程中，强化绿色低碳发展导向和任务要求。

加快形成绿色生产生活方式。大力推动节能减排，全面推进清洁生产，加快发展循环经济，加强资源综合利用，不断提升绿色低碳发展水平。扩大绿色低碳产品供给和消费，倡导绿色低碳生活方式。把绿色低碳发展纳入国民教育体系。开展绿色低碳社会行动示范创建，凝聚全社会共识，加快形成全民参与的良好格局。

深化能源体制机制改革。全面推进电力市场化改革，加快培育发展配售电环节独立市场主体，完善中长期市场、现货市场和辅助服务市场衔接机制，扩大市场化交易规模。推进电网体制改革，明确以消纳可再生能源为主的增量配电网、微电网和分布式电源的市场主体地位。加快形成以储能和调峰能力为基础支撑的新增电力装机发展机制。完善电力等能源品种价格市场化形成机制。从有利于节能的角度深化电价改革，理顺输配电价结构，全面放开竞争性环节电价。推进煤炭、油气等市场化改革，加快完善能源统一市场。

为了实现碳中和的目标，我们应该优化能源结构，逐步减少传统能源消耗，大力发展清洁能源。中国拥有丰富的太阳能和风能资源，发电是太阳能和风能的主要利用形式。随着技术的不断成熟和发电成本的不断降低，中国风电的装机容量在过去 5 年间，每年增加约 3000 万千瓦。到 2030 年，中国的风能和太阳能装机容量将超过 12 亿千瓦。促进清洁能源的发展还可以减少对外国石油和天然气能源进口的依赖，减少中国对石油出口国的依赖，确保中国的能源安全，提高生产的自主性。

3.4.2 加速低碳技术研发推广

强化能源消费强度和总量双控。坚持节能优先的能源发展战略，严格控制能耗和二氧化碳排放强度，合理控制能源消费总量，统筹建立二氧化碳排放总量控制制度。做好产业布局、结构调整、节能审查与能耗双控的衔接，对能耗强度下降目标完成形势严峻的地区实行项目缓批限批、能耗等量或减量替代。强化节能监察和执法，加强能耗及二氧化碳排放控制目标分析预警，严格责任落实和评价考核。加强对甲烷等非二氧化碳温室气体的管控。

大幅提升能源利用效率。把节能贯穿于经济社会发展的全过程和各领域，持续深化工业、建筑、交通运输、公共机构等重点领域节能，提升数据中心、新型通信等信息化基础设施能效水平。健全能源管理体系，强化重点用能单位节能管理和目标责任。瞄准国际先进水平，加快实施节能降碳改造升级，打造能效"领跑者"。

严格控制化石能源消费。加快煤炭减量步伐，"十四五"时期严控煤炭消费增长，"十五五"时期逐步减少。石油消费"十五五"时期进入峰值平台期。统筹煤电发展和保供调峰，严控煤电装机规模，加快现役煤电机组节能升级和灵活性改造。逐步减少直至禁止煤炭散烧。加快推进页岩气、煤层气、致密油气等非常规油气资源规模化开发。强化风险管控，确保能源安全稳定供应和平稳过渡。

积极发展非化石能源。实施可再生能源替代行动，大力发展风能、太阳能、生物质能、海洋能、地热能等，不断提高非化石能源消费比重。坚持集中式与分布式并举，优先推动风能、太阳能就地就近开发利用。因地制宜开发水能。积极安全有序发展核电。合理利用生物质能。加快推进抽水蓄能和新型储能规模化应用。统筹推进氢能"制储输用"全链条式发展。构建以新能源为主体的新型电力系统，提高电网对高比例可再生能源的消纳和调控能力。

人们对生物质能的关注度也在不断提升，随着欧洲生物柴油快速发展，欧盟强制要求各成员国于 2020 年在柴油中添加 10% 的生物柴油，2030 年在柴油中添加 32% 的生物柴油，以达到碳减排目的。目前欧洲已成为全球最大的生物柴油进口区域，而我国则可使用废弃的地沟油作为原料生产生物柴油，具有较强的成本优势。此外，我国近年来还出台了多项政策，以大力推动生物质能发电发展，生物质能的运用处于加速进展中。电力化进程加速，新能源车渗透率提升有望进一步加快。交通部门是我国碳排放量排名第三的部门，2018 年的碳排放量占比 10%，且未来随着总出行量的增多，碳排放量还可能继续上行。为促进交通部门碳减排，自 2010 年起，我国便将新能源汽车产业作为战略性新兴产业重点培育，但自 2016 年 12 月《关于调整新能源汽车推广应用财政补贴政策的通知》发布以来，新能源汽车补贴持续减少，销量增速也有所减缓。

碳捕集、封存和利用（CCUS）技术是指在生产过程中提纯二氧化碳，并通过管道、公路、铁路等运输至深层地质结构中使用或储存。过去 10 年，CCUS 技术的发展进度不及预期，由于高运营成本、高能耗等问题，国际能源署路线图的进度仅完成了 13%。近年来，我国 CCUS 技术虽然取得了一定进步，但与国际先进水平仍有很大差距，政府的具体专项政策支持不足。中国必须加快 CCUS 技术的发展及产业化进程，借鉴美国经验加大专项政策支持力度，长期来看，可提前布局相关领域。

3.4.3　加快现代产业体系建设

制造业发展的重点是优化结构、提高多样性和质量、提高产业支撑能力和淘汰落后产能；培育和发展战略性新兴产业，科学评估未来市场需求变化和技术发展趋势，加强政策支持和规划指导，加强关键技术研发，突破重点领域，积极有序发展新一代信息技术，加快节能环保步伐，发展新能源、生物、高端装备制造、新材料、新能源汽车等产业，加快形成主导产业和支柱产业，有效提升产业核心竞争力和经济效益；加快服务业发展，把促进服务业大发展作为产业结构优化和现代化的战略重点，建立公平、规范、透明的市场准入标准，研究适合发展新型服务业的市场管理办法，调整税费、土地、水、电等因素的定价政策，营造有利于服务业发展的政治制度环境；加强现代能源产业和综合运输体系建设，推进能源生产和使用改革，构建安全、稳定、经济、清洁的现代能源产业体系；全面提高电子化水平，促进信息化和工业化的深度融合，加快经济和社会各个领域的电子化进程，以及软件产业的发展和升级。

为实现二氧化碳减排，许多公司将迁往中小城市，大多是能源、资源和劳动密集型产业，甚至是碳密集型产业。面对经济增长的强烈需求，中小城市已经准备好甚至主动"参与"。在此过程中，减少项目排放对于促进中小型城市的碳达峰和碳中和非常重要，但项目建设的成本和收入之间存在不平衡。相对于巨大的资本需求，用于低碳转型的资金仍然有限。在中小城市大规模推广和应用低碳清洁技术缺乏经济条件。如果没有创新、转让和传播低碳清洁技术的供给机制，低碳清洁技术难以在中小城市广泛使用。

从产能结构角度看，目前中国原铝生产电力结构为火电 88%、水电 11%、核电 1%，非清洁能源的火电比例显著过高。目前，地方政府在考核、优惠电价取消及碳排放市场化交易层面，均对火电铝的存量和新增产能构成明显抑制，并对清洁能源产能予以鼓励，电解铝新增产能或存量置换正在向具备水电优势的大西南地区转移，这意味着水电铝企业具备一定的产能增长潜力；从边际成本曲线结构角度，水电铝、核电铝等清洁能源产能将逐渐向左端移动，且有一定增长潜力；而火电铝产能则向右端移动，且几乎无增长潜力，甚至有可能减量化，我国电解铝边际成本曲线陡峭化特征日益凸显，这意味着水电铝企业的成本优势会日益明显。中国电解铝供应总量的刚性日益凸显，产量增速有望逐步放缓，考虑到碳中和催生的对铝的新需求，以及疫情后经济复苏大势，电解铝供需有望逐渐抽紧，这意味着不论是火电铝还是水电铝企业，均将受益于铝价中枢的抬升。

3.4.4 建立和完善相关法律法规

健全法律法规。全面清理现行法律法规中与碳达峰、碳中和工作不相适应的内容，加强法律法规间的衔接协调。研究并制定碳中和专项法律，抓紧修订节约能源法、电力法、煤炭法、可再生能源法、循环经济促进法等，增强相关法律法规的针对性和有效性。

完善标准计量体系。建立健全碳达峰、碳中和标准计量体系。加快节能标准更新升级，抓紧修订一批能耗限额、产品设备能效强制性国家标准和工程建设标准，提升重点产品能耗限额要求，扩大能耗限额标准覆盖范围，完善能源核算、检测认证、评估、审计等配套标准。加快完善地区、行业、企业、产品等碳排放核查核算报告标准，建立统一规范的碳核算体系。制定重点行业和产品温室气体排放标准，完善低碳产品标准标识制度。积极参与相关国际标准制定，加强标准国际衔接。

提升统计监测能力。健全电力、钢铁、建筑等行业领域能耗统计监测和计量体系，加强重点用能单位能耗在线监测系统建设。加强二氧化碳排放统计核算能力建设，提升信息化实测水平。依托和拓展自然资源调查监测体系，建立生态系统碳汇监测核算体系，开展森林、草原、湿地、海洋、土壤、冻土、岩溶等碳汇本底调查和碳储量评估，实施生态保护修复碳汇成效监测评估。

完善投资政策。充分发挥政府投资引导作用，构建与碳达峰、碳中和相适应的投融资体系，严控煤电、钢铁、电解铝、水泥、石化等高碳项目投资，加大对节能环保、新能源、低碳交通运输装备和组织方式、碳捕集利用与封存等项目的支持力度。完善支持社会资本参与政策，激发市场主体绿色低碳投资活力。国有企业要加大绿色低碳投资，积极开展低碳、零碳、负碳技术的研发应用。

完善财税价格政策。各级财政要加大对绿色低碳产业发展、技术研发等的支持力度。完善政府绿色采购标准，加大绿色低碳产品采购力度。落实环境保护、节能节水、新能源和清洁能源车船税收优惠。研究碳减排相关税收政策。建立健全促进可再生能源规模化发展的价格机制。完善差别化电价、分时电价和居民阶梯电价政策。严禁对高耗能、高排放、资源型行业实施电价优惠。加快推进供热计量改革和按供热量收费机制。加快形成具有合理约束力的碳价机制。

推进市场化机制建设。依托公共资源交易平台，加快建设完善全国碳排放权交易市场，逐步扩大市场覆盖范围，丰富交易品种和交易方式，完善配额分配管理。将碳汇交易纳入全国碳排放权交易市场，建立健全能够体现碳汇价值的生态保护补偿机制。健全企业、金融机构等碳排放报告和信息披露制度。完善用能权有偿使用和交易制度，加快建设全国用能权交易市场。加强电力交易、用能权交易和碳排放权交易的统筹衔接。发展市场化节能方式，推行合同能源管理，推广节能综合服务。

本章小结

碳中和是指对公司、团体或个人在一段时间内直接或间接地产生的温室气体排放总量进行测算，并通过植树造林、节能减排抵消自身排放的二氧化碳，以实现二氧化碳"零排放"，达到碳排放与碳吸收和利用的平衡。碳中和的实现有利于实现政府职能的转变，有利于实现产业结构向中高端水平转换，有利于形成区域经济协调发展的新格局，有利于推动绿色金融发展。

碳中和的计算可以从碳足迹着手，碳足迹有 4 种计算方法：第一种是使用生命周期分析法，这种方法更准确、更具体；第二种方法是计算能源矿物燃料排放量（IPCC），这种方法更普遍；第三种是投入产出法（IO）；第四种是 Kaya 碳排放恒等式。

碳中和主要通过计算二氧化碳排放总量，然后通过植树来抵消这些排放，以达到环保的目的，其能够充分发挥资源配置的作用，做好气候变化相关的风险管理，在碳中和约束下促进碳价格发现。碳中和的实现受社会、个人、企业及政策的影响。为实现碳中和，需要健全绿色低碳发展机制，加速低碳技术研发推广，加快现代产业体系建设，建立和完善相关法律法规。

思考与练习

1. 碳中和工作开展的原则有哪些？
2. 实现碳中和的意义是什么？
3. 碳足迹计算方法有哪些？
4. 实现碳中和目标的意义是什么？
5. 影响碳中和目标实现的因素有哪些？
6. 概述实现碳中和目标的路径。

4 双碳与经济发展

4.1 双碳与经济的关系

碳达峰和碳中和已经成为全球性议题。1992 年《联合国气候变化框架公约》、1997 年《京都议定书》和 2016 年《巴黎协定》等关于气候变化的国际公约相继签署，意味着国际社会逐渐意识到与日俱增的温室气体排放量造成了全球变暖的危害，也将制约人类经济社会长久稳定发展。因此，各国应共同携手应对全球气候变化，展开一系列的全球气候治理行动。为顺应国际形势，同时彰显大国责任和担当，在 2020 年 9 月 22 日第七十五届联合国大会一般性辩论上，习近平主席郑重宣布，中国将积极采取有效的措施和政策，力争在 2030 年前达到二氧化碳排放峰值，在 2060 年前实现碳中和，为建设生态文明和美丽地球自主贡献出中国力量。①

碳达峰和碳中和问题不仅是环境问题，更是一场深刻且影响广泛的经济社会系统性变革。实现"双碳"目标对于正处于开启"四个现代化"新征程的中国来说，意味着机遇和挑战共存。能源作为碳排放的主要源头之一，是经济社会发展的动力。"十四五"时期是在新征程、新挑战、新理念、新格局下实现"双碳"目标的关键阶段，能源规划将环境规划和气候规划因素考虑其中，在确保我国经济、环境、社会平衡的基础上能够如期实现"双碳"目标。因此，双碳和经济之间紧密衔接，双碳是经济发展的目标，而经济发展又是"双碳"目标实现的基础，二者相互促进、相互制约、相互平衡。

4.1.1 双碳是经济发展的目标

实现双碳的本质在于摆脱以往不考虑资源节约和环境改善、而只重视经济增长的传统经济发展方式。要抓住双碳的"牛鼻子"，在坚持高质量发展的基础上，构建环保、清洁、节能、高效的绿色发展格局，以深化供给侧结构性改革为主线，逐渐推动碳排放和经济发展"脱钩"。

回顾发达国家的经济发展过程，大部分国家表现为先高碳后低碳、先发展后减碳。为了避免重走发达国家弯路，依据我国国情来解决经济发展导致的碳排放问题，党的十八大报告提出建设生态文明的重要途径包括"绿色发展、循

---

① 新华网，《习近平在第七十五届联合国大会一般性辩论上的讲话（全文）》。

环发展、低碳发展",并将其作为构建未来经济发展方式的转型方向。党的十九大报告就建设健全的绿色、低碳、循环发展的经济体系提出要求,同时习近平总书记在中央财经委员会第九次会议上提出:"要坚定不移贯彻新发展理念,坚持系统观念,处理好发展和减排、整体和局部、短期和中长期的关系,以经济社会发展全面绿色转型为引领,以能源绿色低碳发展为关键,加快形成节约资源和保护环境的产业结构、生产方式、生活方式、空间格局,坚定不移走生态优先、绿色低碳的高质量发展道路。"①绿色循环低碳经济发展贯彻了"坚持绿水青山就是金山银山"②理念,表明了经济发展要以能源资源为基础,将双碳作为经济发展的目标,处理好经济社会发展与碳排放量控制之间的关系。构建绿色循环低碳经济运行体系,要以碳市场为主导,推动相关产业从粗放型规模经济向集约型高质量经济转型、从依赖能源的高污染模式向提高全要素生产率的低碳模式转型,进而实现新发展理念下经济发展和"双碳"战略目标的双赢。

能源转型成为当今世界各国积极应对气候挑战的主流思路,世界主要国家为增强自身的国际竞争力,加速产业链和供应链的重构,推进数字化和智能化产业转型,调整能源和大宗商品的供需关系。我国积极参与到全球新一轮的产业变革和科技变革中去,将经济发展的目标落实到双碳上,为我国经济社会发展实现"弯道超车"带来机会和动力,主要体现在以下方面:

第一,在产业结构的调整下,促进新的经济增长点形成。在探究驱动经济增长因素的过程中,索罗在新古典增长模型中提出,外生的技术进步是影响经济长期增长的因素③,罗默的内生增长模型则认为内生变量——技术进步会因创新不断产生④。因此,在经济发展过程中,以双碳作为目标,通过外生技术进步和内生技术创新构建低碳产业结构,从而推动经济发展是十分重要的。伴随着低碳技术的创新和新能源行业的快速发展,碳中和的产业结构⑤从前端——能源替代、中端——节能减排、后端——碳吸收三部分形成了碳计量、碳交易和绿色金融等新兴行业,带动了中国市场的绿色消费和绿色基础设施的投资,实现了兼顾经济发展和"双碳"目标的"双全法"。

第二,引领新一轮工业革命,融合并催生出新技术、新模式。经济发展以经济增长为前提,通过国内生产总值呈现出来,第一产业是国民经济的基础;第二产业为国民经济提供了物质技术装备和能源动力,占据着主导地位;第三

---

① 新华网,《习近平主持召开中央财经委员会第九次会议》。
② 新华网,《习近平谈新时代坚持和发展中国特色社会主义的基本方略》。
③ 黄少军. 经济增长理论与趋同问题[J]. 华南师范大学学报(社会科学版),1998(04):1-8,124.
④ 佘时飞. 经济增长理论文献综述[J]. 科技经济市场,2009(08):38-39.
⑤ 前瞻产业研究院整理。

产业在物质发展的基础上满足了国民的精神需求，因此第一、第二、第三产业和经济发展之间存在着紧密的联系。以双碳作为经济发展的目标，需要全面带动农业、制造业、服务业和量子信息技术、新能源技术、新材料技术等技术相融合，发展智能化和信息化下新能源、新材料等新兴产业，开启新一轮的工业革命。加速绿色农业发展，通过产业集群和产业园区的形式，增加农产品的附加值，减少种植过程中的碳排放，进而促进农业发展。针对高耗能行业经济效益逐步下降的局势，实施关停取缔、提升整改等措施，将新能源、新材料技术应用其中，推进钢铁、石油和化工等行业绿色生产变革，促使产业向着"资本+技术"主导的模式转变。加快先进制造业和现代服务业相融合，利用高新技术手段实现节能低碳的新模式。应用大数据、云计算等信息技术，发展共享经济模式，加速催生出远程医疗、线上教育、网络办公等经济发展新业态。在"后疫情"时代，继续挖掘新的经济增长点，推动经济绿色复苏，实现中国经济高质量发展。

第三，构建可持续发展的国际贸易体系。如今，在中美贸易摩擦加剧、疫情后贸易保护主义逐渐增强、逆全球化趋势出现的背景下，双碳政策的提出为低碳经济国家之间的合作提供了新的发展空间。在农林产品贸易中，我国将绿色价值链融入双边贸易协定中，借助"一带一路"倡议，使得中国企业能够参与到全球价值链绿色化的进程中去，为经济发展拓展新思路。同时，在外商直接投资负面清单开放①后，随着全球光伏硅片等低碳新材料产品需求量攀升，外商加大对我国新能源领域的投资力度，使得拉动国民经济增长的马车——投资和净出口纷纷增加。我国以双碳为目标，不断优化自身的国际贸易结构，降低国际贸易中产生的碳成本，提升我国在全球价值链中的地位。

4.1.2 经济发展是实现"双碳"目标的基础

在马克思主义理论体系中，经济与政治二者之间存在着辩证的关系，即经济决定政治，经济是政治的基础；政治对经济具有反作用，政治是经济的集中体现。经济发展是基础，对政治目标起决定性的作用。生产物质资料是所有社会活动能够顺利开展的必要前提。人类社会从之前的无政治社会到如今逐步完善和发展的政治社会，表明经济发展到一定历史时期才出现了政治，政治目标是经济发展的必然结果。经济基础和经济结构影响并决定着政治制度和政治目标等上层建筑。总的来说，"碳达峰"和"碳中和"是政治目标，环境生态问题是中国乃至全世界都无法回避的，双碳领域将会成为当前乃至今后较长时间的

---

① 国家发展改革委员会和商务部联合发布《鼓励外商投资产业目录（2020 年版）》中全国目录：鼓励外商投向新材料、高端制造及绿色制造等领域。

首要政治任务，因此经济发展是实现"双碳"目标的基础。

此外，"双碳"目标作为我国一项重大的战略决策，并非凭空想象出来的，而是在权衡我国当前国情、未来发展方向和全球局势的基础上，综合考虑目标实现的基础而提出的战略选择。前文提到影响实现"双碳"目标的因素有许多，但从某种意义上来看，碳中和与碳达峰意味着要对我国目前的经济结构和能源结构进行变革，这种转型需要有强大的经济实力来支撑。纵观我国的经济发展历程，2020年我国的经济总量已达百亿元，正处于全面深化改革阶段，这个时期以经济发展为基础，以改革创新为动力，以可持续发展战略为指导思想，有绿色新能源技术、政策体制、国际协作等共同提供支撑保障，为中国加快实现碳达峰与碳中和政策目标提供了保障。

4.1.3 双碳与经济共同发展

2020年初，新冠肺炎疫情席卷全球，疫情的突发性和不确定性严重地影响了各国居民正常生活和宏观经济合理运行。一方面，疫情暴发严重打击跨国企业，增加全球经济投资的风险；在全球范围内可能会产生通货膨胀的恶性循环。[①]另一方面，疫情在全球市场的加速扩散，不利于国家间的合作与分工，世界经济面临外需市场萎缩和全球产业链重置的风险。[②]相关数据显示，全球失业率持续增加，国际投资和贸易往来大幅萎缩、国际金融市场动荡、一些地区单边主义盛行等不利因素加剧世界经济深度衰退，受疫情的不确定性等因素影响，恢复全球经济发展的道路漫长坎坷。这些波动对各国推进碳达峰和碳中和目标产生了阻碍。

针对目前国内经济发展现状，部分学者认为新冠肺炎疫情的暴发在短期会对宏观经济、资本市场和社会生产生活秩序造成严重打击，表现为产出下降、消费减少、投资下降、贸易盈余减少、传统产业严重受挫等现象[③]，但就长期而言，政府可以在"后疫情"时代大力推动经济改革、发展新的商业模式并完善国家治理[④]。其他学者则将"非典"疫情与新冠肺炎疫情进行对比，分析其对我国宏观经济造成的影响差异，提出疫情使得我国的消费和投资需求严重收缩，对交通运输等行业的打击较大；在供给方面，我国的服务业和工业生产活动受到冲击，表明新冠肺炎疫情对经济发展的负面影响远大于"非典"时期的影响。[⑤]

---

① 田素华，李筱妍.新冠疫情全球扩散对中国开放经济和世界经济的影响[J]. 上海经济研究，2020（04）：109-117.

② 梁艳芬.新冠肺炎疫情对世界经济的影响分析[J]. 国际经济合作，2020（02）：4-11.

③ 何诚颖，闻岳春，常雅丽，等.新冠病毒肺炎疫情对中国经济影响的测度分析[J]. 数量经济技术经济研究，2020，37（05）：3-22.

④ 罗志恒. 新冠疫情对经济、资本市场和国家治理的影响及应对[J]. 金融经济，2020（02）：8-15.

⑤ 郑江淮，付一夫，陶金.新冠肺炎疫情对消费经济的影响及对策分析[J]. 消费经济，2020，36（02）：3-9.

图 4-1 和图 4-2 的相关统计数据表明，2020 年我国第一季度国民生产总值和居民人均可支配收入等指标大幅度下滑，第二季度有所回升。虽然第三季度多个经济指标转正，宏观经济稳中向好的趋势没有改变，但中国经济受疫情影响需求收缩、供给冲击等挑战和压力仍然增多，经济下行压力较大。经济学家预测，随着"十四五"规划纲要部署深入推进和双碳政策目标的提出，同时 2021 年我国经济在转换增长动力、优化产业结构方面取得了一定的成效，未来对外贸易、外商投资、绿色经济、数字智能、"双碳"投资、高技术投资等领域将伴随多重冲击，并继续为中国经济高质量发展提供坚实支撑。

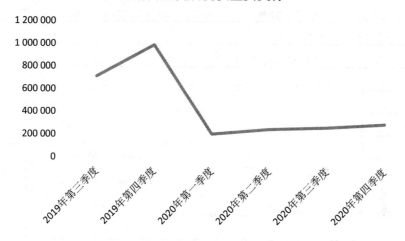

图 4-1　中国 2019 年第三季度至 2020 年第四季度国内生产总值（单位：亿元）

资料来源：国家统计年鉴。

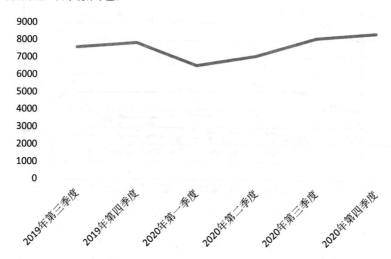

图 4-2　中国 2019 年第三季度至 2020 年第四季度居民人均可支配收入（单位：元）

资料来源：国家统计年鉴。

如图 4-3 所示，从某种程度来说，我国 2013 年碳排放量已经到达峰值，2017 年人均碳排放量虽然低于美国水平，但已经超过欧洲水平①。总体来说，我国碳排放量下降正处于高位平台阶段，波动趋势稳定，因此按照目前的消费增长趋势来判断，碳达峰目标能够如期实现，但碳中和的任务艰巨。回看各国碳排放的历史演变，欧美等主要发达国家人均碳排放量的峰值和总量峰值早已实现，尽管碳排放量在逐渐减少，但仍未实现"零碳"。同样作为发达经济体的日本，受到自身资源稀缺的影响，在 2013 年实现碳达峰后，现在仍处于碳达峰的高位平台期。预计欧美国家从碳达峰到碳中和的过渡期将是 40～60 年，而我国预留的过渡时间是 30 年。发达国家实现碳中和目标的道路漫长，新兴经济体在兼顾自身经济发展的同时发展"零碳"道路没有捷径可走。因此，碳达峰和碳中和目标的提出对于中国经济发展而言是机遇和挑战并存。

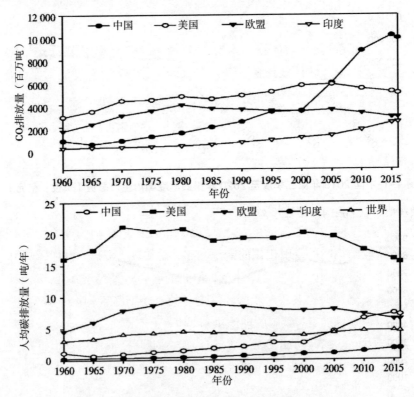

图 4-3　世界部分经济体碳排放量历史演变过程

资料来源：世界银行数据库。

---

① 潘家华，廖茂林，陈素梅. 碳中和：中国能走多快？[J]. 改革，2021（07）：1-13.

4.2　双碳与经济增长

从碳汇经济的发展阶段、发展逻辑和发展内容来看，碳达峰和碳中和目标及愿景的提出是我国在不同时期提出的两个侧重点不同的战略发展目标。碳达峰由于经济转型或经济衰退而自然实现，标志着随着工业化进程不断深化和产业结构的优化调整，碳排放和经济增长实现脱钩，意味着碳排放在平台期内波动后进入平稳下降阶段。碳中和是指在一定时期内（通常指 1 年），企业、团体和个人等人类经济社会活动直接和间接产生的碳排放总量，通过植树、节能减排等方式抵消或通过人工技术、工程手段等工艺进行封存和捕集利用，进而实现碳排放量的"收支相抵"。经济增长是一个国家或地区整体经济景气的体现，通常表示在一定时间内，受到国家制度环境改善、物质资本数量积累和质量提升、人力资源积累、技术水平提高、创新水平增强等因素影响，一个经济体系的生产可能性曲线向外扩张。

双碳对于经济增长具有促进作用，在粗放型经济增长失去发展空间的背景下，经济结构优化会加快中国经济转型的步伐，将有利于尽快实现双碳的目标[1]。制定"双碳"战略方针，符合全球可持续发展的趋势，打破了我国能源长期依赖进口的局面[2]，可提高我国能源利用率，加速转变经济增长的方式。因此，在"双碳"目标下，实现双碳与经济增长之间的平衡等问题已经成为热点话题。碳排放和经济增长并不矛盾、对立，我们应该在新赛道上继续协同稳定经济增长。

4.2.1　"双碳"目标下的经济增长

我国是一个能源消费偏向煤、能源效率偏低、产业结构偏重的发展中国家。优化能源产业结构，构建现代化的能源网络，是实现"双碳"目标的必由之路。"双碳"目标虽然是由气候变化产生的，但它的着力点是经济社会，强调环境和经济的动态平衡，因此双碳对我国经济增长的影响值得我们思考和重视。

为了减少碳排放量，我国的能源供给、生产和消费过程就会受到较大约束，这种约束会对经济增长提出挑战。主要体现在：第一，能源禀赋中煤炭比重大。中国煤炭资源丰富，可替代煤炭的天然气资源储量和进口供给短缺，因此作为中国基础能源的煤炭的地位在短期内难以被撼动。目前煤电和火电消费占比约为 70%，同时能源利用率较低。此外，我国单位国民生产总值能源消耗是发达国家的 3 倍、是世界平均水平的 2 倍。第二，能源消费结构欠合理。部分省份

① SuYuqi, LiuXin, Ji Junping, et al. Role of Economic Structural Change in the Peaking of China's CO$_2$ Emissions: An Input–output Optimization Model[J]. Science of The Total Environment. 2020 (prep).

② 刘俏. 碳中和与中国经济增长逻辑[J]. 中国经济评论，2021（Z1）：18-23.

存在着电力产能过剩的问题，加之低碳清洁能源不具备价格优势，使得可再生能源市场的需求被挤压。我国要实现碳排放和经济增长脱钩，需要大力发展可替代性的能源市场等，但这又将对长久推动经济增长的传统能源消费行业的发展带来巨大压力。第三，产业结构中工业制造业比重高。我国工业化任务尚未完成，高污染、低效率的重工业整改和治理还在进行中，因此未来能源需求还将以刚性形式增长。同时，我国能成为世界第一制造业大国，一方面与我国的劳动力优势、产业集聚和完整的产业链条密不可分，另一方面是因为没有将生态环境成本算入其中。"双碳"目标必然会增加我国制造业的成本，削弱中国制造在世界市场的竞争力，进而影响我国的经济增速。第四，国际形势复杂多变。新冠肺炎疫情后，以美国为首的发达国家为加速经济复苏，实施了宽松货币政策和推动经济发展的财政政策，造成钢铁、有色金属、煤炭等化石能源价格提高，影响了我国"双碳"目标的发展进程。此外，宽松的货币政策也可能造成全球通货膨胀爆发，对我国经济增长造成冲击。这种国内外经济形势不确定性增强的大背景，加剧了兼顾各国经济复苏和气候变化的全球行动带来的负面影响。

"双碳"目标驱动着以能源转型为目标的新一轮产业和科技革命，变革生产组织模式、推进数字化转型、加速供应链重构、优化消费结构、推动绿色金融业务发展，在调整商品和能源供需关系的同时，为我国经济增长带来新动力。第一，构建能源系统结构智能化转型。"双碳"目标带动了产业结构向着绿色低碳化变革，以生态保护为中心，根据我国的地理优势推进风电、光电和水电等项目开发，促进电力行业的绿色转型。依据个性化定制思路，从电网、发电侧和需求侧三方面满足用户电力需求与能源发展趋势。推动能源系统结构基础设施建设，实现能源电网、储能一体化的智能化发展。第二，开启绿色数字化转型时代。实现"双碳"目标的重要抓手是数字化转型。企业要在生产过程中盈利，才能推动社会经济增长，这需要有强劲碳排放约束的全产业链协同，以大数据和人工智能等数字化技术支撑制造业供应链智能调控，形成生产、销售、管理模式的变革。第三，推动消费结构升级，引导居民构建零碳低碳社会。我国于 2020 年提出，要在以国内大循环为主体、国内国际双循环相互促进的新发展格局下推动经济社会发展[①]，通过扩大内需来拉动经济增长，实现消费结构升级。中国人口众多，是全球最具有潜力的消费市场，但为了改善农村人口的生活水平，需要消耗大量的能源供给做保障。在减碳的道路上，我们要推行低碳零碳产品标识，加强绿色低碳产品的市场占有率，大力发展公共交通设施，鼓

---

① 习近平. 把握新发展阶段，贯彻新发展理念，构建新发展格局[J]. 求是，2021.

励社会公众建立勤俭节约消费观，引导低碳社会建设，挖掘绿色经济增长新契机。第四，金融资源向低碳绿色领域倾斜。目前，我国绿色金融领域的发展仍处于起步阶段，存在着资源不平衡、标准不完善等问题，但"双碳"目标的提出发挥了绿色金融对低碳绿色经济的服务职能。我国出台了一系列支持民营企业和中小微企业绿色融资的政策，鼓励民营企业和中小微企业向绿色转型，解决民营企业和中小微企业绿色治理困难的问题，提高了绿色发展能力，为我国金融衍生市场提供了更大的发展空间。

我国碳达峰和碳中和目标并不是短时间内就能完成的，需要大量投资和持续多年的努力。"双碳"目标将撬动更大的产业发展空间，在优美的生态环境下塑造更高质量的经济发展和就业，推动科学技术持续进步。

4.2.2　经济增长促进"双碳"目标的实现

碳中和的相关目标备受关注，其原因在于其涵盖范围广、影响深刻且将会深刻改变世界政治经济格局。我国作为世界上最大的发展中国家，从现行的产业结构、能源资源消费结构、碳排放规模来看，实现碳中和的目标并非易事。在经济增长、科学技术、能源结构和气候政策等方面的改革将直接影响"双碳"目标的实现进程。权衡我国国情和发展前景来看，对实现"双碳"目标还应持乐观态度。自提出"双碳"目标之后，国家低碳经济发展体系逐步形成，各个省份也积极响应低碳经济发展政策。政府根据自身优势，因地制宜地制定低碳经济发展计划、提倡居民低碳生活、优化产业结构等，为形成国家低碳经济发展的战略布局奠定了基础。

我国强大的综合实力为"双碳"目标的实现奠定了坚实的经济基础。我国具有经济增长潜力足、回旋空间大、韧劲强、调控政策工具多的优势。首先，经济增长的制度优势有助于促进"双碳"目标实现。我国社会主义市场经济体制不仅解放和发展了社会生产力，还激发了各类市场经济运行主体参与的活力，促进了公平和效率的有机统一。此外，我国正处于新型信息化、工业化、城镇化、现代农业化快速发展的阶段，双碳政策要求各地政府时刻以绿色、低碳、零碳为发展原则，有意识地挖掘投资需求潜力，引导社会投资向低碳绿色产业倾斜。其次，经济增长的市场优势有助于促进"双碳"目标实现。我国近年来提倡通过内需拉动经济增长，要求将生产、分配、流通、消费四个环节打通，形成国内循环为主、国内国际双循环的新发展格局。凭借我国4亿多中等收入群体所形成的超大内需市场，从消费侧坚持节能减排优先，倒逼生产方式向绿色低碳零碳方向转型，在发展经济过程中实现碳中和的目标。最后，经济增长的技术创新优势有助于促进"双碳"目标实现。我国是具有完整的工业链体系和完善的生产配套设施的"制造大国"，应发挥人才强国战略，规划好顶层设计，使得我国成为世界重要创新高地和人才中心，将高等教育人才培养成在主要科技领域的领跑者、在新兴前沿交叉领域的开拓者。要专注攻坚重要领域的高新技术，大力推进科技等方面的创新，推进数字经济、智能服务制造、新材料和生命健康等新兴战略性产业，从而为经济增长寻找新的增长点和增长极。经济增长夯实了技术创新过程的物质基础，对于产业链、资金链和绿色低碳零碳技术创新链三链深度融合起着提速作用，可促进绿色低碳技术服务和产品的价值实现，推动低碳、零碳产业发展，加速达成碳中和目标，形成"技术创新-经济增长-低碳发展"的良性循环。

4.2.3 "双碳"目标引领经济增长模式的变革

在"双碳"目标的推动下，我国各地纷纷响应政策制定，实施降碳、减排的计划。"双碳"目标使得产业退出成本和结构转型成本增加，对我国经济增长造成了一定的约束，同时出现了"运动式减碳""一刀切"等误读和曲解双碳的现象，此刻正是"后疫情"时代经济复苏的关键，更需要谨防减碳、零碳影响经济增长。一些企业受到"双控"目标和当地限电减排的影响，停产多日；某些地方和行业"抢头彩"心切，提出了超越发展阶段的目标；有些金融机构对高能耗项目骤然"断贷"；有的监管部门对高污染项目实施"一刀切"、关掉等"跑偏"措施。上述为了实现政策目标而"下猛药""下重药"的非常规手段是不可取的。

"双碳"目标既可以成为经济增长的动力，又可以成为经济增长的阻力，这取决于当今经济增长的模式。基于新发展理念，双碳创新会催生出其他创新，加速经济增长模式的变革。

首先，与经济稳定发展相悖的"限电"等类似"为减而减"的行为，对于外贸订单丰富的产业园区是一种致命性打击。相关部门应该将降碳、零碳的着眼点放在发展新的绿色电力等供给方向上，坚持"先立后破"的原则，采用新供电方式代替老供电方式，加强绿色低碳基础设施建设，提高电力供给效率，确保在产业供给稳定前提下平稳转换。同时，根据乘数效应原理，绿色基础设施投资受到乘数的影响，将会促使国民收入成倍增长。绿色基础设施投资也可以被看作微观投资和宏观调控双层次因素，应将这种绿色基础设施发展成一个产业，借助自身发展推动国民经济增长，增加社会就业机会并降低失业率。

其次，在碳达峰和碳中和创新方面，我国同其他发达国家位于相似的起跑线上。"双碳"目标可激发我国创新的动力，主要体现在技术和制度上。一方面，鼓励绿色低碳技术的研发，加速科技成果向现实应用转化，加强低碳零碳能源技术创新，在绿色低碳领域寻找经济增长点。持续推广零能耗建筑、新能源电动汽车、工业余热供暖等低碳节能新技术。此外，在规模化储能、低碳燃料电池、二氧化碳化工、二氧化碳捕获和封存等深度减碳零碳的关键技术上，加大基础理论和技术的攻坚力度，组织专项专家团队攻关。将大数据、云计算、区块链等新兴信息技术应用到锁定碳排放源、监管碳排放、搜集和分析碳排放数据、预测预警碳排放等场景，提升双碳领域的数字化能力。另一方面，"双碳"目标的提出迫使企业创新，同时政府实施资源干预，通过制度导向进一步加大创新支持力度，创新又通过生产力带动经济增长。相关研究表明，个体创新回报率低于总体社会创新的回报率，为了满足创新所需的投入水平，需要政府通过政策制度进行扶持。在金融市场上，建立和开辟碳金融生态圈，打造标准和范围与国际要求相统一的碳市场，逐步建立碳金融专项人才团队和服务机构群。通过扩大交易投资者范围，鼓励个人投资者和机构投资者支持碳资产有价证券，使得投资者也能在碳价波动中获取一定的收益。与此同时，坚持以市场为核心导向，发挥我国绿色基金作用，以绿色信贷、绿色保险、绿色债券的形式推进低碳、零碳技术综合示范园区、社区和商业圈发展，实现绿色金融和实体经济互利共赢和深度融合，从而不断完善我国的金融体系。此外，可以对新兴低碳、零碳行业实施税收减免和补贴政策，为其增添创新动力。各领域的创新往往是共生相通的，我国在双碳创新的同时，也在加速其他方向的创新，这可能就是未来我国经济增长将受益于双碳的原因之一。

再次，在破除顽固的机制障碍方面，"双碳"目标也会引领我国经济增长模式变革。"双碳"目标使得新能源等行业降低了准入门槛，通过"去库存""去产能"和处理僵尸企业，营造更加公平的市场环境。我国低碳能源产业具备全球竞争优势，"双碳"目标将促使我国产业发展、经济增长、创业营商环境更加优良。

最后，从需求侧消除两极分化和贫富差距，在碳中和背景下逐步实现共同富裕。目前碳交易市场上的配额分配倾斜于供给，表现为由发电企业获得配额之后再进行交易。为了更好地发挥我国碳中和的优势，应逐渐把碳配额向居民等需求者倾斜，使其作为居民的一项重要财富来源，促进社会共同富裕。此外，以市场机制为核心，进一步推动合理的碳定价，通过碳市场、绿色溢价补贴碳汇、碳税等工具，在使碳排放者为排放行动付出成本的同时，从中获益。扩大减碳市场范围，将电力部门等更多行业纳入其中，形成普遍的创造激励体系。将碳定价作为指挥棒，从供给端传导到消费端，促进经济增长的质量和效益，有利于"双碳"目标达成。

4.3 双碳与经济高质量发展

2017 年中国共产党第十九次全国代表大会上，首次提出"高质量发展"的新表述，标志着我国经济发展由高速增长阶段向着高质量发展阶段转变。十九大报告提出了"绿色低碳循环发展的经济体系"，将绿色低碳和经济发展的活力、竞争力和创新力联系到一起，为当下我国的发展指明了方向。2018年3月，国务院政府工作报告再次提出"按照高质量发展的要求"，推进经济稳定增长、促进国家改革等各项工作。在"两个一百年"奋斗目标的历史交汇时期，习近平总书记再次强调了"高质量发展"的重大战略性意义。回归发展历史，我们不难发现，"高质量发展"是中国特色社会主义进入新时代的必然要求，它的提出遵循了经济发展的规律，体现了当前我国社会主义主要矛盾的变化，以及中国经济发展从注重速度向注重质量转变的决心。

针对"高质量发展"这一新时代课题，通常学术界从三个层面对经济高质量发展的概念进行界定：第一，高质量发展指的是能够更好地满足人民日益增长的实际需要的经济发展方式、动力状态和经济结构。[1]第二，高质量发展体现了创新、协调、绿色、开放、共享的新发展理念，促使产品服务质量大幅提升，推动社会经济效益优化。[2]第三，经济高质量发展在微观上表现为产品、企业、市场和创新达到更高水平；在中观上体现为城乡经济、产业经济、区域经济甚至国际经济实现更高层次均衡；在宏观上强调宏观调控水平和绿色发展质量等发展到更高水平。[3]综上可知，中国高质量发展理论具有多维度特征。本章围绕"经济高质量发展"这个主题，以习近平新时代中国特色社会主义思想为政策指导，在上述国内外已有文献资料和研究成果的基础上，深入讨论"双碳"目标的提出对我国经济高质量发展产生的影响，以及双碳与经济高质量发展存在的联系。

4.3.1 "双碳"目标下的经济高质量发展

当前，要立足新发展阶段、开拓新发展格局、坚持新发展理念，探寻我国经济高质量发展路径。第一，在新经济形态——数字经济中推动经济高质量发展。攻破核心技术难题，将区块链和实体经济相融合，将"产业数字化"和"数字产业化"作为数字经济高质量发展的驱动器，构建世界级数字产业集群[4]。第二，在金融领域助推经济高质量发展。在理论上，将新兴技术渗透到金融行业，促使其发挥创新和资源配置效应推动经济高质量发展；在实践中，提高金融服务实体经济的能力，助推资产管理顺利展业，奠定经济高质量发展的客观基

---

① 金碚. 关于"高质量发展"的经济学研究[J]. 中国工业经济，2018（04）：5-18.
② 王彩霞. 新时代高质量发展的理论要义与实践路径[J]. 生产力研究，2018（10）：18-22，67.
③ 张丽伟. 中国经济高质量发展方略与制度建设[D]. 北京：中共中央党校，2019.
④ 刘淑春. 中国数字经济高质量发展的靶向路径与政策供给[J]. 经济学家，2019（06）：52-61.

础。①第三，通过"新基建"赋能我国经济高质量发展。"新基建"作为固定资产投资、现代基础设施、数字化平台，通过乘数效应、数字化经济转型和产业融合，促进我国经济高质量发展。②第四，在电力工业行业体现经济高质量发展。基于"五位一体"的新发展理念，采取质量变革、动力变革、效率变革方式，建立我国绿色高质量的电力体系。③第五，民营企业作为我国经济的重要支柱，推进其朝着高质量方向发展。从转换旧动能、扩大对外开放和加速推进改革等方面激发民营企业活力和创造力，实现民营经济更加高效、持续的高质量发展。④

在碳达峰和碳中和的背景下，全面推进我国经济高质量发展是关乎中国实现现代化经济强国目标的重大战略安排。正确认识经济高质量发展制度建设和发展方针，科学处理生态环境和经济发展之间的关系，对于实现"双碳"目标具有重大意义。人类的生产活动、生活方式都要遵循地球自然生态系统自有的发展规律。随着经济高质量发展推进，资源、环境、人口和生态问题发展受到国家和人民的重视，要坚持落实保护环境和节约资源的基本国策，全面发展生态文明体系建设、绿色低碳经济的现代化建设。一方面，要控制污染物的排放量，尽快推动我国进入碳达峰阶段，同时要加大环境污染治理力度，通过高新技术手段开展生态文明环境修复工程，使得我国能够如期实现碳中和目标。另一方面，对现有能源实施高效集约利用，完善农业、工业、服务业的生产方式和产业结构。此外，要寻找和发展新能源，缓解并逐渐摆脱对不可再生能源的依赖。

经济高质量发展的关键在于经济的活力、竞争力和创造力。碳中和、碳达峰的目标要求社会朝着绿色低碳方向发展。绿色低碳发展和经济高质量发展二者密不可分，经济发展离开绿色低碳就如活水失去源头，进而丧失了活力、经济发展的竞争力和创造力；离开绿色低碳，也如同失去了地基，进而丧失了依托和根基。由于环境的公共品属性和人类环境行为的正负外部性，市场机制无法有效配置环境资源，往往会出现环境改善的收益并非个人所享及经济主体过度破坏环境的现象，由此产生的"搭便车"行为会加剧环境恶化。与之相类似，资源能源产权不明晰也会使得市场机制失灵，经济主体过度挥霍资源引发"公地悲剧"。而"双碳"目标作为政府干预的手段之一，有助于促进我国实现环境

① 薛莹，胡坚. 金融科技助推经济高质量发展：理论逻辑、实践基础与路径选择[J]. 改革，2020（03）：53-62.

② 郭朝先，王嘉琪，刘浩荣."新基建"赋能中国经济高质量发展的路径研究[J]. 北京工业大学学报（社会科学版），2020，20（06）：13-21.

③ 王旭东. 我国煤炭行业高质量发展指标体系及基本路径研究[J]. 中国煤炭，2020，46（02）：22-27.

④ 郭敬生. 论民营经济高质量发展：价值、遵循、机遇和路径[J]. 经济问题，2019（03）：8-16.

友好和资源高效利用的经济高质量发展。

4.3.2 经济高质量发展促进"双碳"目标实现

当前，我国正处于经济转型升级的关键阶段，部分东部沿海地区经济结构已经从要素投入驱动向效率提高转变，由劳动密集型产业向资本密集型、技术知识密集型产业转换，产品和服务附加值从微笑曲线两侧向中间区域转移，生产要素由低利润向高利润部门流动。这种发展趋势表明我国具备经济高质量发展的优势。此外，双碳问题不仅是能源问题，更是发展模式转变问题。因此，要在传统的发展理念和模式下，在发展规划中纳入碳排放因素，并将碳排放空间视为未来国家甚至全球范围的发展空间。在"双碳"目标下，我国经济高质量发展具备以下有利条件。

第一，物质基础为"双碳"目标下经济高质量发展创造了条件。中华人民共和国成立以来，我国人民生活水平显著提升，在经济规模、配套基础设施方面，与发达国家的差距正在逐渐缩小。随着我国经济增长处在10%左右的高速阶段，物质积累夯实了中国综合国力增强的经济基础，使得人民生活水平从贫困迈向小康、从短缺走向富裕，奠定了我国经济迈向新台阶、实现经济质变的基础。完备的产业体系也是我国经济转型的有力驱动。我国工业体系门类齐全，是世界上少数的"制造大国"。依据克拉克和库兹涅茨的产业结构变化的一般规律，经济结构中三次产业的主导地位将按照以第一产业为主向第二产业过渡，最后呈现为以第三产业为主导的发展路径。实际上，我国产业结构中三次产业的比例由1978年的"二一三"格局变为1985年的"二三一"格局，到2012年，第三产业成为推动我国国民经济发展的主导产业，并向着"三二一"的格局迈进。截至2019年，我国"三二一"的产业格局得到进一步巩固，促使中国经济在全面、协调和可持续方面的发展能力显著增强。劳动人口从农业向工业和服务业流动，缓解了就业问题，提高了劳动生产率，就业结构和产业结构保持一致发展，达到了中国产业结构更协调发展的目标。

第二，生产要素为"双碳"目标下经济高质量发展提供潜力。在我国经济增长过程中，劳动力和新要素的作用不容忽视。首先，劳动生产率的高低是衡量一国经济增长质量的重要指标之一[1]。劳动者教育质量[2]、健康程度[3]是影响劳动生产率的重要因素。在"人才强国"的战略部署下，我国劳动力受教育水平得到明显提高，虽然劳动力整体数量有所下降，但高质量劳动力不断输出，劳动力结构呈现年轻化态势。相关数据显示，我国高等教育的毛入学率从1999年

---

[1] 蔡昉. 中国经济增长如何转向全要素生产率驱动型[J]. 中国社会科学, 2013（01）: 56-71, 206.
[2] 张海峰，姚先国，张俊森. 教育质量对地区劳动生产率的影响[J]. 经济研究, 2010, 45（07）: 57-67.
[3] 祁毓，卢洪友，张宁川. 环境质量、健康人力资本与经济增长[J]. 财贸经济, 2015（06）: 124-135.

的 10.5%提高到 2019 年的 51.60%，高等教育在校生规模从 1997 年的 785 万人增加到 2019 年的 4002 万人。劳动力受教育水平提高为中国建设技能型、创新型的人才体系提供了坚实的要素基础，人才供给驱动我国经济向高质量发展转型。我国持续增加对医疗卫生事业的投入，目前国民营养不良发生率显著降低，人口预期寿命明显提高，人民的身体健康得到保障。虽然我国人口众多，但是促进经济增长的"人口红利"能力是有限的，其将伴随着人口增长结构变化而逐渐消失，为了实现经济增长的可持续性，提高劳动生产率才是高质量发展的源泉之一。与此同时，党的十九届四中全会提出将"数据"要素纳入五大生产要素中。①在全球新一轮革命中，涌现出一批批新产业、新业态和新模式的创新行为成果，数据等新兴生产要素具有永不枯竭、源源不断的特征，为经济高效、持续性增长提供了动力。数字经济的发展不仅可以激发大众创业，从而释放高质量的发展红利，还能形成关键生产要素成本递减、扩散效应和网络效应，从而促使全要素生产率提升，进而推动经济高质量发展。

第三，需求市场为"双碳"目标下经济高质量发展增强内生动力。众所周知，拉动经济增长的"三驾马车"是消费、投资和出口。但我国受到中美贸易摩擦、新冠肺炎疫情等因素影响，固定资产投资和外商直接投资占比大幅度下降，因贸易壁垒的存在，国际贸易局势并不稳定，因此我国提出了"双循环"的新发展格局，通过释放内需，为中国经济高质量发展提供新的持久动力。统计部门的数据显示，2017 年我国经济增长中内需的贡献率高达 90.9%。在经济结构演变的历史规律中，随着工业化和城市化推进，发展型消费占国内生产总值的比重将稳步上升。中国已经打破了日常饮食消费占总消费比重最高的状况，自"十三五"以来，中国的恩格尔系数持续下降，反映出我国居民消费升级，人们将物质消费转移到教育、医疗、文化等服务型消费中，为服务业发展注入动力和活力。随着收入水平的不断提高和经济社会的高速发展，如今中国人的消费正从"维持生活"向"享受生活"升级。我国具有庞大的人口数量，折射出我国内需市场规模大、消费者购买力强和市场潜力无穷的特点。因此，消费结构快速升级和庞大的内需市场将给中国经济发展带来强劲动力，成为经济高质量发展的"第一引擎"。

4.3.3 "双碳"目标下经济高质量发展的路径

"双碳"目标下实现高质量发展是人类面对全球气候灾难时的自我救赎，也是在"后疫情"时代破解传统发展瓶颈的重大机遇，更是我国构建社会主义现代化强国应尽的义务。碳中和与碳达峰是我国建设高质量资源生态环境体系的

---

① 新华社，《中共中央、国务院关于构建更加完善的要素市场化配置体制机制的意见》。

要求之一，既是支撑经济高质量发展的外部条件，又是经济高质量发展的直接表现。在这个过程中，要直面制约我国经济高质量发展的问题，从五大新发展理念入手，引领经济社会良性发展，探究推进我国经济体系转型升级的路径。

第一，创新发展是"双碳"目标下经济高质量发展的动力。熊彼特曾在《经济发展理论》中首次将技术和经济相结合[①]，论述技术创新在经济发展过程中的重要作用。由此可见，一个国家想要长久发展，科技创新是关键点和制胜点。我国可以根据国情，建立以可再生能源为主的能源系统，积极开发地热能源来补足可再生能源短板，孕育"互联网+"和智能化电网、虚拟电厂等电力技术，快速推进工业、建筑业、交通领域电气化发展进程，降低电子产品制造过程产生的碳排放。坚持节能节电优先，形成"绿色新能源—可再生发电—终端匹配"的创新技术体系。同时，将碳循环经济科学技术研发、共性技术归入哲学社会科学、自然科学和国家级科技研究计划，发挥产学研结合优势，成立专项低碳研究团队，集中攻关创新能源转化技术、跨学科集成融合、技术产业化，尽快突破循环利用和低碳、零碳技术集成相关成果。在交通领域，通过充电桩、智能道路和加氢站等建设，促进交通运输网络自动化和共享化。此外，采用新的商业模式，将开采化石能源空间用于碳储蓄，对人类活动过程中产生的二氧化碳进行捕捉，并放入密封空间，实现"碳捕捉—碳储蓄"一体化发展。加快零碳技术创新，强化企业创新能力，利用大数据等关键技术提高劳动生产率，增加产品科技因素，以提升其附加值，创新驱动发展战略，为实现"双碳"目标下的经济高质量发展提供有力支撑。

第二，协调发展是"双碳"目标下经济高质量发展的必然要求。我国区域经济和社会、经济建设和国防建设、物质文明和精神文明等方面存在着发展不协调的问题，若不及时补足薄弱领域，"木桶效应"将会更加凸显。由于我国不同省份发展路径存在较大差异，山西、内蒙古等地区主要依靠自身资源禀赋推动经济发展，对火力发电、矿产采集等化石能源的依赖性较强，采取全国统一的整体绿色转型会对这些省份的经济提出更大挑战。其中，东北三省目前陷入人口外流和产业衰退的双重发展困境。因此，我们要在实现"双碳"目标的道路上勇于面对区域发展、地区发展不平衡、不充分及城乡收入差距大的事实，坚持低碳、零碳发展理念，加快谋划经济高质量发展新的历史方向。首先，各

---

① 代明，殷仪金，戴谢尔. 创新理论：1912—2012——纪念熊彼特《经济发展理论》首版100周年[J]. 经济学动态，2012（04）：143-150.

地应根据自身功能定位和发展基础，错位发展建立高效减排措施。①对于北京、上海、天津等经济较发达的碳排放外地输入-净输入省份，在不影响产业结构和社会经济发展的条件下，输入的产品来源向低排放强度地区转移；对于安徽等外地输入-净输出地区，要从外界来源和自身两方面减碳，试图引入低碳、零碳产品，并发展当地绿色产业；针对山西、河北等资源禀赋高的本地消费-净输出省份，应通过提高能源利用率、增强环保绿色产品竞争力达到降低碳排放强度的目标；对于广东、山东等生产能力强的本地消费-净输入地区，应开发利用清洁能源，提高自身能源清洁程度，从自身消费入手降低碳排放量。其次，内陆和沿海城市应充分发挥双重平台优势，推动国内外产业链和内陆、沿海分工协调发展，通过大力发展"新基建"，推动管道交通物流体系系统化，将内陆清洁能源输送到沿海城市，降低低碳、零碳计划的成本，搭建内陆地区和沿海地区经济高质量发展的桥梁。最后，对于东北地区问题，要坚持中心城市是经济高质量发展时期振兴东北等老工业基地的主要战场。从东部沿海地区选拔调拨一批年轻有为、政治立场坚定的干部到沈阳、长春等区域性中心城市任职，以增添干部团队活力。制定相关政策以引导北京、上海、深圳等经济产业发达地区支援振兴东北三省产业，采用以点带面、循序渐进的思路对口援助示范产业园，引入先进的园区管理模式、市场化运行机制和低碳、零碳生产技术，全面振兴东北老工业基地。

第三，绿色发展是"双碳"目标下经济高质量发展的内在条件。绿色发展是促进经济不断升级、实现高质量发展的力量源泉，解决人与自然和谐问题是人民对美好生活环境的愿望要求。近年来，我国经济飞速发展的同时，伴随着环境污染严重、资源匮乏、生态系统退化等问题出现，稳妥处理生态环境保护和经济发展之间的辩证关系，彰显着我国实现人与自然和谐可持续发展的决心。首先，要满足人民对干净、适宜、安全生活的环境的要求，解决环境棘手问题。对于"散乱污"企业，应加快推进污水处理网络建设、废气过滤治理体系建设，做好区域环境综合污染防治工作。其次，引导居民养成低碳绿色的生活方式和消费习惯，构建零碳社会。制定鼓励绿色低碳产品消费的政策，完善绿色产品定价机制，降低绿色低碳产品进入市场门槛，进而提高市场占有率，形成绿色消费的时尚潮流。完善城市公共交通，合理规划城市用地建设，缩短出行距离，鼓励居民乘坐公共交通出行。引导人们控制对物质资源的欲望和需求，提倡社会居民树立勤俭节约的消费理念，引导群众积极参与低碳零碳行动，摒弃"越

---

① 王宪恩，赵思涵，刘晓宇，等. 碳中和目标导向的省域消费端碳排放减排模式研究——基于多区域投入产出模型[J]. 生态经济，2021，37（05）：43-50.

多越好"和高消耗的生活方式，倒逼生产力合理化，减少产能过剩的供需不匹配的情况，催生绿色低碳健康社会建设，促进经济高质量发展。

第四，开放发展是"双碳"目标下经济高质量发展的必经道路。历史告诉我们，"闭关锁国"的政策会带来阻碍国家资本积累、制约科学技术进步、丧失对外贸易经济主动权等不利影响，只有坚持对外开放，积极主动融入世界大家庭的发展潮流中，参与全球市场，加强市场间深度融合，才能在其中谋求机遇，实现国家的繁荣富强和经济高质量发展。2017年，习近平主席发表了《共同构建人类命运共同体》的主旨演讲，系统阐释了"人类命运共同体"的理念。此外，我们应以"一带一路"倡议为契机，坚持"引进来"和"走出去"双向驱动新一轮高水平对外开放战略。首先，针对"引进来"，继续加强我国知识产权等无形资产的法治体系建设，进一步提升营商环境，通过大幅度压缩负面清单，适度降低国外商品进入国内市场的准入门槛，吸引更多优质的外国商品和企业进入中国市场，增强国内市场公平竞争环境，淘汰国内低产能、高污染企业，间接助力我国高耗能企业退出市场，促进低碳、零碳企业发展，释放国内市场升级的潜力，为我国高质量发展带来新技术、新管理理念和新商业模式。其次，关于"走出去"，尊重国际营商惯例，推动多元化的出口市场发展，降低出口过程中的制度成本。促进全球国家发挥自身禀赋优势、分工协作，推动国内和国外科技合作，为碳中和目标探寻减碳技术、提供新途径，实现以开放促创新、带发展。最后，充分利用"一带一路"倡议下建立的合作关系，优化沿线东道国绿色产业结构布局，实现能源结构多样化，补齐我国开放型经济的质量短板，形成我国内陆地区新经济高质量发展的增长极。但也需要注意，"一带一路"倡议可能带来转型和气候风险，需要把握绿色低碳转型机会，退出、停止、限制高耗能碳密集型行业投资，加大在制造、运输、建筑和电力行业的跨境低碳、零碳项目投资，创新绿色金融产品。综上所述，在对外开放的环境下，中国经济取得了高速发展，未来为实现"双碳"目标，中国将坚持对外开放战略不动摇，以更高层次、更广格局完善对外开放布局、构建对外贸易的新体制发展，推动开放型世界经济形成，为实现碳中和目标下的经济高质量发展而不懈奋斗。

第五，共享发展是"双碳"目标下经济高质量发展的追求愿景。共享发展涉及教育、文化、生态和经济等方面的成果分享。只有坚持共享发展，促使发展成果受惠更多人，才能实现经济高质量发展的核心——解决社会公平正义的问题。一方面，要共享发展理念。世界各国各地要将眼光放长远，从人类命运共同体的角度来构建生态文明体系。另一方面，要共享技术工具。在消费方面，打造信息共享的公共服务门户，促进产业服务融合，最大限度地实现资源合理利用，推动经济高质量发展。例如，将碳中和与共享单车行业相结合，在会议、论坛、赛事和展览等活动中通过共享单车骑行方式抵消活动产生的二氧化碳排放，助力"活动碳中和"。在投资方面，国际上充分利用"一带一路"倡议的投资绿色标尺，对项目进行绿色成本、收益的核算，理性参与投资项目；国内应用双碳公共服务平台[①]，通过平台、数据、技术资源共享，打造连接绿色化、数字化企业的桥梁。使用客观、精准的数据聚焦不同空间地区重点行业的碳排放视图、双碳产业动态图谱，为相关产业决策研究、政策制定部门提供材料支撑。随着平台运营不断完善，将双碳公共服务平台的思路分享给其他国家，加速全球减碳、零碳发展，为我国经济高质量发展寻求新的机遇。

4.4　双碳经济学的新发展

"双碳"目标的提出引发了国际社会对现有经济理论的反思。目前国内外还没有形成一套双碳经济学的概念体系，减少污染物排放是我国碳排放政策的宗旨，随着国内经济发展和国际潮流变化，其主题也由"节能减排"发展为"低碳经济"，并过渡到如今的"双碳经济"。梳理过往中国的环境政策和实践经验，我们不难发现，低碳经济是双碳经济的基础，双碳经济赋予了低碳经济更深层次的内涵，是低碳经济概念的升华和延展，低碳经济和双碳经济存在着紧密联系。低碳经济学是强调通过能源技术和制度创新、人类生存发展观念转变实现低排放、低污染、低耗能的创新性经济学。而双碳经济学是在国家碳达峰和碳中和战略目标的政策引导下，以先进的绿色技术为动力，以低碳、零碳政策为支撑，研究如何在能源有限的情况下推动经济社会高质量发展，实现各个领域的生产方式和生产关系向低碳、零碳方向变革的新兴社会科学。

4.4.1　双碳经济学发展现状

双碳经济学的特点可以归为以下三个方面：第一，双碳经济时间紧迫性增强。过去的低碳经济时期并没有提出明确的发展阶段目标，而双碳经济规定了"双碳"目标实现的期限，在农业、制造业、服务业和社会治理等方面制定了度量碳的指标体系，给予技术支持，而且发布相关的政策制度，促进社会向无碳的成熟期迈进。第二，双碳经济的影响范围扩大。双碳经济不单单是狭义的能源与环境问题，更是全球范围的经济社会发展范式的转变。宏观经济学等传统标准的经济学理论体系认为，生态环境是经济学的一个分支学科，通过市场机制可以自动调节和解决生态环境的不可持续性问题。如今，"双碳"成为影响经

---

① "双碳公共服务平台"全称为"碳达峰、碳中和数据共享与技术赋能公共服务平台"，在2021年12月20日由中国信息通信研究院发布。

济高质量发展的首要目标，被越来越多的政府和经济学家所重视，并在能源、建筑、交通和"新基建"等行业明确减碳发力的方向，根据不同行业特点制定清晰的碳达峰发展路径。坚持研究范式转变与发展范式转变保持一致步调的原则，全球各界学者纷纷探究在减少温室气体排放，降低煤炭、石油等化石高碳能源的同时，如何达到生态环境保护和经济社会发展双赢的经济模式。第三，双碳经济的可行性被强化。在定量上，我国各个省份根据国家目标和下发的任务要求，结合自身资源禀赋进行调整，出台相应的定量目标和实施计划。统一的碳排放核算体系有利于对高耗能、高污染重点行业领域进行计量统计和考核监督。在政策上，设立碳减排专项项目，通过前期碳排放工具的"试水"测试，在中后期凭借碳排放工具集中发力，激发市场主体投资绿色低碳项目的内生动力和活力。有关数据显示，碳排放工具中的金融绿色贷款于2019—2021年在交通基础设施、新兴工业、核电等能源扶持发展方面做出了重要贡献。在市场上，建材、有色金属将逐步被纳入碳交易市场范畴中，随后传统化工、钢铁等行业也有望被纳入，这将有助于健全碳交易市场中有约束力的碳定价机制。目前，无论是碳排放量度量指标体系的建立，还是碳交易市场的创立和完善，都可以看出我国"双碳"目标地位已经提升到新高度。

双碳经济学的出现不仅丰富了传统经济学的理论体系，还开辟了一条绿色发展的新路径。但目前关于双碳经济学的研究尚处于起步阶段，虽然我国已有了一些实践案例，但缺少从实践中分离出抽象的数学分析和概念理论的提炼。双碳经济学需要将实践探索和理论研究相结合，并对此进行深入研究。只有将理论和实践相互促进、相互验证，才能使双碳经济学在未来实现碳达峰与碳中和目标的过程中起到指导作用。

4.4.2 双碳经济学的发展趋势

双碳经济学是一门新兴的跨学科、综合性交叉科学，由于碳中和的路径目前还处于探索阶段，双碳经济学的理论体系和研究方法还有待进一步挖掘和完善，双碳经济学的基本概念仍需要根据现实发展情况不断丰富，碳达峰、碳中和与经济学之间的逻辑关系也需要逐渐被充实，许多新的领域还有待学者和专家进一步开拓。根据双碳经济实践中出现的相关问题，及时丰富其理论并探寻有效的方法来指导解决，这些实践和理论的演进发展过程必将进一步推动双碳经济学理论和方法趋向成熟。我国未来的双碳经济学研究大致应有以下几个方向：

第一，碳排放与我国经济增长之间的关系。碳排放与人类生产、消费环节的能源消耗存在直接关系。[1]在生产函数中引入能源要素，进而构建拉姆齐（Ramsey）模型，然后在该框架下根据我国历年的劳动力、资本、能源及物质资源、社会生产水平总值的数据变动分析出我国经济的均衡增长路径。建立计量模型，利用时间序列数据来考察劳动力密度、能源密度、全要素生产率三者的相关关系。同时模拟碳排放的需求函数，建立能源消耗和碳排放需求的研究框架，根据我国煤炭、石油等能源的产量变化，得出各种能源产品的消费组合变动，从而考察影响碳排放需求的各个因素，由此探究在双碳经济下碳排放和经济增长的发展路径。

第二，基于我国能源资源的定价体制和能源价格波动方程，建立和完善碳交易市场运行机制。将数字化技术应用到碳排放交易平台和排放权管理平台，合理管控碳交易价格，将碳交易和碳税的碳定价制度逐步与国际接轨。对于部分排放量小、监管困难的企业，应对其碳税体系进行规范化管理。此外，碳税会间接地促进企业技术创新，并影响长远规划。应将碳价格逐渐演变成一种新的货币政策工具，为调节社会的经济活动增添新的方式。双碳经济学也会分析影响能源价格和碳交易价格的经济因素和政治因素，并研究我国能源价格与世界能源价格的滞后性和相关性。

第三，研究低碳、零碳属性对产业组织结构的反应。研究建筑、交通和工业等高耗能、高污染行业的产业组织结构及其供给效率。研究中国国内煤炭、石油等垄断性的能源行业，结合经济学市场理论建立垄断竞争模型，分析并解释能源消耗密度和工业结构的演进趋势之间的关系、随着时间推移生产结构是否会向更高的能源密度发展等问题。此外，双碳经济学还关注低碳、零碳型企业，寻找快速培养低碳、零碳型企业的路径，通过市场导向和政策制度支持低碳产品大范围研发和应用，从而推进低碳、零碳城市、产业园区等重大工程进展，在产业发展、市场运行等经济社会中提升"双碳属性"。

第四，坚持低碳、零碳技术创新驱动。双碳经济学要求从供给和需求两侧双向研判碳中和转型过程中经济主体的新需求，鼓励市场主体参与"双碳经济"发展模式创新环节，推进创新技术与传统产业深度融合，实现低碳、零碳关键技术的突破。

第五，注重双碳的顶层设计。健全碳交易和碳排放等相关机制体制和法律法规。通过实施行政监督手段摸清我国碳存量等现状，根据实际情况合理有效制定、落实碳排放权管理的标准体系。观察能源消费结构变革造成的环境冲击

---

[1] 牛叔文，丁永霞，李怡欣，等. 能源消耗、经济增长和碳排放之间的关联分析——基于亚太八国面板数据的实证研究[J]. 中国软科学，2010（05）：12-19，80.

所引起的社会福利变化。中央和地方政府通过政策导向，制定具有可操作性的中国"双碳经济"方案，扶持"双碳经济"新业态的出现、成长、成熟，从而达到调整产业布局的效果。另外，可建立制度效果及时反馈机制，并建立易度量的包含能源资源在内的一般均衡模型。目前在环境政策测评方面，通常使用可计算一般均衡（CGE）模型，引入碳排放在生产和消费中的变量，采用模拟分析方法评价双碳政策的实际效果。

本章小结

"双碳"目标本质上是要摆脱以往不考虑资源节约和环境改善、不重视经济增长的传统经济发展方式，在坚持高质量发展的基础上，构建环保、清洁、节能、高效的绿色发展格局，以深化供给侧结构性改革为主线，逐渐推动碳排放和经济发展"脱钩"。将经济发展的目标落实到双碳上，可为我国经济社会发展实现"弯道超车"带来机会和动力。围绕"经济高质量发展"这个主题，以习近平新时代中国特色社会主义思想为政策指导，在国内外已有研究成果的基础上，深入讨论了"双碳"目标的提出对我国经济高质量发展产生的影响，以及双碳与经济高质量发展之间的联系。

双碳经济学作为一门新兴的跨学科、综合性交叉科学，对其理论体系和研究方法还有待进一步挖掘和完善。双碳经济学的基本概念仍需要根据现实发展情况不断丰富，双碳与经济学之间的逻辑关系也需要逐渐被充实，许多新的领域还有待学者和专家进一步开拓。

思考与练习

1. 双碳和经济发展之间存在何种关系？
2. 如何理解双碳是经济发展的目标？
3. "双碳"目标如何引领我国经济增长模式的变革？
4. 简述我国在"双碳"目标下实现经济高质量发展的路径。

5 双碳与可持续发展

5.1 可持续发展的内涵

自 20 世纪 60 年代起，科学家们就开始认识到地球生态环境和人类社会之间的矛盾，需要探索一条"可持续发展"的道路。1972 年联合国人类环境会议上通过的《人类环境宣言》，形成了可持续发展思想的基本雏形。1980 年由国际自然与自然资源保护同盟（IUCN）、世界野生生物基金会（WWF）、联合国环境规划署（UNEP）共同提出的《世界保护战略》，从保护植物资源的视角丰富了可持续发展的含义。随后在 1987 年《我们共同的未来》报告中首次提出了可持续发展是指既能满足当代人的需要，又不对后代人满足其需要的能力构成危害的发展。由此可见，可持续发展是人类经过长期探索和对人口、经济、环境、资源、科技和社会现状深刻、全面反思而产生并逐渐丰富起来的产物，是顺应时代变迁和人类经济社会发展的客观需要和必然选择。

5.1.1 可持续发展的定义

第一，从资源和环境保护等生态视角对可持续发展进行定义。1990 年，美国生态学家理查德·福尔曼（Richard Forman）认为，可持续发展是寻求一种支持生态系统完整性和人类愿望实现的最佳生态系统和土地利用空间构型，使得人类生存环境最大化持续下去。1991 年 11 月，在国际生物科学联合会和国际生态学联合会共同举办的可持续发展研讨会上，提出可持续发展是"保持和加强环境系统的生产和更新能力"。1994 年，罗伯特·古德兰（Robert Goodand）等人将在环境承载能力范围内的发展定义为可持续发展。希勒（Shearer）指出，可持续发展的生态系统是一种可以无限保持、永久存在的稳定状态。

第二，从经济视角对可持续发展进行定义。以工业为主体的传统发展理念更注重经济增长的速度，但当今社会面对环境恶化和增长极限的危机，这给经济学界带来了较大的冲击，因此经济学家纷纷开始研究经济高质量、持续性的发展模式。詹姆斯·葛斯塔夫·史贝斯（James Gustave Spath）曾在 1985 年出版的《经济、自然资源、不足和发展》一书中提出，可持续发展是"在保持自然资源的质量和所提供服务的前提下，使经济的净利益增加到最大限度"。大卫·皮尔斯（David Pearce）强调，可持续发展是在自然资源不变的前提下实现经济发展。一些国内学者融合了经济福利理论，认为可持续发展是在不使后代人福利损失的前提下，使当代人社会福利水平持续提升。有些学者基于经济优化原则，将可持续发展定义为在环境资产不减少的情况下，实现资源利用效益最大化。

第三，从科技创新视角对可持续发展进行定义。世界资源研究所认为，可持续发展就是建立极少产生废料和污染物的工艺或技术系统。在技术选择方面，部分学者指出，减少能源等其他自然资源消耗的"零排放"清洁技术创新可以被看作可持续发展的一部分。随着科学技术不断演进和革命，其成果能够改善生态环境污染和自然资源的现状，创造更多的经济效益，促使整个社会有序、和平、公平地可持续发展。

第四，从社会视角对可持续发展进行定义。莱斯特·R.布朗指出，人口稳定、经济无较大波动、政治安定、社会平稳有序就是一种可持续发展。在全球范围内，通过制定合理的人口政策，控制人口增长数量，提高人口素质，更好地满足人类日益增长的需求，实现人类生存的可持续发展。在人类与其他物种之间，可持续发展更加注重共同进化的公平思想，摒弃之前以人类为中心的思想，人类要和其他生物物种共享生态环境。同时，可持续发展还可以被定义为在兼顾公平与效率的前提下，采用法律法规约束、规制人类生产和生活相关活动，在社会结构下教育宣传同代人和区际的可持续性发展。

第五，从其他视角对可持续发展进行定义。可持续发展是在自然环境约束下，能动作用于自然-经济-社会的三维复合结构系统，保障经济永续发展，提高人类生活质量。可持续发展可以分解为一般持续发展、区域持续发展、部门持续发展、全球持续发展四部分，在空间维度上既要认识到它们的相对独立性，又要探索其内在相互作用。另外，将可持续发展的内涵扩展到精神层面，提出高层次——"天人"关系、中层次——"人地"关系、低层次——"人人"关系的综合性结构。可持续发展没有绝对统一的标准，广义上可以分为可增长发展、可持续发展、可扩展发展三种层次的动态组合。通过不同层次的可持续发展，促进总体的可持续发展。

综合上述角度，我们不难发现，目前无论学术界还是大众都对可持续发展有了基础性的认识，同时可持续发展观念已经通过战略政策等途径指导着经济生活。可持续发展问题已经从环境学、生态学领域逐渐发展延伸至社会学、人口学、经济学等诸多领域，并朝着多学科融合方向发展。

5.1.2　可持续发展的必要性

可持续发展要求世界上任何国家和地区的发展不能建立在损害其他国家和地区的基础上。如今环境等生态问题已经具有全球整体性质，超越了国界的限制，不再是一个国家或地区自身的事情，而是需要全人类共同面对的问题。随着人们经济社会活动范围逐渐扩大，联合国倡导"一个地球、一个家园"的思想及学者提出"地球村"的概念都说明可持续发展战略在全球层面是十分重要的。

在人和自然协调发展过程中体现着可持续发展的必要性。第一，人口增长速度会对自然生态环境造成压力。据历史记载，自人类出现到1850年，人口才实现第一个10亿的增长；人口实现第二个10亿的增长花费了80年；人口实现第三个10亿的增长只用了30年；而人口实现第四个10亿的增长仅用了15年。有专家预测，全球人口将在2064年达到约97亿的数量顶峰。①为了满足人口过快增长的需求，人们不得不过度开垦土地资源、过度采伐森林资源、大量使用水资源等，对住房、交通、医疗、教育、就业等公共服务也造成巨大压力，挤压了地球上其他生物的生存空间。第二，自然资源逐渐匮乏。主要表现为森林资源大规模减少、土地沙漠化严重、水资源短缺等现象，难以为人类生活和经济社会发展提供物质基础。第三，生态环境恶化。人类每年向大气排放二氧化碳等温室气体达数百亿吨，造成全球气候变暖，两极冰川积雪融化，海平面上升，近几年沿海城市风暴海啸、海水倒灌频发。此外，全球温度上升使得水资源短缺情况愈发严重。同时，化石能源燃烧排放出的二氧化硫等硫化物加重了酸雨危害，酸雨造成水生物死亡、河流湖泊酸化；森林因酸性雨水而生长缓慢甚至枯萎死亡。臭氧空洞使地球上的生物受到紫外线辐射的威胁。从历史发展趋势来看，人和自然不协调的问题变得十分尖锐，亟须人们引起重视。可持续发展思想的提出说明人类将积极主动采取行动调整自己的行为，实现人类与自然和平共处，及时反思环境变化与发展的问题，促进人类与自然和谐发展。

在当代和后代中体现着可持续发展的必要性。伴随着人口增长和经济发展，当代人不顾及后代人的生存和发展空间，快速消耗资源。打着促进人类进步的旗号，当代人参与到对自然资源的掠夺中，丝毫不考虑生态环境的承载力。比如，当代人为了解决温饱等生存问题和增大获利空间，不考虑土地种植长久存续的肥力，过度使用化学农药，造成土壤严重退化，牺牲了后代人的利益。同时，地球上的资源储量具有一定限度，虽然当前人类已经意识到要改变原有的数量推动经济增长的模式，通过高科技刺激经济长久发展并开发新的替代资源，但创新技术并不是一蹴而就的，在一定时期内资源供给和经济社会之间的矛盾仍在不断激化，若没有适当的资源存量，人类可持续发展就会受到威胁。为了人类社会能够长久存续下去，当代人在追求生活质量的同时，也应该考虑自然资源的约束和后代人的需要。

---

① 来自华盛顿大学研究人员发表在《柳叶刀》的研究报告预测结论。

在全球整体中体现着可持续发展的必要性。由于各个国家和地区之间存在着传统文化上的差异，文化教育、科学技术、经济发展等方面也存在不平衡现象，不同区域的人口对环境与发展之间的关系存在观点上的偏差，最为典型就是发达国家和发展中国家之间的差异。众所周知，发达国家已经摆脱了"先污染、后治理"的经济发展模式，虽然为此付出了高昂的代价，但其已实现了消费结构升级、可持续性的需求层次转型，如今更关注经济发展质的飞跃。而发展中国家目前正处于"边污染、边治理"的经济道路。可持续发展战略不仅涉及增长，更强调探索绿色转型的路径，这种变革不仅针对发达国家，对发展中国家也同样适用。事实上，发达国家人口仅占世界总人口的10%，却消耗着全球80%的资源。此外，发达国家通过产业转移和对外贸易，利用自身的技术、经济优势，将国内的污染源扩散到全球范围内。而发展中国家受到自身技术限制，在国际分工中不得不处于资源净流出的被动地位，进口大量制成品，进而吸收发达国家的负外部环境效应。虽然一些专家提出，采用发达国家为自身行为的负外部效应付费的方式，间接向发展中国家转移支付，使得发展中国家能够获取可持续发展的可支配收入，但理论和实践之间存在巨大鸿沟。发达国家对可持续发展观点给予高度肯定，却在保护生态环境建设中对援助发展中国家的行为表现得极其冷漠。因此，涉及全球整体发展等一系列问题时，开展国际合作和推动国际可持续发展变得尤为重要。

在科学研究与技术创新过程中体现着可持续发展的必要性。在可持续发展理论的推动下，人类不断拓宽新的科研方向，逐渐形成了环境科学、环境化学、生态经济学等新兴的交叉学科，为传统学科增添了新的生机和动力。基于"自然系统"的视角，向着宇宙、地球、海洋深部进军，不断开拓科学研究和技术创新领域，探究生命的起源和变化，探索人类新的发展空间。当科学技术跳出只追求经济高增长的视角之后，人类站在可持续的高度上重新认识发展，尽可能推动科学技术创新正效应，减少其负效应，从可持续发展的需求中获取驱动力和创新力，创造出可持续发展的生产模式和生活方式。

除了全球层面外，随着中国经济社会飞速发展，中国也面临着人口众多、环境污染、资源匮乏、生态失衡等困难和问题。在党的十七大报告中，我国首次提出"建设生态文明，基本形成节约能源、资源和保护生态环境的产业结构、增长方式、消费模式"的思路，关注低碳经济发展，为可持续发展道路指明方向，由此可见经济社会发展和资源环境相协调的必要性和迫切性。

实施可持续发展战略是从我国国情出发和构建现代化的唯一选择。自然资源是经济社会发展的必备物质条件。虽然我国经历70多年的经济建设后，已经成为世界上第二大经济体，但我国仍是一个需要继续完成城市化、工业化和现代化的发展中国家，在发展过程中必然会遇到人口、资源、生态环境等问题，若盲目破坏生态环境以推动国家进步，必然会制约中国经济的长期稳定健康发展。现代化实现过程强调持续、健康、快速发展，只有实施可持续发展战略，变革以往重速度和数量、轻效益和质量的经济发展模式，摒弃以牺牲环境为代价来实现强国战略的路径，正确处理人口、资源、生态环境和经济发展之间的关系，才能顺利实现社会主义现代化的建设目标，为中华民族世代繁衍不息创造良好的条件。

可持续发展战略有助于提升中国在全球治理过程中的参与和引领能力。目前，全球性挑战日趋增多，推动全球治理体系改革、提高全球治理能力是必然趋势。但中国受到历史等因素的影响，在全球治理过程中并没有得到相匹配的话语权，不利于在国际中行使资源配置和公平正义的权利。因此，应通过与其他国家建立共同的话语体系，争取更大的国际话语权，提升中国参与和引领全球治理的能力。"一带一路"倡议是我国为实现社会共同繁荣发展、构建人类命运共同体而形成的国际合作机制，将其与可持续发展相对接，能够以广阔视野和超脱方式来定位中国和世界的关系，助力解决当前国际社会中人类关切的共同问题。在解决可持续发展难题时提供中国方案，展现出大国的责任担当，在推进"一带一路"相关国家落实可持续发展目标的同时，也为中国争取更大的国际话语权提供有力帮助。

5.1.3　可持续发展的特点

第一，客观性。其又被称为内在规律性，是指在社会经济发展过程中，人类的活动受限于自然生态系统的能力范围，通过调节人类和自然界之间的关系来保护人类赖以生存和发展的家园。它是不以人的意志为转移的社会发展阶段的客观现象，是面对生态环境承载力和资源总量的有限性时，人类做出的必然选择。

第二，科技性。可持续发展战略目标的实现是以先进的科技为依托的。凭借科学技术的不断创新和进步，能够不断拓宽人类可使用能源的范围，同时提升资源利用率，解决人类面临的资源短缺等生态环境问题。

第三，系统性。可持续发展是一种多学科综合作用的体系，其涉及社会生产、生活领域各环节的整体性、系统性的运行方式。在不同环节中，可持续发展呈现出不同的表现形式，因此不能片面地割裂看待，只有保持经济社会各层面的系统性协调，才能真正实现可持续发展。

第四，能动性。可持续发展是人们对待自身所面临的环境和资源危机理性反思后的产物，是人们对客观世界感知和认识的进一步深化。

第五，协调性。可持续发展是建立在人口、环境、经济、社会等方面协调发展之上的更高层级的发展。它是一种社会运动，强调空间协调的同时也受未来时间的牵引，促使人口与资源环境之间的关系、经济发展与生态环境之间的关系、科技进步与自然之间的关系达到协调发展。

第六，公平性。作为可持续发展实践过程中必须遵守的三大基本原则之一，其既强调了代内公平，又突出了代际公平。首先，当代人之间横向的平等公平是可持续发展的基本精神，要求消除不同国家、不同地区、不同阶级在机会选择和成果占有方面两极分化的问题，同时经济社会发展要满足当代人基本的生活需要并给予其福利提升的可能性，突出生存权、资源使用权及分配权的平等，是一种狭隘"地域性"和"民族性"的超越。其次，当代人和后代人之间纵向的平等公平关系是可持续发展的理论内核，要求当代人不应损害后代人发展的潜力，及时认识到地球资源的有限性与人类需求欲望的无限性之间的矛盾。当代人应在满足自身生产发展需求的前提下，保持地球生态环境和自然资源的相对平衡和稳定，进而传续给后代，是一种前瞻性的要求和意识。

第七，持续性。可持续发展的核心就是可持续性，在不超过地球承载力的条件下，通过社会发展和经济活动满足人类需要。若为了当前所谓的"发展"而破坏环境、损害资源，那么这种发展将毫无意义。

第八，内在性。如果发展的动力仅仅依靠外部不断输入，而不是由系统内部自发驱动，这种发展就不是可持续发展。可持续发展系统主要是由内部结构决定的，外在的因素只起着一定的催化、加速作用。

第九，共同性。共同性表明可持续发展是全球发展的共同目标。尽管全球各国文化传统、历史背景、自然条件和社会发展水平各异，推动可持续发展的计划和发展措施也有差异，但世界发展的目标是一致的。地球是人类的共同家园，人与人、人与自然之间相互依存、紧密相连，没有一个国家能够独立实现可持续发展。

第十，非线性。可持续发展是一个复杂的过程，在内部组成非线性的作用下，可持续发展系统得到逐步深化发展。可持续发展的非线性特征主要表现为发展曲线的非线性、资源使用的非线性、技术进步的非线性，这说明可持续发展内部并非整齐有序，而是各个矛盾的子系统均衡运行下的结果。

5.2　可持续发展的测度

自可持续发展概念被提出以来，人们就尝试从不同角度对其进行测度，希望能够将抽象化的概念转变为可量化的指标，使其更加直观地呈现在人们眼前，以便相关专家及时度量和考察。在此期间，可持续发展的指标应运而生，但如此丰富的可持续发展指标的优缺点有哪些？它们的作用机制和测度方法有哪些区别？基于上述问题，本节将主要针对可持续发展测度体系进行综述分析，进而探究其中的奥秘。

5.2.1　可持续发展的机制

可持续发展的机制大体可以归为四类，分别是压力-状态-响应框架[①]，发展动力、质量、公平三要素交集[②]，SPREDT 基本子系统[③]，生态服务价值成本评估体系。

压力-状态-响应框架源于可持续发展的三个要素——经济、环境、社会，由此形成了经济目标、社会目标和环境目标三者相互作用、共同实现可持续发展的目标。如图 5-1 所示，人类从环境系统中开采和使用人类繁衍发展所需的能源和能量，生产、消费等环节产生的污染物和废弃物，影响着自然环境的质量和资源的存量。同时，环境系统也反作用于人类系统，对人类生存和发展产生影响，由此就形成了压力-状态-响应关系。

发展动力、质量、公平三要素交集是从可持续发展理论内涵中提取的三个发展的本质元素，分别为"动力元素"（DS）、"质量元素"（QS）、"公平元素"（ES）。发展的"动力元素"通过科技创新为发展提供动力，克服增长停滞。发展的"质量元素"要求不依靠牺牲生态系统来保持财富增加，保持发展的动力。发展的"公平元素"避免社会动荡，促进和谐社会建设，以实现共建共享的公平发展。

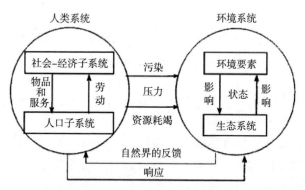

图 5-1　压力-状态-响应框架图

资料来源：经济合作与发展组织（OECD）提出的可持续发展指标体系压力-状态-响应概念框架图。

---

① 李莉，吴洁，岳超源. 城市可持续发展指标体系及综合评价研究（一）[J]. 武汉城市建设学院学报，2000（02）：30-35.

② 牛文元. 可持续发展理论内涵的三元素[J]. 中国科学院院刊，2014，29（04）：410-415.

③ 库向阳，李同升. 区域可持续发展系统结构及协调度分析[J]. 西安建筑科技大学学报（自然科学版），2000（02）：132-134，146.

    SPREDT 基本子系统是由社会子系统、人口子系统、资源子系统、生态子系统、经济子系统、科技教育子系统 6 个基本子系统构成的。因为各个子系统都处于动态变化中，有的子系统会因人口迅速增加、自然资源匮乏、生态破坏、教育落后而逐渐退化和恶化，有的子系统会被渐渐保护起来。因此，我们可以通过研究各个子系统的功能、变化趋势及内部相互作用机制来衡量可持续发展的水平。

    生态服务价值成本评估体系更注重当期，主要用来测度实际发生变化的生态系统价值，其内部分类如图 5-2 所示。直接利用价值一般指能够在市场上进行销售的商品或服务，如生产原料、生活用品和娱乐等，反映着人们对生态服务价值的初步认知。间接利用价值则起步较晚，属于人们对生态服务价值的进一步认识，通常包括人类生产出的难以衡量价值的公共产品，如保护土壤肥力、净化自然环境、维持大气平衡等地球生命支持系统。该机制通过价值指标反映出促进可持续发展的意义，但既有该价值框架没有考虑到部分生态系统服务价值，在与人类利用无关的非利用价值和代际补偿价值方面存在不足，有待于完善。

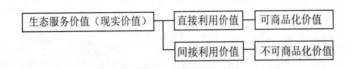

图 5-2　生态服务价值谱系图

5.2.2　可持续发展指数及测度方法

    在压力-状态-响应框架下，压力指标描述了生态环境和自然状态发生变化的原因，如向自然环境中排放废气等污染物、过度开采和使用能源、造成资源枯竭等影响环境变化的人类活动；状态指标用于描述人们的行为对生态环境和自然状态产生的影响，用来衡量自然界的状态；响应指标则描述了人类对各种环境问题采取的政策措施，通过建立制度机制来缓解自然环境现状、减轻环境污染。该框架强调经济、生态、社会整体协调发展，图 5-3 中的可持续发展指数被用于度量可持续发展现状、内在动力需求及人们对二者的响应程度。

		消除贫困状况	A1
		城市人口状况	A2
	O1：社会发展	文化教育及科技发展状况	A3
		卫生健康事业状况	A4
		城市居住状况	A5
O：城市可		地区经济概况	B1
持续发展	O2：经济发展	贸易和物价状况	B2
综合指数		能源消费状况	B3
		利用外资运行状况	B4
		自然生态资源环境状况	C1
	O3：环境发展	水、大气废弃物状况	C2
		自然资源可循环利用体系	C3
	O4：城市法律	法律法规状况	D1
	法规管理	监督和执法状况	D2

图 5-3　可持续发展综合指数[①]

　　基于可持续发展综合指数体系，建立二级指标来测度可持续发展情况。压力指标在社会发展（O1）中选取就业率来测量 A1；选取人口自然增长率、死亡率来测量 A2；选取就学人口占比、小学入学率来测量 A3；选取用水人口、房价/家庭收入来测量 A5。在经济发展（O2）中选取 GDP 增长、人均 GDP、进出口/GDP 来测量 B1；选取居民消费价格指数、商品零售价格指数、地区外贸收入来衡量 B2；选取人均能源消费量来衡量 B3；选取债务/GNP（国民生产总值）来衡量 B4。在环境发展（O3）中选取人均耕地面积、人均绿地面积来测量 C1；选取城市污水排放量、工业废水排放量、工业粉尘排放量、农业化学品使用量来测量 C2；选取排放的废弃物/环境容量测量 C3。状态指标在社会发展（O1）中选取贫困人口比率来测量 A1；选取人口密度、城市非农业人口比重来测量 A2；选取在校大学生数、高校科研单位数、科技人员数、科技成果及其转让数来测量 A3；选取城市人均住宅面积、自来水普及率、万人拥有公交车数量来测量 A5。在经济发展（O2）中选取地区第一产业/GDP、地区第二产业/GDP、地区第三产业/GDP 来测量 B1；选取银行贷款年末余额、城乡居民储蓄年末余额来测量 B2；选取矿物能源储量来测量 B3；选取还贷额/出口额来测量 B4。在环境发展（O3）中选取城市面积、受保护森林面积、城市绿化覆盖率来测量 C1；选取"三废"排放达标率来测量 C2。在城市法律法规管理（O4）中选取城市法律法规数量、环境资源能源法律法规数量来测量 D1；选取全国新闻报道数量、关于环保案件数量来测量 D2。响应指标在社会发展（O1）中选取扶贫开支/财政支出来测量 A1；选取出生率来测量 A2；选取教育开支/GDP 来测量 A3；选

---

　　① 李莉，吴洁，岳超源. 城市可持续发展指标体系及综合评价研究（一）[J]. 武汉城市建设学院学报，2000（02）：30-35.

取健康保健投资/GDP 来测量 A4；选取污水日处理能力、人均基础设施投资、非生产性固定资产投资、沿海港口数量、铁路运输量、公路运输量、航空运输量来测量 A5。在经济发展（O2）中选取 GDP 的净投资份额来测量 B1；选取银行贷款年末余额、城市居民储蓄年末余额来测量 B2；选取资源密集型产业/制造业来测量 B3；选取实际利用外资额来测量 B4。在环境发展（O3）中选取全年植树量、环境投资/GNP 来测量 C1；选取工业废水处理率、工业废气处理率、工业固体废物处理率来测量 C2；选取城市垃圾无害化处理率、工业固体废物综合利用率来测量 C3。

发展动力、质量、公平三要素交集提出可持续发展（SD）需要满足

$$\text{Max}SD = \left\{ (DS, QS, ES) | \varphi_1 (DS)_{\max}, \varphi_2 (QS)_{\max}, \varphi_3 (ES)_{\max} \right\}$$，其中 φ_1、φ_2、φ_3 是三元素的函数表达式。

发展的"动力元素"（DS）从自然资本、人力资本、生产资本及社会资本的总效能出发，通过国家竞争力和创新力的发展实现资源总效能与边际效益递减的负效应相互抵消。

$$
\begin{aligned}
DS(t+1) &= DS(t) + DS(t) \times DELTA\big[DS(t)\big] \\
&= F(1) \times \big[1 + DELTA[F(1)]\big] + F(2) \\
&\quad \times \big[1 + DELTA[F(2)]\big] + F(3) \times \big[1 + DELTA[F(3)]\big]
\end{aligned}
$$

其中，DS 表示可持续发展总效能，$F(1)$ 表示资源利用效率的提升，$F(2)$ 表示资本利用效率的提升，$F(3)$ 表示人力资本利用效率的提升，t 表示时间段。

$$F(1) = P(t) \times \left[\frac{G(t)}{P(t)}\right] \times TP(t)$$

$$F(2) = F(1) \times \left\{ P(t) \times \big[R(t)/P(t)\big] \times \big[ES(t)/R(t) \times M\big] \right\}$$

$$F(3) = F(2) \times \left\{ \begin{array}{c} exp\big[1 - SS(t)/SS(r)\big] exp\big[1 - TT(t)/TT(r)\big] \\ exp\big[1 - DM(t)/DM(r)\big] \end{array} \right\} \times N$$

其中，P 表示人口数量，G 表示资源总量，TP 表示资源利用率的提升程度，即生态服务总值中世界上最先进的单位资源利用率水平占比，R 表示资源利用总量，ES 表示资本增值，M 表示资本风险控制度，$SS(t)$ 表示人力资本结构合理度和创新水平，$SS(r)$ 表示科技创新的最优水平度量，$TT(t)$ 表示国民教育水平（年份），$TT(r)$ 表示世界最先进国家的国民教育年份，$DM(t)$ 表示决策能

力和管理能力指数，$DM(r)$ 表示决策能力和管理能力最优指数，N 表示国家在全球中影响力、竞争力、文化力的总权重。

发展的"质量元素"（QS）将国家或地区物质效能水平、精神文明和物质文明协同水平、环境容量和生态服务支持水平结合起来，根据可持续发展会使得自然支撑能力、环境容量能力、生态平衡能力随时间变化而保持定值的原理[①]，构建了可持续发展的质量函数：$QS(y(x),\dot{y}(x),x)$。

其中，$y(x)=(y_1(x),y_2(x),\cdots,y_n(x))$，$\dot{y}(x)=(\dot{y}_1(x),\dot{y}_2(x),\cdots,\dot{y}_n(x))$，$x=(x_1,x_2)$。式中，$x$ 表示环境污染、生物多样性减少、生态退化等制约可持续发展质量的相关因素，n 表示自变量个数，$y(x)$ 表示可持续发展质量的效用，$\dot{y}(x)$ 表示随时间可持续发展质量的变化。

发展的"公平元素"（ES）通过资源共享的代际公平、环保参与的区际公平和财富占有的人际公平的中和构建欧氏平面，求解公平和效率实现最大化的空间几何公式。

在 SPREDT 基本子系统中，采用静态协调度和动态协调度公式来衡量可持续发展的水平。将该复合系统的社会子系统采用 $(I_1,I_2,\cdots,I_{n^1-1})$ 指标来衡量，人口子系统采用 $(I_{n^1},I_{n^1+1},\cdots,I_{n^2-1})$ 指标来衡量，资源子系统采用 $(I_{n^2},I_{n^2+1},\cdots,I_{n^3-1})$ 指标来衡量，生态子系统采用 $(I_{n^3},I_{n^3+1},\cdots,I_{n^4-1})$ 指标来衡量，经济子系统采用 $(I_{n^4},I_{n^4+1},\cdots,I_{n^5-1})$，科技教育子系统采用 $(I_{n^5},I_{n^5},\cdots,I_{n^n})$ 指标来衡量，六者的总和记为 n，即 $I=[I_1,I_2,\cdots,I_n]^T$（$1<n^1<n^2<n^3<n^4<n^5<n$）。

静态协调度公式为 $Cs(I)=\prod_{j=1}^{n}f_j(I_j)p_j$，$(j=1,2,\cdots,n)$，其中 $0\leqslant Cs(I)\leqslant 1$，$Cs(I)$ 值越大说明可持续发展子系统之间协调度越好。$f_j(I_j)$ 表示 I_j 指标的满意度，其中 $0\leqslant f_j(I_j)\leqslant 1$。$p_j$ 表示 I_j 指标权重，满足 $p_1+p_2+\cdots+p_n=1$，$0\leqslant p_j\leqslant 1$。

动态协调度将一段时间的静态协调度合为一体，设 $Cs(t-T+1)$，$Cs(t-T+2),\cdots,Cs(t+1),Cs(t)$ 为 SPREDT 基本子系统在 $(t-T)\sim t$ 时间段中的静态协调度。因此，该阶段动态协调度为 $Cd(t)=\dfrac{1}{T}\prod_{I=0}^{T-1}Cs(t-i)$，其中

① 牛文元. 中国可持续发展战略框架[J]. 科学与社会，1996（01）：22-27.

$0 \leqslant Cs(t) \leqslant 1$，$T$ 为基准时间段。当 $t_1 < t_2$ 时，$Cd(t_1) < Cd(t_2)$，表示系统协调度优化，即系统朝着可持续方向发展；$Cd(t_1) = Cd(t_2)$，表示系统协调度没有得到改进；$Cd(t_1) > Cd(t_2)$，表示系统协调度恶化甚至退化，即系统违背了可持续发展原则。

生态服务价值成本评估体系包括七种思路方法。第一种方法被称为生产率变动法，其将生态服务系统视为一种生产要素，依照其质量的改变会影响生产成本和生产率，进而改变市场中的产量和价格的原理，对生态系统进行量化处理，以实现对可持续发展的测度。第二种方法被称为人力资本法。该方法更加关注人类健康在生态系统变化后的反应，通过设立"损害函数"，对人类因环境污染而生病或死亡造成的收入损失、思想和精神的损伤进行量化，将各种医疗费用开支纳入可观测的治疗成本体系中，进而得出生态系统服务价值量的变化，间接反映可持续发展的情况。第三种方法被称为机会成本法。在理性经济人追求效用最大化的假设前提下，利用能源资源的机会成本来度量生态环境的损失。这种方法的优势在于非价格形态的生态环境效益不易于估算，可尝试利用这种能源资源的最佳用途价值进行估算。第四种方式被称为有效成本法。在假定生态系统项目为零利润的背景下，当市场信息的局限性使得生态系统服务效益难以估计时，可采用成本最小的生态系统服务建设方案作为度量方式，以成本收益分析方式衡量可持续发展进程。第五种方法被称为防护费用法。该方法基于消费者视角，通过探究消费者支付意愿来获取生态系统服务成本量。一般情况下，采用市场问卷调查的手段归纳出消费者愿意接受环境商品的最大隐含价值，但这种方法容易因问卷设计内容不全面等问题产生误差，影响可持续发展测度的结果。第六种方法被称为置换成本法。其原理是在环境受损后、生态系统补救过程中，使用生产性物质资产的价格来估算消除这种环境质量变化的成本，将其作为恢复费用来度量可持续发展的成本。第七种方法被称为旅行费用法。其将无价格商品，如自然景观作为研究对象，从消费者对自然景观旅行需求减少量、旅行费用支出、景观距离分布、消费者旅行的机会成本四个方面来构建自然景观旅行的需求函数，采用消费者剩余指标来表示生态系统服务体系中环境损失价值量。

综上所述，这七种测量方法具有直观易算的特性。其中，生产率变动法、机会成本法、人力资本法在生态服务价值成本评估体系中属于直接利用价值估算类别；旅行费用法、有效成本法、置换成本法、防护费用法则属于间接利用价值估算类别。大部分测算方法应用较为单一且处于引进和学习阶段。

5.3 双碳与可持续发展的关系

5.3.1 双碳促进可持续发展

从能源发展层面来看，全球 70% 的国家已经确定了碳中和的目标，已经有两个国家（苏里南和不丹）实现了碳中和，4/5 的经济体承认碳中和并就此达成共识。各国对能源密集型产业给予了高度重视，其中中国钢铁行业的碳排放量是制造业中碳排放量最大的部门，因此在"双碳"目标下，能源行业是实现可持续发展的责任主体和重要领域。

全球能源行业的未来趋势包括以下三个特点：首先，能源消费方式升级，电气化水平大幅度提升。在碳中和的背景下，能源结构的低碳化调整是关键，将有助于全球向零碳能源社会迈进。能源之间的边界逐渐模糊，为了控制煤炭消费，预防长期的碳锁效应出现，加快低碳经济新技术的研发创新和普及，将会出现一系列能源产品组合。通过智能化和高效化的电气系统推动交通、工业和建筑部门能源消费结构朝着高级化和合理化方向发展，终端用能电气化水平不断提升，形成煤炭有序退出的路线，预计到 2060 年，电气化使用比例将超过3/5。其次，能源消费总量增长速度放慢。随着全球人口增长和经济发展对能源需求的扩张，全球能源消费将会增加，尤其是在发展中国家表现得更加明显。目前国际社会共同应对全球气候治理问题，自 2011 年以来全球消费总量呈现出平稳上升但增速缓慢的趋势，因此未来能源消费强度将会下降，利用率将会上升。最后，低碳化、清洁化、可持续发展化能源使用比重增加。为了进一步促进交通、工业和建筑部门节能，全球将加速推进光伏、水电、风电、核能和绿氢向着集成、高效方向发展，并提高其使用比例。相关研究预测显示，到 2050年，非煤炭、石油、天然气等一次性使用的非化石能源在全球能源使用结构中占比将超过 50%。

从经济发展层面来看，中国经济发展的历程大致可以分为以下四个阶段。

第一阶段为中华人民共和国成立之初到改革开放之前。由于受到苏联社会主义工业化道路理论的影响，以及缺乏经济建设的经验，我国选择了优先发展重工业来实现工业化的战略路线。当时我国缺少国家建设所需的资金，因此采取高度集中的计划经济体制来降低成本、积累资本。但在这种经济发展模式下，资源配置由政府干预，很难发挥市场在资源配置中的决定性作用，同时赶超策略在不考虑人与自然和谐持续发展的背景下推动经济迅速崛起。计划经济体制和政府干预虽削弱了生产和销售的积极性，造成了能源资源大量消耗，但在一定程度上推动了中国重工业的发展，使得粗放型经济发展方式基本形成。

第二阶段是改革开放后到 20 世纪 90 年代中期。我国考虑到之前片面追求高速经济发展和重工业，牺牲了农业、轻工业和第三产业的发展，因此在这个阶段提出以提高经济效益为中心，恢复农业生产，加强轻纺工业发展，加大推进国有企业技术改造和自身改革，发展对外贸易的探索路线。但在经济发展的同时，仍然存在着高投入低产出、高污染低效率的生态环境不可持续发展的现象。

第三阶段是 20 世纪 90 年代中期到 21 世纪初。为进一步优化经济结构、提高对外开放程度和发展科学技术，这个时期提出经济增长方式要从粗放型向集约型转变。强调要优化产业结构，加强农业发展，调整工业，促进信息化和工业化相结合。引导我国各地区结合自身特色优化国民经济布局，整治落后的污染企业，关注环境污染和能源紧缺问题，在企业技术改造上提出新要求。

第四阶段是 21 世纪初至今。该时期更加注重经济结构从低附加值、高耗能、高排放向高附加值、低耗能、低排放的方向转变，摆脱过去依靠物质资源消耗实现经济增长的局面，从科技进步、自主创新挖掘经济增长点，强调在保持经济增长的同时实现人与环境、自然和谐发展。如今，"双碳"目标的提出更为推动我国生态文明建设和经济高质量发展提供了有力抓手。

综上所述，在能源结构和经济发展模式下，"双碳"目标是可持续发展的内在要求。因此，应完善能源供给和需求相匹配，由高碳化向低碳化甚至无碳化深度调整，降低化石能源使用比重，提高非化石清洁能源使用占比。在经济发展中注入低碳化、零碳化的理念，采用科技创新和制度变革实现经济绿色、低碳、可持续发展。

5.3.2　可持续发展是"双碳"目标实现的基础

可持续发展作为新的文明观、道德观、发展观，在保护自然资源环境的条件下，通过激励经济发展，实现改善和提高人类生活质量的战略目标。促使可持续发展成为新时代中国的竞争优势，在生态、经济、社会三个可持续发展层面助力"双碳"目标的实现。

党的十八大报告提出要"尊重自然、顺应自然、保护自然"，保护自然就是保护人类自己，建设生态文明就是造福人类社会，将生态文明建设放在突出位置，可见资源、环境、生态问题已经成为全人类发展需要共同面对的问题。首先，相比煤炭储量，我国石油和天然气资源不足。如图 5-4 所示，随着经济快速发展，我国能源消费总量呈现逐年增长的趋势，其中风能、水能、太阳能等非化石能源消费量增加，虽然煤炭消费占比自 2011 年起有所下降，但仍占据着较高比重。此外，虽然我国幅员辽阔，拥有大量的陆地国土、广阔的海域国土、漫长的海岸线，但地势地形、气候环境、能源资源分布不均衡等自然地理特征不仅造就了我国农业生产、文明发展等数千年的历史，也形成了碳排放量的区域特征。此外，近年来我国太阳能、风能、核能等新能源技术取得了一定程度的技术突破，但在技术的长久应用和持续创新方面仍有较大的提升空间。以可持续发展理念为核心，探索零碳电力技术，在工业、建筑和交通领域推进电气化应用。同时，构建资源循环利用可持续发展体系，推进使用绿氢等新技术和生物燃料等新能源来升级现有设备，加快研发以二氧化碳为原料的产品合成技术，挖掘可持续的节能减排潜力。最后，加大负碳技术的推广应用，实现碳减排和碳增汇同时进行。支持碳捕获利用与封存技术（CCUS）、空气直接捕集技术发展，超前部署增汇技术，研究海洋碳汇，巩固完善生态系统的碳汇能力。资源环境作为可持续发展的重要因素，在源头上减少或替代有毒有害物质使用、提高原材料使用效率；在过程中降低污染量排放；在结果中捕获和循环再利用碳要素，保障在更高层次上实现绿色、高效、可持续发展的经济系统和公平的社会系统相和谐，进一步加快"双碳"目标的实现。在生态环境和资源承受范围内实现环境代价低和资源利用率高是可持续发展的集中体现。因此，要在大规模投入环境治理和生态建设的背景下，结合资源禀赋推进自然资源开发利用的可持续发展进程，加速"双碳"目标实现。

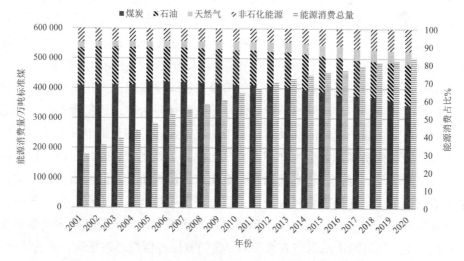

图 5-4　2001—2020 年中国能源开发利用走势及能源结构比重

资料来源：国家统计局、智研咨询整理。

纵观发展理论的历史脉络，起初人们将人均收入增加和经济总量不断积累作为社会发展追求的目标，但随着经济结构失衡、贫富差距逐渐拉大、资源环境污染破坏等问题暴露，人们开始打破发展近似于数量增长的概念局限，从数量到结构、从经济领域再到多领域地扩展可持续发展的内容。自我国实施改革开放以来，经济迅速发展，经济增长模式也由粗放型向集约型变革，产业结构也随之发生调整。农业所占比重不断下降，第二产业尤其是重工业的高耗能行业占据着较大的比重，服务业的比重也呈现出逐年上升的趋势。高耗能产业的迅速发展使得我国经济社会经历了从解决人民温饱问题到实现小康社会，再到消除绝对贫困的发展历程，这些成绩都离不开我国重工业化的发展，这也使得我国目前仍能保持着较高的经济增长速度。中华人民共和国成立初期，我国工业基础较差，重工业基础尤其薄弱。正是由于我国工业化建设起点低，要想突破落后的局面，只有优先发展重工业，才能达成凭借自身力量实现工业化的目标。但这种发展路径必然会造成能源需求量持续增加，造成长期碳排放量持续增加。人们逐渐意识到靠一味地追求经济增长而忽视生态环境承载力的发展方式是畸形的、不长久的、片面的。以数量的增长速度为核心，依靠大量生产要素的投入和生产规模的扩张来实现经济增长的粗放型模式不再适用。

随着可持续发展理念的强化，经济基础得到夯实，社会财富的累积效应促使国民经济发展更加注重"质"的提升，在生产、分配、交换、消费环节中实现生产要素高效率的配置和使用，推行产业结构的高级化和合理化发展，对工业生产结构做出优化和调整，推进战略性新兴产业的发展，实施"散乱污"企业关停整改等一系列措施，进一步体现了经济的可持续发展，也间接促进了"双碳"目标的达成。在生产中，大量土地、劳动力等生产要素的投入，往往伴随着严重的环境污染，产出增长率较低，因此要求国家不断转变和调整生产方式，优化生产要素组合，提升生产效率，使用少量或等量资源达到社会财富和福利增加的低碳效果。可持续发展不仅体现在国家整体行为中，还蕴含在生产活动的每一个环节。在一定生产关系下，某个国家或地区经济系统中各个部门外部和内部之间结构协调、各个生产要素数量比例和关系搭配合理，才能顺利开展社会再生产活动。因此，经济结构是一个国家经济健康发展的物质基础，尤其是产业结构的优化和调整将极大地促进国家经济可持续发展进程。在生产中，可持续发展强调在现有的生产技术和要素投入水平下，生产要素向生产效率高的部门聚集，逐渐淘汰低生产效率部门。我们要保持供需动态平衡，促进第一、第二、第三产业结构的高级化和合理化，缩小南北地区区域发展不平衡，积极发挥消费、投资、净出口这"三驾马车"对经济增长的刺激作用等，推动我国经济高质量、健康、长久发展。在分配中，生产条件分配结果影响消费资料的分配，通过优化生产方式，在生产要素投入量上实现最大产出率，进而形成高投资回报、高政府税收、高工资收入和高厂商利润的积极效应。在交换中，发挥市场在资源配置中的决定性作用，通过价格机制真实反映商品的价值和使用价值，提高资源、产品的配置和使用效率，保障可持续发展的物质基础。在消费中，可持续发展促使产品更加"个性化"，供给体系因消费者需求的变化而不断调整，减少有限资源的浪费，通过多样化的生产要素组合、产品类型和服务种类，直接改善人民的生活水平、提高生活质量。在"双碳"目标、新技术等因素的影响下，改变原有的能源结构等，以提高经济质量为核心，通过生产要素的重新优化组合，提高生产要素利用率，凭借创新技术，提升劳动者素质，提高资金、设备、原材料的使用效率等实现经济长久、可持续发展。

发展是可持续发展的核心，人是可持续发展的主体，能使子孙后代安居乐业和永续发展才是真正的发展。在判断社会是否可持续发展时，一般会结合国情，观测是否偏离当代人民对高质量生活的要求，在不给经济社会施加巨大压力、不牺牲后代资源保障的前提下当代人民的利益是否得到保障等。人口规模、人口结构、城镇化水平和居民消费结构等因素的变化会导致粮食、能源、用水、住宅、教育、交通等一系列需求发生改变，并会对碳排放量造成影响。作为世界上最大的发展中国家，即使我国人口基数较大，但由于计划生育的实施和技术的高速发展，近年来能源利用率得到大幅度提升，出现了人口规模和碳排放量负向变化的情况。此外，伴随着我国老年人口比重的提高，碳排放量的增长速度放缓。但是城市化进程的加快推进，使得我国的林地和耕地面积减少，同时居民消费结构朝着高碳型的方向发展，在一定程度上增加了碳排放量。因此，权衡当代人的行为活动对可持续发展的影响尤为重要。随着我国宏观经济政策更加追求平稳的经济目标，在现阶段的国情下坚持实事求是、与时俱进，采用制度引领助推社会保障发展，满足社会中劳动者的就业需求，保持劳动者报酬增长和劳动生产率步调一致、经济发展与居民收入增长同比，健全灵活就业人员、进城务工人员、新业态就业人员的社会保险制度，向失业群体暂时发放生活补贴，激励失业者积极寻找就业机会；根据我国人口老龄化、受教育年限增加、人均寿命提升等发展趋势，增强风险意识，推进老有所依、幼有所育、病有所医等方面取得新进展；构建社会保障多层次、范围广、全民覆盖、公平统一、可持续的发展体系，政府不断优化收入分配结构，加强社会保障立法工作，缩小贫富差距、区域差距、城乡差距，使改革成效更多地惠及全体人民，加速我国社会保障事业可持续发展，增强人民的幸福感、归属感、安全感。

"双碳"目标的重要意义毋庸置疑，要坚持全国各地一盘棋，权衡可持续发展和"双碳"目标之间的关系。确保在减碳、零碳政策执行过程中，坚持可持续发展理念，构建经济社会健康、持久运行的发展框架，进一步助力"双碳"目标。

5.3.3 双碳与可持续共同发展

"双碳"目标成为全球共识，这是实现全球经济社会可持续发展的必然选择。

在双碳赛道中，新技术出现和政策引导共同助推绿色可持续发展。

5G 作为新一代宽带移动通信技术，助力双碳和可持续共同发展。第一，5G 技术使人们的生活方式加速向绿色低碳转型。目前 5G 基站覆盖了我国 90%以上的地区，强大的网络供给能力催生出了数字娱乐、远程医疗、线上会议、交通智能感知等应用，减少了人们出行的碳排放，通过智能筛选路径，降低了道路堵塞的发生率。第二，5G 技术构建低碳、可持续性的城市发展框架。依托 5G 技术赋能城市碳排放观测的网络建设，及时感知和传输所在地区的碳排放信息，对该区域实施精准管控，助力数字化环保低碳城市持续发展。第三，5G 技术赋能产业绿色发展。将 5G 技术和双碳垂直产业进行深度融合，钢铁等高耗能企业通过部署能耗排放平台，使用 5G 连接气、电、热等资源监测传感器，实现实时、数据可读的全面监控，减少能源的碳消耗和固体废弃物排放，推动产业绿色化、数字化、智能化可持续发展。

此外，我国自 1998 年以来通过出台一系列一般性、间接引导性的政策工具，在制度建设上提供保障双碳和可持续共同发展的政策支持，不难发现，低碳和可持续发展总是紧密相连的（如表 5-1 所示）。

表 5-1 中国政府关于"双碳"目标政策文件的沿革梳理

时间	重要会议及法律政策	内容概述
1998 年 1 月	《中华人民共和国节约能源法》	从能源生产到消费的各个环节，持续推动全社会节约能源，降低消耗、减少污染物排放，提高能源利用效率，有效、合理地利用能源，从而促进经济社会全面协调可持续发展
2000 年 11 月	《国务院关于印发全国生态环境保护纲要的通知》	为全面实施可持续发展战略，扭转生态环境恶化的趋势，通过采取措施增强生态环境保护工作力度，保证经济社会健康发展
2007 年 6 月	《节能减排综合性工作方案》《中国应对气候变化国家方案》	作为发展中国家的中国，正努力建设资源节约型、环境友好型经济社会，出台可再生能源中长期规划，为减缓和适应气候变化做出了积极的贡献
2010 年 5 月	《国务院关于进一步加大工作力度 确保实现"十一五"节能减排目标的通知》	加大节能减排的工作力度，事关经济社会可持续发展，确保实现"十一五"节能减排目标
2011 年 9 月	《"十二五"节能减排综合性工作方案》	细化节能减排目标，促使经济结构调整和经济发展方式转变，增强可持续发展能力
2012 年 8 月	《节能减排"十二五"规划》	增强可持续发展能力，形成了加快转变经济发展方式的倒逼机制，采用健全有效的激励和约束机制，实现提高能源利用的效率，达到显著减少污染物排放的目标

续表

时间	重要会议及法律政策	内容概述
2013 年 11 月	《国家适应气候变化战略》	通过加强管理和调整人类活动，充分利用有利因素，减轻气候变化对自然生态系统和社会经济系统持续发展的不利影响
2014 年 9 月	《国家应对气候变化规划（2014—2020 年）》	提出要努力走一条符合中国国情的发展经济和应对气候变化双赢的可持续发展道路
2016 年 10 月	《"十三五"控制温室气体排放工作方案》	加快推进绿色低碳发展，为促进我国经济社会可持续发展做出新贡献，推动我国二氧化碳排放量在 2030 年左右达到峰值并争取尽早达峰
2016 年 12 月	《"十三五"节能减排综合性工作方案》	要牢固树立创新、协调、绿色、开放、共享的发展理念，保障经济社会可持续发展，促进我国经济转型升级，实现经济发展和环境改善双赢
2017 年 10 月	党的十九大报告	提出了加快生态文明体制改革、建设美丽中国新的目标、任务、举措，引导应对气候变化国际合作，成为全球生态文明建设的重要参与者、贡献者、引领者
2019 年 4 月	习近平在第二届"一带一路"国际合作高峰论坛开幕式发表演讲	努力实现高标准、惠民生、可持续目标，提出"一带一路"应对气候变化的南南合作计划
2020 年 9 月	习近平在第七十五届联合国大会一般性辩论上发表重要讲话	采取有效的政策和措施，力争二氧化碳排放量在 2030 年前达到峰值，并努力争取在 2060 年前实现碳中和，要抓住新一轮科技革命和产业变革时机，推动"后疫情"时代世界经济"绿色复苏"
2020 年 11 月	习近平在二十国集团领导人利雅得峰会"守护地球"主题边会上的致辞	强调将加快新能源、绿色环保等产业发展，实现人人享有可持续能源的目标，推动经济社会发展全面绿色转型，实现碳中和与碳达峰目标
2021 年 1 月	习近平在世界经济论坛"达沃斯议程"对话会上发表题为"让多边主义的火炬照亮人类前行之路"的特别致辞	我国将加强生态文明建设，力争在 2030 年前实现二氧化碳排放量达到峰值，在 2060 年前实现碳中和，优化能源与产业结构，促进全球可持续发展
2021 年 3 月	《中共中央关于制定国民经济和社会发展第十四个五年规划和二〇三五年远景目标的建议》	深入实施可持续发展战略，强调"推动绿色发展，促进人与自然和谐共生"和"促进经济社会发展全面绿色转型"
2021 年 3 月	中央财经委员会第九次会议	在经济社会系统变革中，双碳事关中华民族永续发展，推进创新绿色低碳技术，实现技术重大突破，为"双碳"目标的实现提供基础

时间	重要会议及法律政策	内容概述
2021 年 4 月	习近平总书记在中共中央政治局第二十九次集体学习发表重要讲话	生态环境保护和经济发展存在着辩证统一和相辅相成的关系，强调了建设生态文明与推动绿色低碳循环发展的必要性
2021 年 7 月	中国共产党与世界政党领导人峰会	中国将积极履行联合国 2030 年可持续发展议程的承诺，开展发展战略与宏观经济政策相协调

资料来源：作者根据网络资料整理得来。

5.4 双碳与可持续发展目标实现的路径

"双碳"目标的实现不仅关乎人类生存，更影响着全球的整体发展。结合我国目前经济形势、生态环境状况、产业结构背景，围绕提升生态系统碳汇功能、调节能源结构、优化产业结构、减少二氧化碳等污染物排放、减少能源消耗这五大方面展开节能减排行动，秉持着"一增一调一优两减"的原则，推动实现"双碳"目标下可持续发展。

5.4.1 提升生态系统碳汇功能

在制定并出台碳汇问题政策时，需要大量科学研究数据作为理论支撑，要注重碳汇问题的完整性。全面考虑所有土地类型的碳汇问题，在计算碳储量时也要厘清森林质量因素或其他土地利用面积减少等空间布局变化。此外，我国和国际碳固定的评估体系存在差异，因此要结合我国自身碳存量大，草原、森林、湿地等生态系统种类多样的实际情况，完善评估体系，挖掘固碳功能潜力，为我国绿色经济寻求发展契机。在发展森林碳汇的同时，要加强对海洋蓝色碳汇、盐沼、草原、湿地和海草床等生态系统的修复工作，可采用植树造林、人工种草、封山育林、围栏封育、秸秆还田、生物质碳等方式，提升生态系统的固碳能力，恢复蓝碳功能。开设专项科技创新研究项目，探究碳中和中碳增量和碳存量之间的科学关系，完善我国碳中和措施框架。通过合理的国土规划与管制，因地制宜地实施生态系统的增汇政策，布局低碳用地。开展生态系统碳汇检测评价和政策支撑监督体系，定期对修复和保护成果进行评估，及时调整措施行动来增强生态系统的固碳功能与适应气候变化能力。总之，我们要坚持减少干扰生态系统的碳输出、增加生态系统的碳输入的可持续发展原则，推动"双碳"目标下绿色经济发展。

5.4.2 调节能源结构

发展水电、核电、光伏、风电等清洁低碳的能源体系，针对剩余化石能源采用储存和碳捕获技术。加快建设高占比的可再生能源新型发电系统，形成长效的清洁能源机制，朝着去高碳能源、去化石能源的可持续性能源结构方向发展。在生产能源产品过程中，采用先进技术进一步挖掘去碳空间，减少碳排放量。将数字化和智能化技术应用到能源产业链中，为企业的发展速度、质量、效率和灵活性赋能，在实现"达峰""减碳""中和"的过程中，让科技有为、塑零碳未来、创经济发展。

5.4.3　优化产业结构

产业结构作为国民经济结构的重要组成部分，是衡量一个国家经济实力的重要指标之一。我们应打破原有经济平衡的状态，优化调整产业结构，进而推动国家经济增长。若不对现有产业结构进行优化和调整，不仅违背可持续发展的原则，还会制约经济增长速度。首先，要严格控制产能过剩行业，尤其是高耗能的钢铁等重化工业，改造钢铁、化工、石化等高污染行业，调整产业和产品结构，优化其产能。其次，通过政策引导农业、工业、建筑行业等领域节能低碳产品的发展，在企业信息披露内容中增添低碳、减碳指标，督促行业内的头部企业带头践行节能低碳。最后，通过创新和技术革新驱动产业新发展，加速推进先进制造业和现代服务业深度融合，利用绿色经济等新兴产业促进传统产业朝着低碳环保的方向转型，挖掘经济高质量发展、可持续发展新机遇。

5.4.4　减少二氧化碳等污染物排放，减少能源消耗

"双碳"目标除了对我国产业变革产生深远的影响外，还有助于在构建国内、国际双循环新发展格局下，促进经济高质量、可持续发展。结合不同区域的碳排放特点，创建新的区域碳排放分配指标框架，以"双碳"目标为发展契机，促进区域能源消耗高和碳排放量大的行业有序转移和协调发展。在社会公众领域，由相关环保部门牵头，在低碳、减碳行动意识较强的国内一线城市建立统一的个人碳排放量记录平台，为个体居民设置年度碳排放量限制，逐步构建全国城乡居民统一的碳排放量账户，增加居民低碳、减碳领域的专业知识，引导居民自觉主动选择低碳、零碳的生活消费方式。制定金融激励的政策措施，提高全民绿色消费意识，推进个体和家庭形成有效的绿色低碳生活方式。环境污染和气候问题并不是一个国家所能改善的，积极推进国内外低碳、零碳技术合作，开发可再生能源和非化石能源，驱动生活方式向低碳环保转型。重构国际循环大环境，凭借"双碳"目标，开创新的国际分工、国际贸易合作、产业格局，为其他发展中国家的低碳化变革提供帮助，阻断发达国家碳排放转移路径。将国内绿色低碳循环的发展节点和国际环保战略循环的发展节点相衔接，不断提升我国的国际发展竞争力。

总体来说，"一增一调一优两减"五大目标既是实现"双碳"目标的必然行

动，又是我国经济社会实现可持续高质量发展的必经之路，因此"双碳"目标的实现必将对我国可持续发展产生深远影响。

本章小结

本章从资源和环境保护等生态、经济、科技创新、社会及其他视角论述了可持续发展的定义，揭示了可持续发展问题已经从环境学、生态学领域逐渐延伸至社会学、人口学、经济学等诸多领域，并朝着多学科融合方向发展的趋势。从全球层面和中国层面概括了可持续发展战略的必要性，讲解了可持续发展的四种指数体系及其测度方法。在能源结构和经济发展模式下，"双碳"目标是可持续发展的内在要求。完善能源供给和需求相匹配，由高碳化向低碳化甚至无碳化深度调整，降低化石能源使用比重，提高非化石清洁能源占比。在经济发展中注入低碳化、零碳化的理念，采用科技创新和制度变革实现经济绿色低碳、可持续的发展，未来在生态、经济、社会三个可持续发展层面助力实现"双碳"目标。

思考与练习

1. 请从不同角度论述可持续发展战略的必要性。
2. 简述可持续发展的特点。
3. 可持续发展指数及测度方法有哪些？
4. 谈谈你对可持续发展和"双碳"目标之间关系的理解。
5. 概述可持续发展和"双碳"目标实现的路径。

6 双碳与绿色创新

6.1 绿色创新的内涵

6.1.1 绿色创新的定义

绿色创新主要是为了缓解自然资源逐渐匮乏、空间资源不足和社会资源配置紧张的问题，意图寻求一条协调路径，以解决经济发展和环境发展的矛盾。"绿色创新"这一概念最早是由格斯勒（Gussler，1996）提出的，他认为绿色创新是企业为了降低污染排放而进行的具有价值的商业活动，企业缺乏创新活力是因为缺乏绿色创新的驱动。在此基础上，之后的学者不断丰富这一概念，并逐渐扩大创新主体，创新的范围也更具体到生产工艺、服务、经营管理方法等。此外，这一概念甚至延伸到了制度创新、文化创新。

詹姆斯（James，1997）将绿色创新定义为"一种大大减少环境影响，并为个人或企业增加价值的新工艺或产品"。1999 年，克莱蒙（Klemmer）等人将绿色创新定义为利益相关者（企业、部委、联盟、协会、教会、家庭）采取的一系列行动，即创造、应用和引进新的概念、行动、产品和工艺，以减轻环境负担或实现可持续和无害环境的发展。伦宁（Rennings，2000）指出，绿色创新包含新的（改进的）过程、行为、系统和产品，可以促进环境的可持续性，包括技术、系统和社会。绿色创新的核心是积极的环境影响。梅（MEI，2009）将绿色创新定义为组织生产，采用或开发新产品、生产过程、服务和企业管理方法。与其他方法相比，这些绿色创新行为可以更好地减少环境风险和污染对资源利用全生命周期的负面影响。绿色创新有两个显著特点：一是新颖，二是环境目标。经济合作与发展组织（简称"经合组织"）将绿色创新定义为新的或显著改进的（有形者或无形的）产品、生产流程、营销手段、组织架构等，这些都可以有意或者无意地改善环境。詹斯·霍巴赫（Jens Horbach）等人（2012）指出，绿色创新是指产品、生产过程、营销模式和组织结构中的创新行为，可以显著缓解环境问题，并将积极的环境影响归因于明确的创新目标或侧面效应。

绿色创新分为绿色技术创新、绿色制度创新和绿色文化创新。仅仅依靠环境技术不足以应对全球变暖和其他环境问题的挑战，因为人类目前面临的可持续发展问题不但是一个技术问题，而且与人类生活的制度环境、社会大环境有关。成功的绿色创新离不开社会创新和制度创新的共同支持，其中，社会创新主要是指通过改变社会对环境问题、生活方式、消费习惯等的认识和态度，为绿色创新创造市场；制度创新主要是通过建立科学评价和公众参与的新模式来提高决策效率和质量，消除绿色创新的制度障碍，进而提高沟通的效率。

我国绿色创新的发展主要分为三个阶段，即萌芽阶段、初级阶段、形成阶段。

绿色创新发展的萌芽阶段（1978—1999 年）。在改革开放初级阶段的社会背景下，注重国民经济发展，主要以第二产业的建设与发展为主，忽视了对资源和环境的保护，对环境保护的重视程度随着第三产业的发展逐渐上升。这一阶段的绿色发展政策多以行政监管与发行许可证为主，如 1979 年通过了《中华人民共和国环境保护法（试行）》，并于 1989 年颁布正式版本；1985 年开始实施排污许可证制度交易试点，实现污染排放总量控制和许可证制度，是实现绿色创新发展的初步探索阶段；1995 年第十四届五中全会通过《中共中央关于制定国民经济和社会发展"九五"计划和 2010 年远景目标的建议》，将可持续发展战略列为国家基本战略，要求完善自然资源有偿使用制度和价格体系，建立资源更新的经济补偿机制。相关政策的提出对于治理污染总量虽有一定效果，但是由于存在监管不到位、制度缺陷、寻租行为、激励力度不够等问题，并没有从根本上解决污染问题。

绿色创新发展的初级阶段（2000—2011 年）。党的十六大以来，"国民经济持续健康发展"逐渐成为社会发展的主题。"十一五"期间，以建设资源节约型、环境友好型社会为目标，呼吁发展循环经济，加大对自然生态和环境资源的保护，并且逐渐在污染减排的基础上，建立起节能降耗的统计监测制度、考核体系及其他相关制度。政府主体带头进行绿色创新，首先建立起绿色采购制度，如 2002 年实施的《政府采购法》，2003 年实施的《清洁生产促进法》《环境影响评价法》，2004 年颁布的《节能产品政府采购实施意见》，2006 年颁布的《关于环境标志产品政府采购实施的意见》等政策法规。同时，企业主体行为与政府法规双管齐下。企业自主更新生产工艺、生产技术与生产流程，以达到行业的环保要求和标准，如《清洁生产促进法》明确规定了企业在经营活动和生产工艺方面的标准，在节能减排、污染排放配额等方面也有要求，还鼓励国内企业与国际先进企业进行清洁技术的交流、合作与开发。

绿色创新发展的形成阶段（2012 年至今）。党的十八大之后，绿色发展新理念不断发展，为供给侧结构性改革和企业转型升级提供了较好的外部环境。低碳经济、循环经济、绿色发展、可持续发展逐渐得到践行，这一阶段出台了许多政策法规，如《生态文明建设目标评价考核办法》《生态文明建设考核目标体系》等，建立了绿色环境责任追究制度。《能源生产和消费革命战略（2016—

2030)》中明确规定了单位国内生产总值二氧化碳排放量。党的十九大以来，"创新、协调、绿色、开放、共享"的新发展理念、"节约优先、保护优先、自然恢复为主"的生态发展理念、"绿水青山就是金山银山"的生态保护理念等逐渐成为衡量政绩的重要指标，清洁能源、环保降耗产业逐渐繁荣，较为完善的生态体系日益成熟。绿色创新的发展从立法、监督到问责、与政绩挂钩，再到向低碳经济发展转变，逐渐形成了健康可持续的国民经济发展体系。

6.1.2　绿色创新的必要性

工业经济早期的发展强调"粗放型增长"，只一味地追求发展速度而忽视发展质量，石油化工行业的"黑色经济"主导着产业发展，其特点是"先污染后治理"和"高耗、高排、低效"。但是，这种经济发展体系忽视了社会资源和生态环境的可持续性和承载力，因此，实现绿色发展和绿色创新亟须被提上日程。

中国节能环保产业专利申请量持续增长，但技术水平偏低，在中国节能环保产业的专利申请中，发明专利申请仅占 56%；在节能环保产业的专利在华申请中，国内申请人的发明专利申请占申请总量的 47%，国外申请人占 53%，反映了中国绿色技术水平偏低，关键核心技术较少。

财政、金融激励制度效果欠佳。绿色技术创新需要大量的资金支持，中国当前绿色技术创新项目主要靠政府财政支出，但支持力度不够。2016 年，中国的国家财政节能环保支出占 GDP 的比重仅为 0.64%；相比之下，20 世纪 70 年代美国的环保支出就已占到其 GDP 的 2%，德国为 2.1%，日本为 2%～3%。

中国绿色技术创新的税收优惠政策比较分散，包含在与企业环境保护、技术创新相关的政策中，政策之间也缺乏必要的协调；偏重基础研究和技术研发，对技术创新成果转化和应用的支持力度不够；缺乏对绿色技术创新项目进行风险投资的税收优惠政策，容易导致投资经营中承担的风险无法得到相应保障，影响企业的投资积极性。

政府的绿色采购制度并不完善。目前，我国政府主要采购政府办公产品和公共设施，对绿色技术创新的支持还不够。据统计，2016 年，中国政府绿色采购支出占政府采购总支出的比重约为 11%，占 GDP 的比重不足 0.4%，其规模和比例远远低于发达国家。

公众对绿色消费的需求不足。目前，我国公众对绿色生态的认识水平越来越高，对环境的要求越来越高，但消费生活方式仍属于碳密集型生活方式，购买绿色产品的频率不高。目前，中国缺乏有关绿色消费法律责任的实施细则和规定；缺乏权威的绿色产品标准和认证；消费者协会对绿色产品的推广不够深入，限制了公众对绿色消费需求的增长。

6.1.3　绿色创新的特点

绿色创新具有不同于其他创新的特征，包括环境效益需求、双重外部性、低技术促进、市场拉动效应、环境规制促进和拉动效应。

环境效益需求强调企业对环境的收益，但并不意味着企业只是单纯地追求环境收益。从新古典经济学的角度来看，企业的基本目标是以一定的成本实现效益最大化，企业的社会责任是驱动环境效益需求，只要企业在价值取向和经营理念上对环境效益（可持续发展、降低能耗、提高能效、减少碳排放等）有明确的要求，就是有意将绿色创新的要求放在环境要求的优先级。另一方面，环境收益是企业创新的方向和改进的内容，是对企业过去环境效益的意识形态的改变，强调企业环境效益在实践层面的具体体现，如生产出清洁能源、高效能源产品，制定产品生命周期能源消耗的评估体系，研究创造产品生态设计等。

与一般创新不同，绿色创新最重要的特征是"双重外部性"，即绿色创新在创新阶段和扩散阶段均能产生正向的外部溢出效应。扩散阶段的优点在于其外部成本低于市场上其他竞争产品或服务的外部成本。在创新阶段，企业的研发工作对知识溢出有积极的影响，也可以为其他企业提供借鉴。与此同时，绿色创新创造的价值由社会共享，而不是投资于环境创新，因此，企业将面临比竞争对手更大的成本压力。环境创新企业没有获得与其投资成本相对应的创新收益，导致企业投资环境创新活动缺乏动力。

外部性的双重问题降低了企业投资绿色创新的动机，因此，必须协调环境和创新政策的关系。创新政策有助于降低技术、制度和社会创新的成本，特别是在发明和市场引入阶段（如给予试点项目财政支持），而在传播阶段，创新政策有助于改善绿色创新的绩效特征。然而，至少在扩散阶段，环境政策负责将竞争性非生态产品或服务造成的外部成本内部化。

在绿色创新中，从创新企业的角度考虑双重外部性，其包括传统的研究与开发溢出效应和环境溢出效应。与一般创新类似，绿色创新也具有外部溢出效应，这不利于企业积极开展研发工作，这就是所谓的第一外部性问题。与一般创新不同的是，绿色创新通过提高资源或能源的利用效率，大大减少能耗和原材料的耗损，进而能够产生环境效益。然而，对于绿色创新企业而言，如果绿色产品或服务的市场定价不足以抵消环境问题的外部性，那么企业的经济效益将低于其研发成本，这将极大地损伤企业绿色创新在技术研发方面的积极性。

由于双重外部性导致绿色创新投资的次优性质，因此双重外部性问题有第二个特点：监管框架作为企业、家庭和其他机构绿色创新行为的关键，对绿色创新起到决定性作用。创新经济学主要关注技术创新是由技术发展还是需求（市场）驱动的，经验表明，两者是相关的（Pavitt，1984）。在绿色创新方面，新的生态高效技术可以被归类为技术驱动力，而对环保产品或形象的偏好可以被归类为市场驱动力。由于绿色创新的外部性，传统创新经济学家的讨论必须扩展到监管框架的影响。只要市场不惩罚对环境的不利影响，环境创新与非环境创新之间的竞争就会发生扭曲。

研究表明，在创新目标下，绿色创新型企业比其他创新型企业更注重成本降低和全面质量管理。这证实了波特的假设，即企业理解生态效率是整体效率的一部分。在综合技术方面，绿色产品创新和工艺创新方面存在差异。环境产品创新主要由企业的市场战略行为（市场拉动效应）驱动。环境过程创新更多地由监管驱动（监管拉动效应）。关于不同政策工具对环境创新的影响方面，可以确定"软"监管工具（环境责任、生态审计、自愿承诺）和生态标签的影响，这些工具使企业能够在营销战略或与政府谈判过程中利用其环境绩效。与其他更被动的公司相比，环境创新型公司似乎较少依赖"硬"国家法规。

绿色创新的双重外部性直接影响企业投资绿色创新技术研发的积极性。因此，环境政策法规作为企业外部的强制性驱动力，对绿色创新的投资和绩效影响尤为重要。环境政策和法规在绿色创新中的作用比一般意义的创新更为重要，特别是当市场力量和技术力量不足时，为绿色产品或服务提供政策支持，绿色创新企业和其他企业之间竞争的外部成本将降低。这通常是一种自上而下的模式，即政府通过颁布法律、监管和实施税收、财政补贴等政策工具，鼓励企业投资绿色创新。对于行业领先的公司来说，它们往往通过政治对话、舆论、媒体、论坛等方式对行业环境法规和标准的制定产生积极影响。以丹麦格兰富公司为例，其曾多次通过多渠道与政府及政治家对话，积极参与并制定了世界环境相关产品法案的标准。该企业在充分发挥其对行业的巨大影响力的同时，也积累了先发优势，进一步提升自己在行业内的话语权，这就是典型的大型跨国企业在绿色创新方面发挥作用的一种自下而上的模式。

6.2 绿色创新的测度

6.2.1 绿色创新的机制

创新扩散的过程包括四个关键要素：创新、沟通渠道、时间和社会制度。协同进化范式可以用来定义创新子系统、社会和制度创新系统之间的复杂反馈机制，以及具有多个反馈回路的"链接"模型，这是经合组织一份关于技术与经济之间的关键关系的报告中描述的概念框架。该模型包括研究与开发、最新的科学技术手段、潜在市场力量、发明和生产过程等步骤之间的反馈路径。

创新扩散的阶段模型应理解为一个阶段重叠和相互作用的模型，而不是一个单一的线性阶段模型。从国家创新体系的角度来看，许多重要的研发活动都是以创新为导向的，强调知识创造是一个多角色互动的过程。创新系统理论强调用户与生产者之间的互动学习在创新过程价值链中的核心作用。国家创新系统理论超越了对单个企业的研究，侧重于不同知识拥有者之间的互动。绿色创新与一般创新在扩散方式和影响因素上没有显著差异。然而，大多数文献倾向于认为，绿色创新的影响因素与一般创新的影响因素是不同的。绿色创新在供应方面，如研发与创新活动、供应链或企业网络等的压力上通常与一般创新相似；而在需求方面，通常假设市场力量不能充分刺激绿色创新，消费者往往不愿意为改善环境和绿色产品或服务买单。因此，与一般创新相比，绿色创新的需求拉动效应需要通过环境政策，如监管或税收来刺激消费者的购买。

另一方面，绿色创新是一个复杂的系统，强调不同阶段、不同主体、不同目标之间的反馈和互动。演化经济学家认为，政治制度与技术经济之间存在着复杂的相互作用，如以技术经济评价为基础的政策和满足社会污染控制所需的政策，这些政策往往被称为制度创新，因为它们依赖于一系列创新。绿色创新的发展和扩散是多决策、高积累的结果，这不是一个偶然的过程，而是一个遵循特定轨迹的过程，体现出绿色创新及其生产和应用环境是一个相互适应的过程。

产品和知识体系与市场选择和制度的共同发展明确了社会技术的范畴。例如，环境法规和创新支持政策在绿色创新机制中起着重要作用，但它们并不独立于技术，政治与经济技术之间存在着复杂的互动关系，这些政策是根据技术和经济评估及社会对污染控制政策的需要制定的。

因此，我们应该重视对绿色创新体系的探讨。首先是对整体经济的探讨，然后是对国家创新体系的探讨。绿色创新体系的核心是确定和纠正创新体系不同部分的"绿色滞后"，如政策适用领域、研发方向、技术规定与标准、市场信息标准等。

6.2.2　绿色创新指数

一般而言，学者们对企业技术创新体系的构建主要包括创新投入、创新产出两个方面，这是因为企业的创新投入与产出是技术创新活动最直接的体现，并且从投入与产出视角出发，能够对技术创新效率进行有效的测算与研究。绿色技术创新体系的构建应基于一般的技术创新体系，但也应有所区别，除了研发投入、创新绩效等经济效益相关指标外，生态环境效益、可持续发展等也应当被纳入指标体系的考虑范围。

6.2.3　绿色技术创新投入

由于上市企业年报中几乎没有披露绿色技术投入的相关指标，绿色技术创新投入方面的指标一般参考企业技术创新投入，包括人员投入和资金投入两个方面。

（1）资金投入

根据我国"无形资产"的会计准则中对研发活动的界定，企业研发分为研究与开发两个阶段，研究阶段的资金投入全部费用化，而在开发阶段，资本化研发投入是研发投入在财务报表上的唯一体现。基于此，资金投入方面的指标选择不仅包含与研发活动直接相关的研发资金投入，还包括资本化研发投入。

（2）人员投入

研发资金的投入不能直接带来技术的更迭与创新，企业技术创新的主体是人才，只有包括研发人员、技术人员在内的核心员工将自身的专业技能与生产实际相结合，方能实现技术创新成果的转化。此外，员工素质也是影响绿色技术创新的重要因素，有研究表明，员工的受教育年限越长、学历水平越高，企业技术创新的水平就越高，这是因为受教育程度越高的员工，其接受和理解新知识、新技术的能力也越强，特别是在专业程度较高的领域，高学历的员工在知识储备和学习能力方面的优势较明显。

6.2.4　绿色技术创新环境

由于绿色技术创新的成果具有公共产品属性，易被模仿和复制，其他企业获取创新成果的边际成本较低，会削弱企业进行自主创新的积极性，从而引发市场失灵的现象。良好的外部环境不仅能降低企业在绿色技术创新过程中的成本与风险，还能在一定程度上向市场传递企业先进技术的信号，保护企业的绿色技术创新成果。在外部环境条件相同时，一些市场竞争能力相近的企业的技术创新水平却截然不同，这与企业的内部创新环境有着密不可分的关系。由此可见，外部环境与内部环境相辅相成，共同构成了企业的绿色技术创新环境。

（1）外部环境

现有研究对技术创新评价指标的构建大多是从企业层面出发，较少考虑到技术创新的外部环境，虽然企业是创新的主体，但其不是独立的个体。在中国，企业技术创新活动的资金投入与成果转化在很大程度上依赖于政府部门、科研机构及消费市场等外部群体的共同作用。特别是对于绿色技术创新而言，环境规制、政府补助、税收优惠等一系列外部环境的作用效果在学术界已经得到了广泛的探索与研究，证实了外部环境在提供研发创新的资金支持、降低企业技术创新的"负外部性"、弥补市场失灵、信号传递等方面的积极作用，由此可见外部环境对于绿色技术创新的重要性。

（2）内部环境

企业的内部环境主要包括企业的治理结构、资金环境和成熟度等方面，决定着企业对于人力资本与物力资本的调配，进一步决定了企业在创新项目上的投入。具体而言，在资金环境方面，相比于受资金约束程度高的企业，现金流越宽裕的企业在研发资金投入上受到的约束也越小，其愿意将资源投入那些原本因资金不足而无法开展的研发项目，从而促进了企业的技术创新。在企业内部治理结构上，企业的股权集中度越高，控股股东受其他股东的制约就越小，控股股东就能更有效地监督与约束高管，并在研发投入方面拥有更高的决策权，有助于提高研发资金的使用效率和管理效率。在企业的成熟度方面，不同成长阶段的企业选择的创新策略也不同。有研究表明，企业在成立之初，成本意识会较强，因而在研发创新方面的投入相对保守；而随着企业的发展壮大，前期的研发投入带来的创新红利得以显现，促使企业的决策者进一步加大在研发创新方面的投入力度。

6.2.5 绿色技术创新产出

创新经济学理论认为，企业创新内生于企业的生产过程，是生产函数的要素之一。企业所拥有的不可替代的特殊资源是其在市场竞争中保持长久优势的关键，作为企业研发投入的最终成果，创新产出是一种特殊资源，它是衡量企业创新的关键要素，也是诸多学者研究企业技术创新最常用的替代指标，包括产出指标和绩效指标两个方面。产出指标主要是指企业创新活动的直接产物，包括专利、知识产权等方面；绩效指标是指由创新活动间接产生的账面资产，包括企业营业收入、无形资产。

（1）绿色专利

专利数据与企业研发投入有着较强的相关关系，是企业创新活动成果最直观的表征。目前学术界对于是专利申请还是专利授权能更好地反映企业的技术创新水平，尚未得出一致的结论。一种观点认为，专利申请更有效，这是因为从专利申请到专利授权需要一段时间，而专利在申请之时就可能对企业的技术创新产生影响；另一种观点则是，专利申请数据只能反映企业对创新的重视程度，不能准确体现企业的技术创新水平，专利授权能更好地反映企业的实际创新能力。在衡量绿色技术创新产出方面，自齐绍洲等（2018）首次引进绿色专利来衡量企业的绿色技术创新水平以来，绿色专利这一指标得到了国内学者的广泛使用。

（2）企业绩效

在激烈的市场竞争中，企业之间的竞争已由产品价格竞争向产品质量竞争转变，只有通过不断地研发创新，企业才能获取核心竞争优势，企业绩效便是企业技术创新的结果之一。一方面，技术创新能够帮助企业占据更多的产品份额，从而获取较高的产品溢价，给企业带来营业收入和净利润的增加；另一方面，技术创新给企业带来的一个重要的资源便是无形资产，无形资产又可以细分为技术型无形资产和非技术型无形资产，前者包括专利技术、著作权等，后者则包括特许使用权、土地使用权等。值得说明的是，技术型无形资产虽然包括专利技术，但其与专利数量有所不同，它是从账面价值的角度反映企业的创新成果，可以说技术型无形资产是对专利价值的一种补充。

6.2.6　可持续创新

可持续创新不仅是企业经济发展的助推器，也是实现社会和环境可持续发展的必然要求，主要有两方面的内涵：其一，通过可持续创新给企业带来持续的经济效益，实现企业自身的可持续发展；其二，注重践行绿色发展理念，通过环保投资和节能减排等相关措施，减轻企业在生产经营过程中对社会和生态造成的危害。

（1）环境保护

环境保护是企业绿色技术创新的重要衡量指标，其体现了企业为响应国家和社会对于绿色发展的倡导，在生态环境、资源节约等方面的重视程度及投入程度。

（2）可持续发展

可持续竞争理论认为，企业的核心竞争优势源于企业的可持续发展能力，企业的盈利能力、增长趋势等，决定了企业的可持续发展能力。

6.2.7　绿色创新的测度方法

对于绿色创新的测度方法，现有研究存在四方面的局限性。第一，大多采用单一指标，无法揭示绿色创新的本质内涵和全局特征，并且主要在技术层面展开绿色创新测度，很少关注制度方面的绿色创新。第二，注重对绿色创新数量的测度，而较少涉及对绿色创新质量、空间溢出的测度，忽视了绿色创新内在空间的影响力，特别是对绿色创新辐射力的考虑还很不充分。第三，没有清晰地区分绿色专利申请数与授权数，并将它们纳入统一的逻辑体系。第四，鲜有学者关注绿色创新的区域差距、来源分解和空间收敛特征。

6.2.7.1　指标选择及内涵

构建中国绿色创新指数评价指标体系，一级指标将绿色创新水平分解为绿色技术创新能力、绿色技术创新辐射力、绿色创新制度支撑力三个维度。

首先，绿色技术创新能力。绿色技术创新能力被划分为地区创新综合能力、地区内部技术市场发育程度和绿色技术创新基础能力三类。衡量地区创新综合能力的指标有发明专利申请总数（G1）和发明专利授权总数（G2）；地区内部技术市场发育程度反映了地区绿色技术创新市场交易情况，采用指标地区内发明专利权转让数（G3）衡量；绿色技术创新基础能力是对绿色技术创新的最直接反映，选择绿色发明专利申请数（G4）、绿色发明专利授权数（G5）、绿色实用新型申请数（G6）及绿色实用新型授权数（G7）四个指标来测度。

其次，绿色技术创新辐射力。其可分为地区间技术市场发育程度、绿色创新合作水平及绿色创新影响力三类。采用指标地区间发明专利权转移数（T1）衡量地区之间技术市场发育程度，技术市场越成熟，本地区越有可能从专利权转移、技术合作指导、技术溢出方面影响其他地区的技术需求；绿色创新合作水平采用地区间绿色发明专利联合授权数（T2）及地区间绿色发明专利联合申请数（T3）测度；绿色创新影响力是指从创新网络拓扑结构的视角，基于城市之间绿色发明专利联合授权合作矩阵数据和社会网络分析法（SNA），分别计算绿色创新度数中心度（T4）、绿色创新接近中心度（T5）、绿色创新介数中心度（T6）三个指标，具体方法如下。

①绿色创新度数中心度，反映了城市节点与网络中其他节点的直接关联关系。具体公式如下：$DC_{it} = \dfrac{kit}{N-1}$，$kit$ 表示与节点城市 i 存在直接合作关系的城市数量，N 代表城市数，$N-1$ 是自由度。但这一指标的弊端在于，仅能够反映城市节点之间的绿色创新直接合作关系，更多地反映城市绿色创新局部影响力。

②绿色创新接近中心度，刻画了城市在整个网络中的绿色创新影响力。指标计算公式如下：$CCi = \dfrac{N-1}{\sum dij}$，其中 dij 代表不同城市节点 i 与 j 之间的绿色创新合作最短距离，若存在直接合作关系则为 1，间接经过 N 个城市则距离为 n，$\sum dij$ 为全国层面城市 i 与其他城市之间绿色创新合作最短距离加总，$N-1$ 表示城市自由度，CCi 值越大，则绿色创新合作的概率也越大。

③绿色创新介数中心度，反映了城市绿色创新资源的全局控制力。若某一城市节点承担较多的"中间人"角色，且位于其他城市创新合作的最短路径上，则该节点具有较高的介数中心度，将能在较大程度上影响网络中其他节点间的合作关系，并能够通过阻断或改变关联网络中的信息流动，进而控制其他节点的创新资源分配。具体计算公式如下：$BC_i = \sum x = \dfrac{\delta_{sj}(i)}{\delta_{sj}}$，其中 δ_{sj} 代表 s 到 j 之间的最优路径条数，$\delta_{sj}(i)$ 表示最优路径条数中过 i 的条数，最优路径即城市之间合作的最短距离路径。

最后，绿色创新制度支撑力。其可分为法律与政策环境、司法保护环境两类，从法律、政策和司法的角度对地方绿色创新制度支撑能力进行了刻画。一是法律与政策环境（S1），通过手工搜索地方知识产权保护、专利激励、创新支持方面的法规、政策文件并对其进行数量加总表示。具体步骤如下：第一，地区名＋关键词搜索。比如，通过搜索"北京＋专利""北京＋知识产权"等，检索出相关法律法规，然后人工阅读查看法律法规中是否对创新研发、专利等给予资助、奖励、税费优惠，需要进行文本查询的关键词有"研发费用扣除""税收减免""政府科技活动资金支持"等。第二，辅助性搜索。为了避免数据库相关法规及政策不全，进一步用百度搜索引擎并根据相关关键词进行补足。第三，地方法律及政策文件的量化处理。二是司法保护环境（S2），采用地方专利诉讼案件数表示。在司法保护的衡量方面，既有文献主要使用地区知识产权诉讼案件数或原告胜诉率指标来衡量司法保护水平。但这两个指标都有一定局限性，一方面，地方知识产权新收案件增多，既说明司法领域对专利侵权的重视程度越高、司法保护强度越强，又可能意味着地方知识产权侵权现象较为普遍，司法保护环境较差；另一方面，原告胜诉率更高，既可能说明法院在裁决时为被侵权人提供更多保护，又可能是因为只有最严重的侵权案件才被诉诸法庭。但相比而言，若综合权衡知识产权纠纷案件的时间成本、预期收益来看，知识产权诉讼案件的数量反映了被侵权人的信心、行动力及对司法体系的信任，也反映了司法保护体系的快速立案能力、保护被侵权人的能力，因此，可以视为知识产权司法保护的代理变量。

6.2.7.2 指标权重赋值

本书综合考量国内生态环境、技术创新、知识产权保护、绿色创新等领域知识，对相关指标权重进行初步赋权；进一步选择了主成分分析法和熵权法两类客观赋权法，对相关指标权重进行计算，选择时空极差熵权法进行指标权重赋值。其优点是，充分利用指标时空双重维度信息，克服了传统熵权法仅利用指标特定时点信息的局限性，更充分反映指标时空双重维度上变异性、对评价对象的区分度，同时时空极差熵权法还能动态更新指标权重。需要说明的是，绿色创新制度支撑力相关指标权重偏低，这并非否定了绿色创新制度的重要性，而是因为熵权法的核心在于以数据不确定性判断权重，而各省份绿色创新支持法律与政策环境、司法保护环境差异性相对较小，使得其表现出更小的权重赋值。同时也说明，各地绿色技术创新水平差异与创新环境、政策执行效率密切相关。

6.3 双碳与绿色创新的关系

6.3.1 绿色创新是实现"双碳"目标的重要途径

2020年9月，习近平主席在第七十五届联合国大会上提出"二氧化碳排放力争于2030年前达到峰值，努力争取2060年前实现碳中和"的目标。"双碳"目标的制定不仅展现了中国为全球碳减排与气候国际合作做出的重要贡献，还能够通过碳排放承诺的倒逼机制改革能源结构与经济发展方式，促进经济走向高质量的发展道路。随着城市化与工业化进程的加速，城市内部的生产活动成为总体碳排放的主要来源，实现城市能源效率提升与碳排放强度降低对于中国实现"双碳"目标至关重要。

实现"双碳"目标，从根本上来说需要依靠社会经济发展的全面绿色转型，推动经济走上绿色发展的道路。绿色发展的核心是绿色与发展协调统一，强调的是人与自然和谐共存，在不突破环境供给极限的前提下，最大限度地缓解经济增长与资源、环境、生态之间的矛盾。实现绿色发展、促进人与自然的和谐相处，已经成为当前中国实现社会经济可持续发展的必然选择。实现碳达峰、碳中和是一场硬仗，需要持续深化绿色发展实践，推动社会经济发展体系的全面绿色升级。绿色发展强调经济系统、社会系统与自然系统的和谐统一，关键点在于实现经济增长与资源依赖、环境污染的逐步脱钩，从而实现经济增长与碳排放的脱钩。实现社会经济由传统高能耗、高排放的发展模式向绿色低碳发展模式转型升级的最核心驱动力在于技术创新。科技的迅速发展往往被认为能够在一定程度上推动可持续发展目标的实现，能够抑制生态环境退化与缓解资源短缺。然而，需要强调的是，将技术创新视作可持续发展的推动力量与重要手段，这有赖于创新能否实现有效的"绿色化"。传统技术创新的主要目的集中于单纯提高产量和经济效率上，倾向于以高污染、高消耗为代价换取高经济效益，却很少考虑社会效益和资源环境效益。因此，单纯依赖传统的技术创新模式难以保障"双碳"目标的顺利实现。相较于传统创新，绿色创新更加强调创新的环境绩效，例如，为满足未来需要，避免或降低在生产过程中的废物排放、减少资源使用量、避免或降低对环境的破坏等。绿色技术创新是一种符合当前转型阶段要求的新型创新模式，其设计、研发及生产的整个过程不仅考虑所能取得的经济效益，还能够从全局出发，力争以最少的资源消耗获得最大的收益，由此能够避免生态资源的不合理使用。在这样的背景下，从当前中国绿色创新发展的实际情况出发，加强企业绿色技术创新，为社会经济转型发展注入新动力，成为中国实现"双碳"目标的有效着力点。

6.3.2　绿色创新是"双碳"目标实现的基础

改革开放以来，中国城市经济的快速发展较多地依赖于土地、能源、原材料等生态资源的低价格定价机制，这也带来了环境污染、自然生态恶化、城乡差距增大等突出矛盾。"双碳"目标的提出对中国城市社会经济的发展与生态文明建设提出了更高的要求，环境规制政策的影响范围将从高污染行业扩展至高排放行业，这将极大地促进中国绿色化与清洁化产业的发展，也将为城市社会经济的转型升级创造新的着力点，由此加速城市转型升级步伐。

城市转型升级是城市结构特征、管理方式及运转模式的根本性改变，不仅包括城市经济系统、社会系统的转型，还包括城市文化精神转型及管理模式的转型。对城市社会经济发展而言，"双碳"目标要求城市内人为活动所产生的温室气体与自然吸收总量相平衡，这一目标的本质是要求发展方式和生活方式转型，实现经济增长与能源消费、温室气体排放的逐步脱钩。在这一目标下，城市转型升级的主要领域是城市能源结构与产业结构的优化升级。"双碳"目标下城市转型升级的首要领域是城市能源结构的进一步优化升级。城市是化石能源消费与二氧化碳排放的主要区域，城市能源结构的优化升级对于中国实现"双碳"目标意义重大。城市能源结构的转型一方面体现在能源效率的不断提高，具体而言就是在保障 GDP 增长的前提下实现能源消费零增长；另一方面体现在能源结构的逐步优化上，可再生能源与清洁能源的消费逐步增加。当前，中国一次能源结构仍以煤炭为主，尽管太阳能、风能、天然气等清洁能源的利用比重有所增加，但煤炭消费依然在城市能源结构中占主导地位。从当前中国的情况来看，除了北京、上海、广州等少数发达城市能够以较少的碳排放实现较高的经济发展之外，其他大多数城市的经济发展仍依赖于大量的廉价能源，导致煤炭在中国城市能源消费结构中的比重依然偏高。因此，"双碳"目标下城市能源结构的优化升级最重要的是加强绿色创新与绿色技术的发展，以实现可再生清洁能源替代煤炭消费。

近年来，中国各级政府以雾霾治理为代表的环境治理政策正在逐渐倒逼能源结构变化，煤炭需求量逐步下降。根据中国石油经济技术研究院发布的研究报告，中国煤炭需求已进入峰值平台期，2018—2035 年，中国煤炭总需求量预计下降18%，2018—2050 年预计将下降39%。发电及现代煤化工将是中国煤炭规模化、清洁化利用的主要方向。城市产业结构的转型升级是实现城市能源消费结构变化的最主要因素。通过产业结构优化升级，大力发展高新技术产业，降低经济发展所产生的碳排放。从产业经济学的观点来看，城市产业结构的长期变化并非呈现出第一、第二、第三产业依次转移的演化模式，而是在第一产业比重逐渐降低时，第二、第三产业的比重呈现波动与交替循环的过程。从当前中国绝大多数城市所处的发展阶段来看，第二产业仍是城市发展的主要动力。第二产业主要包含工业与建筑业，是城市各经济部门中碳排放的主要来源。因此，要实现"双碳"目标，在城市产业结构转型升级方面的最主要着力点是实现第二产业低碳化发展及不断提升现代服务业等第三产业的比重。只有产业结构由低级形态向高级形态转变，社会各部门的技术水平与综合生产率不断提高，才能实现碳生产率的逐渐提高及碳排放强度的持续下降，才能降低城市经济发展过程中所产生的二氧化碳排放量。

6.4　双碳与绿色创新实现的路径

"双碳"目标是我国经济高质量发展的必然要求,其能够彰显我国在国际上负责任的大国形象。在"以国内大循环为主体、国内国际双循环相互促进的新发展格局"下,碳达峰、碳中和对内助力于国内大循环,从供给侧重视重构能源体系,保障能源安全,进一步优化能源结构,并加强技术创新;从需求侧加大宣传绿色环保意识,扩大绿色需求。碳达峰、碳中和对外助力于国际大循环,健全产业链体系,推动产业链绿色升级,加强国际人才技术的引进与国内高端人才的培养,共同赋能经济高质量发展,并能更好地助力高质量发展实现质的飞跃。

6.4.1　完善碳排放交易价格机制

碳排放交易市场应遵守经济规律,政府需着力完善我国碳排放交易市场,尤其要发挥碳排放价格交易机制的经济信号作用。价格机制是完善市场构建中最为重要的机制安排,反映了要素稀缺性,通过"看不见的手"调配稀缺资源,达到资源的合理配置。政府应积极推进碳排放交易价格机制的应用,发挥碳排放成本的约束作用,真正实现减排与收益挂钩。另一方面,可以将碳排放交易价格机制作为一种激励方式,通过提高碳排放成本来倒逼企业进行减排科技创新,降低企业成本,推动新技术在全社会生产生活中的普遍应用,实现碳排放在源头和流通两个环节的减少。碳排放交易市场是实现"双碳"目标的关键点,也是赋能效应的中转站,而价格机制又是中转站的核心,发挥价格机制的作用,有助于"双碳"目标在国内大循环中实现内在升华,也有助于我国碳交易与世界接轨,实现内外循环的协调互动。

6.4.2　重构能源体系

重构能源体系是实现碳达峰、碳中和的关键之一,需要将当前以煤炭等化石能源为主的能源结构调整为以非化石能源为主的能源结构,通过节能提效、优化能源结构、进行技术创新三种显性途径实现能源的高质量发展。2025 年以前,能源增量主要由非化石能源提供,化石能源要尽可能适应能源转型。要实现煤炭清洁高效利用;稳油增气,提高天然气消费比例;大力发展非化石能源,推进绿色、低碳甚至零排放转型。2030 年前,非化石能源增长与电气化的发展开始部分替代煤和油的存量。进一步提高煤炭清洁高效利用,推动煤电与新能源协调互补;天然气消费比例适当提高,化石能源消费总量保持稳定;非化石能源比例进一步提高,大面积完成电动汽车对传统燃油汽车的替代,积极探索交通运输领域的低碳化,提高智能化和柔性化水平并全方位推广,逐步建立起新能源电力体系和能源体系。在能源地域分配格局上,西北部地区是中国的能源生产基地，而中东部地区是能源的负荷中心，需要进一步优化能源地域空间，提高中东部能源自给比例，并合理规划能源分配。西电东送与北煤南运虽然能够在一定程度上解决中东部地区能源不足的问题，但是中间的系统规划还需要进一步改善，以降低成本。另外，还可以充分发展中东部区域的本地可再生能源，从而减少对西北部能源的依赖性，更有利于长期发展。此外，要保障能源安全，能源安全新战略是习近平新时代中国特色社会主义思想的重要组成部分，是关于中国能源改革发展正确的理论原则和经验总结。因此，需要加大能源安全教育培训，并加强对污染量大行业中企业的监察和高危行业的安全教育，以确保每个高能耗企业从领导者到基层员工提高安全意识，加强防范和规范能源使用安全并减少高能耗，相关安全部门需要督促企业根据自身发展做出相应的制度保障。因此，重构能源体系、优化能源结构、保障能源安全需要供需循环内部各主体协同发力，政策导向明确，企业实事求是地制定双碳方案，并发挥科技企业在碳达峰、碳中和过程中的作用，同时自上而下培养员工的碳减排意识，将政策安排渗透到生产、生活的各个环节，达成从国家到企业再到劳动者，最终又回到更有效率的政策制定这一渗透链条。

6.4.3　扩大绿色需求

需求侧国内赋能效应的充分发挥需要政府的积极引导，尤其是在消费和投资两端实现由上至下的层级渗透。消费、投资、出口是拉动经济增长的"三驾马车"，在经济高质量发展的路径中，需要加强绿色环保理念的宣传教育，让环保意识深入每个消费者和生产者的心里。首先，在消费方面，从生产端来看，需要加强有关行业产业链的绿色监管，督促高污染行业进行整改，定期检查，从生产端降低能源的消耗。有关部门需要加快建立健全绿色低碳循环发展经济体系，使整个产业链实现清洁生产。从消费端来看，政府部门应加强对公众的环保宣传，并引导消费者的消费理念向绿色消费转型，在碳达峰之前的阶段，应该降低能源消费强度，扩大绿色消费端的需求，从而拉动经济高质量发展。其次，在社会投资方面，前期国家要重点对风电及高效能源进行投资，同时加大科技创新发展力度，前期的支出费用相对较高，可以在上述新能源达到一定占比的时候，带动社会和民间资本在绿色可持续发展的产业投资，从而带来新的发展机遇和就业机会。最后，在出口方面，我国需要和世界其他经济体共同维护生态环境，促进全球的低碳绿色发展，国家需要制定严格的出口监管制度，保障出口产品的低碳环保，增强输出产品的低碳特质，提高出口产品附加值，实现经济发展和环境保护的双赢。

6.4.4　加强技术创新和人才培养，激发高质量发展的内在动力

加大技术的创新与研发，使低碳环保技术贯穿于整个产业链生产环节。在

技术研发环节，使创新成为产业链升级的驱动力，并推动产业结构向低碳化发展，积极推动三大产业绿色化、低碳化。另外，需要加强对高端技术人才的培养。对内来说，要不断提升青少年受教育的质量。在国家层面需要加大对创新型企业的资金扶持力度和奖励措施，鼓励各行业间互相交流，培育社会整体创新土壤；在企业层面需要重视高端人才的培育和任用，制定奖励措施以激发技术人员的创新意识。深入推进产、学、研相合作，消除三者的转化障碍，降低转化成本，促进技术的应用推广，使创新驱动效应更好更快地转化为经济效益与环境效益。对外来说，国家和企业通过开展项目派遣高技术人才赴国外交流学习，可以适当引进国外的高端人才、加强创新活力，共同致力于低碳环保技术的研发，促进产业链的低碳发展，为碳达峰、碳中和奠定良好的技术基础。同时，我国创新驱动技术输出可以帮助发展中国家限碳减排，实现世界经济的转型升级，运用中国科技为世界繁荣稳定贡献中国力量。

本章小结

绿色创新主要是为了缓解自然环境资源逐渐匮乏、空间资源不足和社会资源配置紧张的问题，并意图寻求一条可以协调的路径，解决经济发展和环境发展的矛盾。工业经济早期的发展强调"粗放型增长"，只一味地追求发展速度而忽视了发展质量，这种经济发展体系的建设忽视了社会资源和生态环境的可持续性和承载力。中国的经济发展存在节能环保产业专利申请量持续增长，但技术水平偏低；财政、金融激励制度效果欠佳；绿色技术创新的税收优惠政策包含在与企业环境保护技术创新相关的政策中，比较分散，政策之间也缺乏必要的协调性；偏重基础研究和技术研发，对技术创新成果转化和应用的支持力度不够；缺乏对绿色技术创新项目进行风险投资的税收优惠鼓励政策等问题。因此，实现绿色发展和绿色创新亟须被提上日程。

现有研究存在四方面的局限性。其一，大多采用单一指标，无法揭示绿色创新的本质内涵和全局特征，并且主要在技术层面展开绿色创新测度，很少关注制度方面的绿色创新。其二，注重对绿色创新数量的测度，而较少涉及对绿色创新质量、空间溢出的测度，忽视了绿色创新内在空间的影响力，特别是对绿色创新辐射力的考虑还很不充分。其三，没有清晰地区分绿色专利申请数与授权数，未将它们纳入统一的逻辑体系。其四，鲜有学者关注绿色创新的区域差距、来源分解和空间收敛特征。本书构建了一个包含绿色技术创新能力、绿色技术创新辐射力和绿色创新制度支撑力的绿色创新指数评价指标体系。

实现"双碳"目标，从根本上来说需要依靠社会经济发展的全面绿色转型，推动经济走上绿色发展的道路。实现社会经济由传统高能耗、高排放的发展模式向绿色低碳发展模式转型升级的最核心驱动力在于技术创新。科技的迅速发展往往被认为能够在一定程度上推动可持续发展目标的实现，能够抑制生态环境退化与缓解资源短缺。然而，需要强调的是，将技术创新视作可持续发展的推动力量与重要手段，有赖于创新能否实现有效的"绿色化"。基于当前中国绿色创新发展的实际情况，加强企业绿色技术创新，为社会经济转型发展注入新动力，成为中国实现"双碳"目标的有效着力点。

"双碳"目标是我国经济高质量发展的必然要求，其能够彰显我国在国际上负责任的大国形象。在"以国内大循环为主体、国内国际双循环相互促进的新发展格局"下，碳达峰、碳中和对内助力于国内大循环，从供给侧重视重构能源体系，保障能源安全，进一步优化能源结构，并加强技术创新；从需求侧加大宣传绿色环保意识，扩大绿色需求。其对外助力于国际大循环，健全产业链体系，推动产业链绿色升级，加强国际人才技术的引进与国内高端人才的培养，共同赋能经济高质量发展，更好地助力高质量发展实现质的飞跃。

思考与练习

1. 简述绿色创新的内涵及分类。
2. 简述绿色创新的原因。
3. 绿色创新评价体系考虑了哪些因素？
4. 简述绿色创新的测度体系和方法。
5. 简述绿色创新的实现路径。

7 双碳与创新生态

7.1 创新生态的内涵

创新是人类长期经济增长的核心来源，是决定国家贫富的关键，而创新生态是国家经济增长与社会发展的基本载体和关键环节。2004 年，美国竞争力委员会提交的《创新美国：在挑战和变化中成长》研究报告中指出，21 世纪初的创新，出现了一些不同于 20 世纪的新变化，创新本身性质的变化和创新者之间关系的变化，需要新的构想、新的方法，"企业、政府、教育家和工人之间需要建立一种新的关系，形成一个 21 世纪的创新生态系统（innovation ecosystem）"。罗恩·阿纳德（Ron Adner，2006）在《匹配创新战略与创新生态系统》中指出，企业创新往往不是单个企业可以完成的功绩，而是要通过它与一系列伙伴的互补性合作，打造出一个真正为顾客创造价值的产品，一个好的创新项目如果没有其他企业配套知识的支持，创新就会被延迟，以至于丧失竞争优势，这就是创新生态系统的内涵。由此可见，同自然界中的生态系统相类似，创新生态系统是在一定区域范围内，创新种群之间相互作用及创新种群与创新环境之间相互影响而形成的有机整体。

7.1.1 创新生态的定义

创新生态是创新范式演进的结果。"创新"一词最早是由美国经济学家熊彼特于 1912 年提出的。他提出的创新是一种毁灭式的创新，主要包括开发新产品、使用新生产方法、发现新市场、发现新原料或者半成品、创建新产业组织五个方面。创新自被提出以来跨越了三个阶段，从创新范式 1.0 到创新范式 3.0，将创新朝着更注重全面化、全方位化方向推进。本书借鉴李万和常静等（2014）对从创新范式 1.0 到创新范式 3.0 的对比进行分析（见表 7-1）。

表 7-1 创新范式演进

对比项	创新范式 1.0	创新范式 2.0	创新范式 3.0
本质特征	线性范式	耦合交互创新	创新生态系统
理论基础	新古典经济理论和内生增长理论	国家创新体系	演化经济学及其发展

续表

对比项	创新范式 1.0	创新范式 2.0	创新范式 3.0
创新主体	强调企业单体内部	政产学研用	严学研用"共生"
价值战略重点	自主研发	合作研发	创意设计与用户关系
价值实现载体	产品	服务+产品	体验+服务+产品
驱动模式	技术	用户/人	多主体驱动
创新模式	集中式内向型创新	考虑外部型协同创新	生态系统跨组织创新
创新特点	创新扩散、外部性效应	以共同创新、开放创新为特点	一方面强调用户导向创新；另一方面基于生态位思想对技术演化做出了新的诠释，继而发展出战略生态位管理等
创新驱动模式	"需求+科研"双螺旋	"政府+企业+学研""需求+科研+竞争"三螺旋	"政府+企业+学研+用户"和"需求+科研+竞争+共生"四螺旋

　　一方面，创新生态系统具有鲜明的社会性。与自然生态群落依靠食物链维系不同的是，创新生态系统作用的核心是技术，是通过知识和技术将各种群落有机地联系在一起，因此创新生态系统具有鲜明的社会性。创新生态系统不仅是简单的能量转移和营养级关系，更多地根植于各种社会和经济关系网络中。正是创新活动的社会化过程，保证了创新群落内部知识流动和知识共享的顺利进行。另一方面，创新生态系统并非以往的单一系统，而是一个拥有复杂多元素的复合体。

　　创新生态环境往往会在表面呈现多层次、多极化及多元化的离合状态，各个元素之间具有无限向外的张力，当某个条件稍显成熟时，它就会在某个时刻、某个方面以极强的能量爆发，进而会进入新的不稳定状态，打破先前所形成的和谐稳定状态。然而，创新生态系统又存在于其赖以生存的社会统一体内。各要素虽然在不同的层次间受到多极吸引或排斥，且几乎始终处于各种变换过程中，但它们始终无法摆脱环境的内在制约。因此，在这个过程中，对抗起源于内部的因素是整个运作过程中至关重要的环节，故而认识我们意图构建的生态环境的基本结构是非常有必要的。

　　由此可以看出，创新生态系统不是一个简单的概念，而是一种新的研究方法和范式，其极大地促进了创新环境研究领域的发展。从传统的创新线性模式到现在的创新系统模式，人们从系统的角度来认识技术创新的环境作用过程，拓展了技术创新环境的研究思路。但是，在对技术创新系统理论的认识基础上，如何识别出成功的创新环境和失败的创新环境，是学术界和实务界必须解决的重要课题。创新生态系统研究框架的提出为我们研究国家或区域创新环境提供了一个全新的视角和范式。生态和谐发展是社会永恒的旋律，回归大自然，从自然规律中寻找生存法则，是研究把握技术创新管理活动所存在的规律的极其有效的途径和工具，因此，从创新生态系统的角度研究技术创新环境问题具有重要的理论和实践意义。

7.1.2　创新生态的必要性

城市不仅提供就业和经济活动，还提供基本的社会环境和文化服务，这使得城市特别容易受到气候变化的影响。众多关于家庭或城市供水问题的相关研究对建筑基础设施、沿海地区管理和能源问题产生了重要影响。许多详细的研究集中在沿海城市的风险评估及如何应对海平面上升，还有一些研究涉及其他问题，包括天气对旅游业、文化设施或生物多样性的影响。气候变化对生态系统、水资源、粮食生产、人类居住区等产生了重大影响，对人类福祉和经济产出也产生了显著影响。气候变化的速度比预期要快，温室气体排放量可能再次增加。我们看不到当前趋势的转折点，气候变化问题已经成为我们这个时代必须面对的复杂局面。气候变化在许多方面对城市系统提出了挑战。一是气候持续变暖，对水和各种资源的需求将增加。随着污水和废物排放量的增加，工业需求和城市运营的能源消耗将增加。气候变化增加了城市系统的负担并对基础设施造成影响，增加了生态安全风险。二是极端灾害性天气事件发生频率可能增加，将对城市经济社会发展和居民生活产生重大影响，安全设施建设有待加强，对应急措施和能源提出了更高的要求。

联合国政府间气候变化专门委员会（IPCC）称气候变化是未来几十年社会最重大的威胁之一（2018年）。因此，人们逐渐认识到，需要更广泛地应对气候变化，重点是确定适应过程和机制。英国气候影响计划（UKCIP）表明，到2050年，我们的气候变化将开始变得明显，到2080年，将出现重大变化。我们需要为气候变化的长期后果做好准备，这对于城市环境和基础设施尤其重要。

减少碳排放被广泛认为是保护地球的首要途径。这与气候变化问题和更广泛的生态灾难及可持续发展目标和健康效益息息相关。碳减排战略的一个主要部分是追求空气污染物的共同利益，从而在建筑和自然环境的多个空间层次上制定缓解战略。这些策略对人类和地球的健康至关重要，表明了脱碳过程的可行性，以及在建筑环境中减少环境污染物的可行性。更为清洁的空气是与空气质量密切相关的一个方面，产生更广泛的健康协同效益。因此，碳减排对提高生活环境质量至关重要。

第一，层次性。创新生态环境与自然生态环境实质上是非常相似的，而生态环境自身却具有非常明显的层次性，不同的层次源自生物在栖息过程按照物种属性和关联的聚类所体现出的多样性。微观层次的创新生态环境充当了创新的"孵化室"，为主体提供了学习场所。而中观层次的创新生态环境是创新的体系，为主体提供了支持创新的社会网络空间。宏观层次的创新生态环境是一个总体概念，它体现了创新的整体景观，涵盖了经济社会的方方面面。另外，对于系统的外部环境，在范围上还可以进一步延伸，形成的是一种综合性创新生态系统，即不止步于创新主体与经济环境的联系，而是进一步与社会环境融合，如将科技创新深入人们的衣食住行、医疗、教育和环境等领域，形成"科技+文化""科技+金融""科技+物流""科技+旅游"等。科技引领和科技创新不仅仅在经济领域中发挥作用，而且在整个经济社会文化领域中发挥全面的渗透作用，也可以说，创新生态环境就是"科技是第一生产力"融入整个社会发展方方面面的过程。进一步可以提出大综合创新生态环境的概念，即不仅将创新与经济社会的发展联系起来，还将其一般地置于人与自然的关系之中，将创新与自然环境的保护和发展联系起来，即进一步形成所谓的绿色低碳意义上的创新生态化，这样的创新生态环境可以被称为大综合创新生态系统。相对于高层次的创新生态环境来说，低层次的创新生态环境都可以被看作一种具体的创新生境。层次之间的创新演化，遵循从技术替代到更广泛领域的转化路径，再到技术形式和功能适应的延伸，从而形成从生境水平向体系水平的突破。

第二，动态性。创新生态不止步于创新系统的结构和功能关系，而是一个要素、结构、功能不断变化的过程，因此创新生态系统是一个动态演化的系统。动态演化的系统，必定是开放系统，开放是系统发展的前提。创新生态系统围绕知识和技术的研究、开发、应用来配置创新资源。其中，技术具有一定的生命周期，其随着市场的变化不断演化和调整，因此技术的载体（创新主体）不是固定和一成不变的；而创新主体（尤其是企业）本身也具有生命周期和成长性，会受到外部技术、市场和政策等多重因素影响，具有一定选择性且不定期地出现在系统、成长、演化、衰落和退出各个发展阶段。这些特征在创新生态系统的几个层面中均有所体现。人们普遍认为，单个创新实体的变化（如主体进入系统，进化和退出）不一定直接影响整个生态系统的变化，但它们在某种程度上可以增强或减少现有人口、种群同技术、创新环境及市场需求的匹配程度；而创新生态系统水平的变化（如由外部经济环境或政府行为引起的结构和行为的变化）通常会通过影响特定的创新栖息地来影响个体创新实体的变化。因此，创新生态系统的结构、规模和内容都处于不断变化之中。

第三，整体性。整体性意味着创新的生态环境并非各种环境因素的简单相加，而是许多环境因素的有机集合。一方面，创新环境政策应当考虑不同政策之间的协同配合。另一方面，创新生态环境所涵盖的要素是构成系统完整性的基础。倘若系统失掉一些关键元素或元素出现问题，则系统完整性将无法发挥。而整体性的影响体现在互动过程中，当一些关键因素丧失后，"相互作用"的性质恐怕就会发生变化，如在鼓励创业的风险投资体系中，如果没有匹配多层次资本市场体系，那么风险投资体系将处于不完善状态，从而无法获得发展空间。

第四，耗散性。创新生态环境在与创新系统进行物质、能量和信息的交换时能够保持一个稳定的状态，以实现自身的发展变化，不断提高技术创新水平及科技经济与环境的协调发展质量。创新生态系统属于一种耗散结构系统，是生态系统的一种特殊结构，必须靠外界作用来维持其有序状态。自然界和人类社会作为创新系统的外在环境，向其输入必要的物质资源，包括资金、自然资源、人员等有形资源，以及各种法律法规、政策等无形资源，同时创新系统也会向外部环境输出新的产出和知识。正是创新系统与外部环境之间的这种物质、能量和信息交换，才使得创新系统的状态保持稳定有序。在某些时刻，当某个要素表现出程度不同的过分反应时，系统内的其他要素也会受到影响而产生一系列连锁反应，从而引起整个系统出现强烈反应。在这一过程中，融合、对抗、制约与控制反应机制表现剧烈，会打破原有的平衡状态。这种内在要素间的不断调整及外界环境干预共同形成了新的和谐平衡状态。倘若这种交换状态被打断，技术创新系统内的动态平衡就会被打破，并最终走向解体，而创新生态系统是一个远离平衡态的系统。

7.2　创新生态的测度

7.2.1　创新生态的机理

7.2.1.1　形成机制

形成机制通常指的是系统的形成是各种因素作用下的结果，包括创新物种的属性及系统的内部结构。由于偏好相同的生态环境，具有不同属性但相互联系的创新物种最终导致了系统中创新群落的形成。通常，初期的共生关系带有极大的随机性，共生对象的组合具有偶然性，如果能形成正反馈能量机制，这种共生关系能够维持下去。在自然生态环境中，先驱物种和群落的植入开启了一个自然生态系统的征程。对产业创新生态系统而言，原生演替意味着初始生态系统的构建，而原始创新则充当着撬动系统发生质变的杠杆。原始创新往往起源于无数个小的创意，这些创意存在不稳定的状态，一旦遇到好的机遇就会引起大的变革，引领系统向更高层面演进。

产业创新生态系统作为具有正反馈的动态系统，当原有状态在扰动作用下进行良性或恶性的因果积累时，只有在具有正反馈机制的区域中，才能在一定的空间范围内显示出结构的存在，而非线性的反馈机制影响系统运行的进程和方向。在经济学意义上，正反馈的内涵就是边际报酬递增，这是产业创新生态系统步入新的有序结构的必要条件和机制。

7.2.1.2　运行机制

在某些情况下，受到创新生态系统内创新动力机制的影响，系统内的创新种群开始相互作用，进而使得创新资源不断地流动，并且使不同种群之间形成各种交互关系。这些关系既包括种群间的竞争，又包括种群间的合作。但当不同的创新种群追逐同一种创新资源时，它们之间的竞争关系就会凸显。不过这种竞争所形成的间接抑制可以使一个群体较另一个群体在创新中保持竞争优势，而竞争又可以增强群体的选择适应性，最终促进整个生态系统内不同种群的共存。

"竞争"和"共生"被视为产业创新生态系统运行的关键机制。各创新种群占据不同的"生态位"，即一定时空内各种群在创新资源、创新环境等方面占据不同地位和功能。"竞争"和"共生"将会导致两个种群无法同时占据同一生态位，进而被迫改变模式来形成相对优势。根据物竞天择、适者生存的原则，最优秀的个体存活，从而促进系统可持续发展并不断向高阶进化。

7.2.2　创新生态功能

创新生态系统的功能是在与外界环境相互作用过程中，通过各主体协作所形成的功效的总和。有学者认为，创新生态系统除了具有知识传递、技术扩散和信息循环等基本功能外，还具有自适应与修复、学习与发展两大高级功能。这一观点是基于创新生态系统的本质而言的。也有学者从更为切实的经济角度提出，创新生态系统具有提高自主创新能力、强化区域竞争优势、推动经济跨越式发展和优化区域产业结构的功能。本书认为产业创新生态系统的功能有如下三方面。

7.2.2.1　自组织功能

产业创新生态系统中的不同主体之间具有一定的联系，它们不仅能够根据各自的内在特征对不断变化的外在环境做出反应，还能够把相关信息传递给系统内的其他主体。中介机构和金融机构可以在产业创新生态系统中的创新社区中发挥催化作用。一方面，中介机构主要发挥信息传递的作用；另一方面，金融机构可以为产业创新生态系统中的公司和高校提供指导，并在资金分配过程中将信息传递给这些实体。

7.2.2.2　风险规避功能

产业创新生态系统中各主体所面对的风险十分复杂。企业主体不仅面临市场风险等诸多不确定性因素，还要面对技术研发等带来的沉没成本问题。对于其他主体，可通过自身的优势帮助企业主体完成技术成果转化，有助于降低研发风险。与此同时，金融机构，尤其是担保机构，一旦被囊括进产业创新生态系统，就能够有效地分担各个主体的风险。

7.2.2.3 共享功能

产业创新生态系统运作的过程不仅仅是科学技术不断转化的过程，也是整个产业创新生态系统内部进行信息共享的过程。社会对技术的需求、资源的短缺及科学技术研究的进步，都可以通过产业创新生态系统的作用来实现。超越单一主体原有的运作范畴，使不同主体都能熟悉相关情况，在共同享用特定的资源后产生规模效应。在产业创新生态系统中，随着企业实体的不断增加和扩展，可以更有效地利用研究机构、政府主体和中介机构等不同主体的资源，不仅可以减少资源的闲置，还可以实现规模效应。

7.2.3 创新生态的测度方法

目前各国环境管制要求存在较大差距，环境测量角度和方法多种多样。当前，实证研究主要从以下几个方面来进行衡量：第一，格雷（Gray，1987）、伯曼和布伊（Berman and Bui，2001）、拉努瓦（Lanoie，2008）及其他相关领域的学者使用环境污染控制的支出在总成本或生产总值中的份额进行计量。第二，赵红（2007）和张诚（2010）使用污染控制设施的运营成本进行计量。第三，为明确衡量国内环境规制实施强度的指标，魏特（2001）等学者指出，环境管理力度与人均收入之间存在高度相关性，陆敏和苍玉权（2018）将环境规制的人均收入作为实施内生环境规制的重要指标。第四，布伦纳迈尔（Brunnermeier）和科恩（Cohen，2003）利用环境主管部门的检查和监测时间来测量公司所受环境规制影响的大小。第五，多马兹利茨基和韦伯（Domazlicky and Veber，2006）等在环境立法框架内，使用污染物排放量的变化值进行环境规制强度的测度。

使用上述指标来度量环境规制强度均在一定程度上存在不足，比如，第一个衡量指标在政策执行中存在缺陷。我国早期环境保护法的实施力度不够，因此采用该指标来衡量环境规制强度会存在较大的偏差，具有一定的不确定性。此外，刘伟明（2012）等学者认为，用第二种方法来衡量环境规制的强度，没有考虑地区产业结构差异对环境规制强度评价造成的偏差，因此，应将埃德林顿等（Ederington et al，2005）的环境监管评估指数作为衡量环境监管力度的标准，该指标的优点在于其不仅涵盖了工业污染防治的实际投入，还避免了不同区域产业结构对环境规制力度评估不同造成的误差。莱文森环境监管评估指数的计算如式（7.1）所示：

$$S_{it} = \frac{P_{it}}{Y_{it}S_t} \times 100 \qquad\qquad (7.1)$$

在式（7.1）中，S_t 表示各省（区、市）的单位工业产值及污染综合治理的成本；P_{it} 表示 i 省份 t 年的单位工业污染综合治理项目投资完成的总额；Y_{it} 表示 i 省份 t 年的单位工业产值；S_{it} 表示工业产值投资占 GDP 的比例，S_{it} 越大，表明环境规制的强度越大。

7.3　双碳与创新生态的关系

7.3.1　双碳促进创新生态的发展

双碳促进创新生态的发展，带来零碳生活，主要体现在无人驾驶电动汽车、物联网节点建筑与智能生态农业的出现三方面。

7.3.1.1　边际成本接近于零的交通

交通运输业会消耗大量的化石燃料，是温室气体排放的主要来源，如今需要与化石燃料业脱钩，转而生产电动汽车和燃料电池汽车（由电力公司的太阳能和风能提供动力）。德国、中国、印度、法国、荷兰和爱尔兰等 18 个国家已经宣布，它们打算在未来几十年内逐步停止销售和登记使用化石燃料的新车。

随着汽车公司转而生产电动汽车和燃料电池汽车，用于交通的石油消耗将大幅减少。据美国银行预计，到 2030 年，电动汽车将占汽车总销量的 40%。全球三大信用评级机构之一的惠誉开展的一项研究提出，到 2040 年，全球电动汽车的数量可能高达 13 亿辆。美国银行认为："电动汽车很可能在 21 世纪 20 年代初开始侵蚀石油需求增长的最后一个主要堡垒，使全球石油需求在 2030 年见顶。"2019 年 4 月，洛杉矶市长埃里克·加希提（Eric Garcetti）公布了一项全面的绿色新政总体计划，将未来的交通运输作为该市向零排放经济转型的核心。他宣布，到 2025 年洛杉矶市 25% 的汽车将是电动汽车，到 2035 年这一比例将达到 80%。

7.3.1.2　物联网节点建筑

信息通信技术或通信、电力、交通运输等行业纷纷与化石燃料行业脱钩的同时，房地产业也是如此。房地产业消耗大量能源，是温室气体的排放大户。各大城市要求和鼓励改造现有建筑，以减少能源使用量；颁布法律，要求所有新建住宅、商业建筑、工业建筑使用太阳能、风能、地热及其他可再生能源，实现零排放供电。美国加利福尼亚州已经制定了一项促进现有建筑脱碳的积极计划。2018 年 9 月，加州州长杰里·布朗（Jerry Brown）签署了一项法案，为使加州现有住宅和商业建筑 2030 年的温室气体排放量较 1990 年降低 40% 奠定了基础。加州公用事业委员会也正在制定计划，确保到 2020 年，所有新建住宅建筑的净能耗为零，到 2030 年，所有商业建筑的净能耗为零。

2015 年，全球房地产市场的价值为 217 万亿美元，是全球 GDP 的 2.7 倍左右，占全球经济中投资性资产的 60%。展望未来，到 2030 年，房地产市场的价值将再增长 8 万亿美元。

正如前文提到的，通信、能源、交通的模式转型将改变建筑环境的本质。第一次工业革命因为枢纽到枢纽式的铁路运输，产生了密集的城市建筑环境。第二次工业革命则产生了州际公路出口附近广泛分布的郊区环境。在第三次工业革命中，住宅、商业建筑等将被改造为零碳节能的智能节点和网络。

改造现有建筑也会带来数百万个工作岗位。每花费 100 万美元用于建筑改造用品的制造和安装，就可以创造 16.3 个就业机会，包括直接就业、间接就业和联动就业机会。德国的经验为美国开展全国性改造计划创造就业的潜力提供了一个衡量标准。"德国工作与环境联盟"被誉为最雄心勃勃的项目，该项目改造了 34.2 万套公寓，创造了 2.5 万个新工作岗位，挽救了 11.6 万个现有工作岗位，两者之和超过 14 万个工作岗位。尽管德国的就业数据可能与中国有所不同，但是对其加以借鉴可以用来预测中国住宅大规模改造带来的潜在就业机会。

只有在密封建筑外壳、提高能效之后，物联网智能基础设施才能嵌入建筑，把建筑变成智能节点，为本地和全球居民的集体参与做好准备。物联网早期更多地作为辅助性手段，帮助行业加强对设备的监控，改善装配线和供应链操作。例如，飞机上安装的传感器可以在进行标准维护检查前，提醒公司更换部件。

无论从哪方面来看，房地产行业都最有可能在未来几十年成为全世界规模最大的"搁浅资产"。与电力能源不同，住宅、商业建筑、工业建筑和机构建筑相对固定，每年仅有 2% 的总资产进入周转，从而成为全球最不灵活的资产。为了正确地理解将现有建筑改造成接近于零排放的难度有多大，我们可以参考这一预测——到 2050 年，英国目前 87% 的现有建筑仍将屹立不倒。

根据欧盟的经验，实施绿色新政时，全面改造现有建筑的标准是最难实现的，需要坚定信心，战胜因为不想破坏日常生活和工作模式而产生的社会和心理上的妥协态度。住户，特别是居住在社会住房和公共住房中的中低收入住户，通常能克服这种阻力，因为他们意识到在改造之后，每月的公共事业费用（通常是仅次于租金的最大住房费用）将大幅下降，可自由支配收入随之增加。

建筑改造对于中国和全球经济的脱碳是绝对必要的，在绿色新政的过渡中要特别留意。如果我们不能积极地完成这项任务，预计全球建筑业的搁浅资产将会造成令人震惊的损失。在国际可再生能源署推演的第二种情景中，全球现有建筑的"搁浅资产"将达到 10.8 万亿美元，是第一种情景的两倍。

7.3.1.3　智能生态农业

农业是能源的重要消费行业，碳足迹也不少。粮食在种植、灌溉、收获、储存、加工和包装，以及将其运输至批发商和零售商的过程中，能耗很大；石化肥料和农药的能耗也占能源账单的很大部分；农机使用也是能耗大户。在欧盟食品价值链中，作物种植和动物饲养的能耗最多，占总能耗的 1/3，工业加工占 28%，包装和物流占 22%，食物垃圾的最终处理约占 5%。中国农场的统计数据可能与之类似。

然而，在与化石燃料脱钩方面，世界各地的农业和食品业严重落后于其他商业领域。例如，在欧洲农业消耗的能源中，只有 7%来自可再生能源，明显低于整体能源消耗中 15%的可再生能源比例。不过，食品加工业已经开始重视这个问题。欧洲正在推广以有机生态农业生产方式代替石化农业生产方式，特别是石化肥料和农药的使用，但是在这方面，美国仍然相对落后。欧盟 28 个成员国目前已有 6.7%的农田转为有机耕作，而在美国这一比例只有 0.6%。然而，美国有机食品的零售额不断提高，于 2017 年达到 452 亿美元。消费需求正在推动农业转型，越来越多的美国人愿意购买价格更高的可持续有机食品。

农场从机械化运营向数字化运营转型，也开始改变粮食的种、收、储、运方式。物联网基础设施的逐步应用有望大幅提高美国农民、食品加工商、批发商和分销商的综合效率和生产率。农民们已经开始利用这种新兴的物联网技术，在农田里安装传感器来监测天气状况、土壤湿度变化、花粉传播情况及其他影响产量的因素。他们还安装了自动响应的机械装置，以保证适当的作物生长条件。

随着物联网基础设施的逐步应用，在供应链中植入的传感器可以时刻对从播种到抵达最终目的地零售店的全过程进行跟踪，从而使中国的农民、加工商、批发商和分销商能够挖掘价值链中流动的大数据，提高农场管理、供电及食品加工运输的总效率，降低边际成本和生态足迹，使食品工业走出化学时代，进入以新型数字化智能互联网为媒介的生态时代。

7.3.2　创新生态是"双碳"目标实现的基础

7.3.2.1　碳资产开发

我们所说的碳资产开发，通常是指以国家核证自愿减排量（CCER）为代表的，可以产生减排量的项目，通过一系列流程完成相关主管机构注册和碳信用签发的过程。在前面关于碳市场的介绍中也经常提到碳信用，其是一种作为配额的代替品，帮助企业实现碳排放履约的一种信用额度。碳信用的类型有很多种，它们的获取方式大同小异，所以下面将着重介绍国内碳市场可用的碳信用 CCER 是如何开发出来的。在介绍开发流程之前，笔者要先引入两个基本概念——基准线和额外性。笔者曾经遇到一个业主，他的企业已经注册了很多项目并获得了碳信用签发，但还是在问我一个问题——"我的光伏电站在运营的时候只是没有排放而已，但并没有减少排放啊，为什么会有减排量呢？"相信这是刚接触碳资产开发的人们普遍会提出的问题，如果没有引入基准线概念，很多的减排项目直观来看确实并不能产生减排。那么基准线是一个什么概念呢？它是指当申报减排的项目不存在时，既有条件达到申报项目的产出所产生的排放。以光伏电站举例，假如光伏电站发了 1 度电，那么它的基准线排放就是在没有这个光伏电站的既有条件下，生产 1 度电的排放量，即整个电网（连接电网的所有发电厂）。而申报的光伏发电项目减少的就是这 1 度电产生的排放量。所以，我们在判定一个项目是否有减排量时，首先要分析没有这个项目时的基准线场景，如果基准线场景产生的排放量大于这个项目产生的排放量，那么这个项目就产生了减排量。

关于碳资产开发的另一个概念——额外性，很多的行外人也很难理解。林业主管部门管理的林地可不可以开发成碳汇？为什么有些森林可以开发成碳资产，有些森林不能开发成碳资产？这就需要根据碳资产开发的额外性来判定。所谓的额外性，就是指在没有碳资产的收入时，申报的项目会面临一种或者多种障碍而导致项目不可实施，需要申报碳资产收入项目才能得以实施。通俗来说，就是项目发起人需要证明如果没有碳资产的收入，就不会实施该项目。那些自然存在或者已经种植多年的森林显然就不符合额外性。

为什么此处说的是"证明"而不是"判定"呢？因为项目是否有障碍其实是一个论述题，只要证据充分，就能得出项目在没有碳资产收入时存在障碍，进而证明其额外性。当然，这也是碳资产开发规则中最令人诟病的问题，我国的 CCER 管理办法正在修订中，预计可能会对额外性相关规则进行较大的修改。对于一个项目，如果我们判定其相对于基准线是有减排的，且能够证明其额外性，那么我们可以初步认为这个项目可以开发碳资产。具体能否开发，还需要寻找是否有符合该项目类型的方法学。

所谓方法学，是引导某个类型的减排项目申请 CCER 的指南，一个方法学对应一类特定的项目，如光伏发电项目适用于 CCER 方法学 CM-001（《可再生能源并网发电方法学》）。截至 2021 年 5 月，CCER 相关方法学已经发布了 12 批、共计 200 个方法学，基本可以覆盖所有常规的减排项目。方法学的主要内容是指导申报人如何确定项目的基准线情景、证明其额外性、计算减排量、相关数据的监测等，申报人需要根据方法学的相关指南编写项目设计文件（PDD）。下文将以申报一个光伏电站的 CCER 项目为例，介绍 CCER 项目的申报流程。

首先，找到光伏并网发电对应的方法学 CM-001，然后根据方法学的要求编写 PDD。因为这个方法学是所有减排项目中最简单的方法学，所以我们只花了 1 个月时间就完成了数据收集和 PDD 编写。完成了 PDD 后，我们需要寻找国家发展改革委员会指定的第三方审定机构（DOE）对 PDD 进行审定，以确定其编写是否符合对应方法学的要求。如果确定符合，DOE 会出具一份该项目的审定报告。经过询价比选后，我们确定了其中一家 DOE 对光伏项目进行审定，该 DOE 要求我们提供 PDD 和相关凭证资料。在项目公示 1 个月后，DOE 和企业一同前往项目现场进行现场审定。拿到审定报告后，企业便可以向国家主管部门申请项目备案了。

根据相关要求，需要先到省级主管部门进行申请。1 周后我们拿到了省主管部门出具的备案申请函，我们将省级部门的备案申请函和其他相关材料提交到了国家主管部门。在 1 个月后的项目评审会上，经过专家评审和答疑，该项目最终获得通过。1 个月后，项目终于出现在 CCER 备案项目的列表上。至此，我们申报的光伏项目便正式成为一个合格的 CCER 项目。但是，离最终 CCER 签发还有很长的一段路要走。理论上，自光伏项目获得 CCER 备案之日起，光伏项目每发 1 度电都能申请 CCER 签发，但是签发本身也是一个很长的流程，所以一般情况下都是项目积累了一定的减排量才申请签发，通常每年进行一次签发，有些减排量很小的项目几年才签发一次。我们的光伏电站是 100W 的电站，预计每年能产生 10 万吨左右的 CCER，算是个不大不小的量。在项目备案 1 年以后，我们启动了 CCER 签发程序。首先我们需要做的是根据方法学的要求编写监测报告，记录这一年实际的发电数据和其他相关数据，并根据这些数据计算出实际的减排量。

完成监测报告后，需要找到 DOE 为我们出具核查报告，以确保我们的监测报告符合方法学要求并确保减排量计算的准确性，同样需要进行现场确认，以确保项目的实际运行情况与监测报告中的描述一致。DOE 在确保监测报告没有问题后，会开具核查报告。凭借这份核查报告，我们就可以向主管部门申请减排量备案了。类似申请项目备案，减排量备案也需要经过专家组评审，在确认无误后，我们的光伏项目上一年的减排量就会以 CCER 形式发放到我们的账户上。经历了这一系列步骤，我们终于完成了 CCER 的申报流程，整个流程大约耗时两年。

7.3.2.2 绿证开发

相对于 CCER 的开发，绿证的开发就要简单许多，没有冗长的申报流程，也不需要编写复杂的 PDD 和监测报告。目前国内的新能源电力可以申请的绿证有国内绿证、I-REC 和 TIGR 三种。目前国内的绿证不具备交易和注销功能，所以不能作为产品来开发。如果想把可再生能源电力开发成绿证并且可以像产品一样自由交易,只能开发 I-REC 和 TIGR 两种,我们将其统称为国际绿证。I-REC 是由总部位于欧洲荷兰的非营利组织 I-REC Standard 发起的认证制度,符合该标准的可再生能源项目可在该机构进行绿证注册、签发、交易、转让或注销。TIGR 是总部位于美国的非营利组织 TIGR Registry 发起的认证制度,它与 I-REC 一样,也能实现绿证的注册、签发、交易、转让或注销功能。目前国内的可再生能源项目在这两个机构都有注册案例,其中 I-REC 累计注册项目148 个,TIGR 项目累计注册 48 个。国际绿证的开发流程非常简单,就是找到相应的注册机构进行可再生能源发电设备注册,然后提供发电量相关凭证就可以获得绿证的签发。唯一的门槛是需要全英文沟通。

国内的可再生能源项目选择国际标准进行注册的主要原因并不是国际标准的认可度更高,而是目前国内的绿证制度本身存在设计缺陷。为了弥补这个缺陷,一方面,现行的绿证制度正在考虑进行调整;另一方面,地方的电力交易平台也在尝试充当绿色电力权益的注册和交易平台。至于国内的绿证注册和签发制度会朝什么方向发展,还有待观察。

7.3.2.3 碳资产与绿证的取舍

对于可再生能源电力来说,其既可以开发碳资产,又可以开发绿证,但是不能两者同时进行,所以存在一个选择的问题。关于碳资产和绿证的选择,可以从以下几个方面考虑:

首先是最重要的价格。在同等条件下,当然选择价格较高的环境权益进行开发。但绿证和 CCER 的价格并不是一比一的对应关系,我们还需要考虑两者的折算系数,即一个绿证对应多少吨的 CCER。因为中国的电网不是统一的,这导致同一兆瓦时的电在不同地区会产生不同数量的 CCER。如果按照 2019 年的电网基准线排放因子计算,1 瓦时的光伏电力在东北电网区域能产生 0.872 吨的 CCER,而在南方电网区域只能产生 0.657 吨的 CCER,两者相差 25%左右。假如绿证价格为每张 20 元,CCER 为每吨 30 元,那么 1 瓦时的光伏项目在东北电网区域能产生 26.2 元的 CCER 收益,远高于绿证收益(20 元),而在南方电网区域则只有 19.7 元的 CCER 收益,略低于绿证收益。所以在同等情况下,优先考虑在东北和华北地区开发 CCER 项目,在其他地区则优先考虑开发绿证。

其次要考虑开发难度。CCER 开发流程长、难度大,而且存在备案失败的风险,一般情况下需要由专业的咨询公司开发,所以存在一定的开发成本。绿证虽然也存在手续费等成本,但是开发流程简单且难度较低,所以从这一点来看,如果两者价格相差不大,应优先选择开发绿证。笔者认为,考虑到开发难度的影响,绿证的同电量等比价格为 CCER 价格的 50%~70%是合理的。

最后是项目类型。可再生能源电力主要分为光伏、风电和水电三大类，虽然从目前来看，这些类型的 CCER 项目都可以用于全国碳交易市场，但据笔者判断，水电项目，特别是大型水电项目可能会被禁止进入。那么，被禁止进入的这些项目就比较适合开发绿证。还有部分风电光伏被企业直购，购买方可能需要所购电力的绿证，那么也只能开发成绿证了。当然，目前因为国内的 CCER 处于暂停状态，所有的可再生能源电力都无法申请 CCER，所以现在也有大量的风电光伏项目在申请绿证。

7.4 双碳与创新生态的路径

根据《联合国气候变化框架公约》（UNFCCC）的相关规定，每一个缔约方都有义务提交本国的国家信息通报。国家信息通报，是指每个国家根据 IPCC 发布的《国家温室清单指南》而编写的关于该国碳排放情况的报告。该报告中的碳排放数据可以说是一个国家最为官方的排放数据，也是今后在《巴黎协定》下考核各国减排目标是否达成的最终判定依据。

7.4.1 能源领域碳中和路径

能源活动是中国温室气体的主要排放源，其排放量占温室气体总排放量的 77.7%。其中能源活动中超过 95% 的排放都来自二氧化碳（CO_2）排放，剩下少部分来自甲烷（CH_4）和氧化亚氮（N_2O）排放，这部分排放主要来自化石燃料燃烧时的不完全燃烧和开采时的泄漏排放。根据 2014 年国家温室气体清单，能源领域类的排放主要分为能源工业、制造业和建筑业、交通运输业和其他行业的排放。能源活动各领域的碳排放情况如图 7-1 所示。

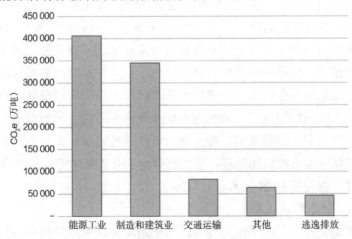

图 7-1 能源活动各领域的碳排放情况

资料来源：《中华人民共和国气候变化第二次两年更新报告》。

7.4.1.1　电力行业

能源工业碳排放主要是指生产电力产生的碳排放，根据 2014 年国家温室气体清单，能源工业产生的碳排放约为 40 亿吨，占总温室气体排放的 32.5%，是我国碳排放最高的领域。实现电力行业的碳中和主要从三个方面考虑：一是逐步退出煤电；二是发展零排放电力，即风能、水能、太阳能、核能、生物质能等不排放温室气体的电力技术；三是在部分既有化石燃料电厂加装碳捕集与封存（CCS）装置，将二氧化碳排放进行捕集后封存在地下。从当前各研究报告对未来电力结构的预测来看，电力行业的碳中和路径将以可再生电力为主，以核电和煤电 CCS 为辅。

中国是世界上电力生产和需求最大的国家，截至 2017 年，全国的总装机容量超过 1900 吉瓦，总发电量约为 7000 亿千瓦时。目前中国的电力需求仍然在快速增长，钢铁、化工和铝等能源密集型产业一直是中国电力需求快速增长的主要推动力。随着人们生活水平的提高，居民消费及潜在的交通运输用电将会成为未来用电增长的主要部分。根据清华大学的相关研究，到 2050 年，中国的发电量预计将达到 14 300 亿千瓦时，美国能源基金会预测的数据则为 15 000～18 000 亿千瓦时，其中非化石能源电力将占总电量的 90% 以上。

7.4.1.2　煤电

中国是一个多煤少油的国家，这也注定了中国的能源结构是以煤炭为主、其他能源为辅，根据英国石油公司发布的《BP 世界能源统计年鉴》，中国的煤炭需求占全球的 50% 以上，而石油和天然气分别只占 14% 和 8%。在电力领域，中国的发电自然以煤电为主，2018 年我国有超过 1000 座运营中的燃煤电厂，若包含企业的自备电厂，这一数据将超过 2000 家，煤电的发电总量占总电量的 65% 以上。大多数现有的电厂是在 2005 年安装的，中国如果要在 2060 年实现碳中和，那么现有的大部分电厂都将在其设备寿命到期前关停，这无疑会造成大量资产的搁浅，也是中国从化石能源时代走向碳中和时代必须付出的代价。

为保证煤电的有序退出，并将煤电资产搁浅的损失降到最低，首先需要不再新上任何形式的燃煤电厂，同时逐步淘汰效率低下的老旧燃煤电厂。等新能源电力的占比达到一定程度时，部分电厂可能通过被用作调峰电厂来延长其使用寿命。在煤电退出的后期阶段，可能会有约 150 吉瓦的煤电厂符合引入 CCS 技术的条件，在加装 CCS 技术后可以继续使用。

7.4.1.3　风电和光伏发电

风电和光伏发电是实现电力转型，甚至是实现碳中和最重要的技术。过去 10 年，风电和光伏的成本分别下降了 82% 和 40%，并且还有很大的下降空间。在中国部分资源丰富的地区，风电和光伏发电成本已经低于燃煤电厂，按照比尔·盖茨关于绿色溢价的说法，风电和光伏发电已经实现了负向绿色溢价，即采用低碳技术的成本反而低于高碳技术。

大部分的研究报告都显示，在中国达到碳中和的时候，风电和光伏的发电比例将占中国总发电量的 60%以上，基本取代现有煤电的比例。而 2020 年该数据不到 10%，要达成 60%这一目标并不容易。因为风电和光伏发电属于间歇性发电，当前的电网结构不能适应如此大的电力负荷变动，所以在未来以风电和光伏发电为主的供电情况下，还需要对整个电网进行大型改造，包括新增电网输送能力、增加储能设施、电网一体化改造等。

7.4.1.4　其他电力

除了风电和光伏发电以外，水电、生物质发电和核电也将成为未来零碳电力的重要组成部分。水电是技术成熟、运行灵活的清洁低碳可再生能源，也一直是我国电力结构的重要组成部分。2020 年，我国水电发电量超过 1300 亿千瓦时，占总发电量的 15%以上，但因环保压力、移民安置、弃水严重等原因，水电的开发速度已经明显降低，未来新增开发空间并不是很大。根据清华大学的相关预测，到 2050 年，我国水电发电量预计在 1500 亿千瓦时左右，基本与现在持平。

生物质发电主要是指利用农林废弃物、畜禽粪便、城市生活垃圾等废弃生物质作为能源进行发电。因生物质产生的二氧化碳排放不计入国家总排放，所以其也属于零碳电力。如果生物质电站再进行 CCS 改造，将产生的二氧化碳封存于地下，则成为负排放技术，这将是未来我国实现碳中和的重要深度脱碳技术。

制约生物质发电的主要因素在于燃料的成本控制，因为农林生物质燃料非常分散，收集运输的难度和成本居高不下，导致在风电光伏等可再生能源成本大幅下降的情况下，生物质发电的成本不降反升。目前在没有政府补贴的情况下，生物质发电很难实现自身盈利。随着我国碳中和目标的提出及碳市场的投入运行，生物质发电有望在将来通过碳交易收入实现自我造血。特别是生物质能碳捕集与封存（BECCS），作为为数不多的负碳技术之一，对于实现我国的碳中和将起到关键性作用。虽然核电不产生温室气体排放，但其主要燃料放射性元素并非可再生资源，所以核电不属于可再生电力。核电因具有单个电站装机容量大、运行率高等特点，被认为是电网基荷供电的重要组成部分。核电的缺点也一样突出，就是其安全问题。目前所有的核电站都是基于核裂变释放能量来发电，而产生核裂变的放射性元素，如铀，在被使用后仍然会持续产生放射性元素长达数万年，所以核废料的处理一直是世界难题，一旦处理不好或者产生核泄漏，将对环境造成巨大伤害。在苏联的切尔诺贝利核电站事故和日本福岛核电事故发生之后，一些国家，如德国、瑞士、意大利等宣布逐步结束"核电时代"。

目前来看，中国并未明确表示退出或者降低核电相关投资，仍处于有序、稳健的发展局面。截至 2020 年底，我国在运营核电机组 48 台，总装机容量约为 50 吉瓦，位居全球第三；在建核电机组 14 台，总装机容量 15.5 吉瓦，位居全球第一。预计到 2050 年，我国的核电装机容量将超过 300 吉瓦，总发电量超过 2000 亿千瓦时。天然气发电作为相对低碳的化石能源，其在碳中和目标下的定位具有一定的争议性。一方面，发展天然气电力可以在不影响电力供应的情况下迅速降低供电碳排放，另一方面，天然气仍然属于化石能源，每度电产生的碳排放仍然为燃煤电厂的 50%左右，这一点注定燃气发电不可能成为未来碳中和场景下的主要电力输出。燃气发电能够在碳中和时代占有一席之地的另一个因素是其具有启停迅速的特点，可以使燃气发电充当电网调峰的角色，这一功能要优于燃煤电厂，但燃气发电尾气的二氧化碳浓度偏低，碳捕集的成本要高于燃煤电厂，所以两者孰优孰劣当下并不好判断。截至 2019 年底，我国的燃气发电装机容量超过 90 吉瓦，预计到 2050 年，这一数字将达到 200 吉瓦。燃气发电在未来电力结构中的占比主要取决于 CCS 煤电的成本及储能技术的发展。

综上所述，我国电力系统的深度脱碳，不仅仅是要实现发电系统的脱碳，还要建设以可再生能源为主体的安全、可靠的能源体系。除此之外，还要解决在大比例间歇性可再生能源上网的情况下，电网调峰、储能和跨季节能源调配等问题。为解决这一问题，在当前的技术条件下，需要考虑保留部分煤电及燃气发电机组，同时加装 CCS 装置。为保证我国碳中和目标的达成，这些燃煤电厂的 CCS 改造预计将在 2030 年左右规模性启动，到 2050 年达到 6 亿吨左右的捕集规模。同时，BECCS 作为为数不多的负碳技术，为覆盖其他难以实现深度减排行业的碳排放，电力行业还需要实现负排放。预计我国将在 2040 年开始规模性使用 BECCS 技术，到碳中和时实现年捕集量 3.6 亿吨二氧化碳，实现电力行业负排放。

7.4.1.5　制造业

我国作为制造业大国，工业领域碳排放一直占据很大比重，我国 70%的电力也被用于工业领域。2018 年，中国生产了全球一半以上的水泥、粗钢、电解铝及其他工业产品。按终端能源使用来算，工业部门能源消费占全国终端能耗的 65%以上。相对于电力领域，我国工业领域的碳中和将面临更多的困难。相对于发达国家，中国的工业产出增长仍属于粗放式增长，其单位工业增加值能耗是发达国家的 58 倍，产能过剩是我国工业行业面临的另一个现实问题。工业领域的碳中和路径主要包括淘汰落后产能、调整产业结构、提高能源效率、提高电气化水平及采用 CCS 技术等。

我国的钢材、水泥、平板玻璃、原铝等行业既是高排放行业，又是产能严重过剩的行业。在碳中和背景下，这些高排放产业毫无疑问应当是最先退出的产业。当然，这一举措将影响到相关企业的地方就业和税收等问题。但从长远来看，随着我国城市化进程放缓、地方能耗双控政策的加码和碳交易市场覆盖范围的扩大，这些落后产能企业在未来基本没有生存空间，尽快关停并寻求新的经济增长点才是解决当地就业和税收的唯一出路。

节能增效从"十一五"以来一直是我国工业部门重点考核企业的内容之一。经过 10 多年的努力，我国单位 GDP 能耗持续下降，但与发达国家的水平还有一定差距。其主要原因是我国仍处于经济高速增长期，在企业利润可观的情况下，内部的节能增效不会是企业家们首要考虑的问题。即使在一些非常成熟的节能领域，如电机变频改造、低温余热利用等，在我国仍有较大的施展空间。尽管我国在小部分工业领域，如电解铝、光伏制造领域的能耗水平处于世界领先，但诸如钢铁、水泥、平板玻璃等行业的能耗仍高出国际先进水平的10%～30%。节能增效涉及大量投资，目前国内大部分企业在考虑是否投资节能项目时，普遍将投资回收期设定为 3 年，高于 3 年则不考虑投资。而国内的另一种由节能服务公司进行项目投资的合作模式——合同能源管理，因业主频繁违约等原因，在中国的应用也不是很成功。相关投资和保障机制的缺乏也是我国工业领域能效水平达不到国际先进水平的原因之一。

在未来，工业领域将从局部节能、个体节能向过程节能、系统节能转变。我国的工业正从自动化迈向智能化，基于数字孪生、5G、大数据、工业互联网等现代信息技术的工业体系将使整个工业领域的能效提高 15% 以上。

电气化在工业领域的应用主要体现在工业企业对热能的需求上，蒸汽作为良好的热能载体，被广泛应用于造纸、纺织、食品、化工等行业。目前蒸汽的生产方式大部分是以化石能源为主的燃煤和燃气锅炉，极少部分锅炉以生物质颗粒为燃料，其中燃煤蒸汽锅炉的煤耗占我国煤炭消耗的 25% 左右，是近期需要重点淘汰和改造的对象。锅炉的电气化将是实现工业领域供热脱碳的主要手段，在碳中和趋势下，工业部门的电气化率预计将从 2015 年的 23% 上升到 2050 年的 70% 左右。电气化比例与氢能和生物质能的发展有较大关系，预计到 2050 年，氢能将占工业领域能源消耗的 3%～18%，生物质能占 5% 左右。

对于工业领域需要高温煅烧的行业，如钢铁、水泥、有色金属冶炼等，其所需的能量在当前技术下难以实现电气化，属于较难实现脱碳的领域之一。当前可行的脱碳方式为氢能和 CCS，但目前氢能和 CCS 均处于早期研究阶段，未来是否可行及是否有更适合的脱碳技术出现还有待观察。

7.4.1.6 建筑业

过去 20 年，房地产一直是我国经济增长的主要推动力量，也带动了整个建筑产业链，如钢铁、水泥、玻璃等高排放行业的飞速发展。虽然上游建材领域的碳排放归属于工业领域，但从建设本身运营角度来看，大量的新建建筑业也带来了建筑运行能耗方面的飞速发展。2005—2018 年，中国建筑的终端能耗每年增长 2.3%，到 2018 年，建筑部门的能耗约占终端能耗的 20%。随着建筑总量的持续增加和人民生活水平的不断提高，建筑能耗总量占全国终端能耗的比例将呈增加趋势。

建筑领域的碳排放主要来自用电、供暖/供冷、供热水和炊事，其中北方区域供暖主要来自当地的燃煤热电联产供热，绝大部分城市居民使用天然气，而农村居民采用农林生物质废弃物和散煤。根据世界资源研究所相关报告，2017 年，中国北方城市住宅、农村住宅、商业建筑和区域供暖分别占建筑领域总能耗的 17%、38%、20% 和 25%。在电气化方面，不同地区的电气化率差异也比较大，城市住宅的电气化率约为 47%，商业建筑的电气化率为 59%，农村住宅的电气化率则仅为 9.7%。

建筑行业的碳中和实现的技术路径相对简单，主要是通过提高建筑保温水平，提高照明、制热、制冷设备的能源效率，以及供热和炊事的电气化改造等，但真正实施起来还要考虑居民的用能习惯，如改变居民多年用天然气炒菜的习惯，这可能是一个比技术更难解决的问题。在碳中和背景下，小型的燃煤热电联产供暖必然是行不通的，较为可行的一种方案是燃气化改造后让电站同时具备区域供暖和电网调峰功能，对于机组效率高且当地具备二氧化碳封存条件的燃煤热电厂，也可以考虑加装 CCS 设施继续运行；另一种方案是改用电热泵进行区域供暖。

关于家用电器，我国推出了家用电器和燃气具能效等级标识制度，该制度很好地引导居民在选择家用电器时选择更加节能的电器。但一般情况下，高能效等级的电器价格普遍要高于低能效等级电器。在碳中和背景下，政府可以适当加强能效等级制度对家庭节能的引导，如提高电器的市场准入等级、对高能效电器给予更多的补贴政策等。

在家用热水和炊事方面，需要大幅提高电气化比例，预计到 2050 年，我国建筑领域的电气化率需要达到 75% 以上。对于城市的热水用能，除了推广电气化以外，光照条件好的地区可以大力发展太阳能热水器；对于炊事用能的电气化，需要考虑居民的接受程度，其他可替代的技术，如天然气与绿氢混合也可以有效降低总体的碳排放，但无法实现零排放。农村在考虑电气化的同时，还可以考虑就地生物质资源的综合利用，开发生物质供热、供气和供电领域的商业化利用等。

最后，还需要考虑的是，通过合理规划和控制建筑总规模来降低建筑领域全生命周期的排放，2018年我国的建筑总规模在600亿平方米左右。根据清华大学的相关报告，我国到2050年应当将建筑总规模控制在740亿平方米以内。另外，我国建筑的平均寿命为25~30年，远低于其使用寿命。目前中国建筑的拆迁率约为2.5%，许多拆迁都是不必要的，如果能够将拆迁率降到1%以下，那么包括建材在内的整个建筑领域的碳排放将减少11%。

7.4.1.7 公路运输

随着新能源汽车和电池技术的不断发展，新能源汽车已经在不需要任何政策补贴的情况下与传统燃油汽车正面竞争，并具有一定优势。目前新能源汽车主要分为电动汽车和氢燃料电池汽车两种，其中氢燃料电池汽车目前在中国仍处于起步阶段。而对于电动汽车，中国已具有全球最具成本优势和技术优势的电动汽车产业链，吸引了宝马、特斯拉等公司在我国建立电动汽车生产基地。在2020年全球生产的所有电动汽车中，有40%来自中国。

中国小汽车的千人保有量不足200辆，远低于发达国家水平，未来的市场规模将超过百万亿元，在汽车领域有望通过电气化实现"弯道超车"的情况下，新能源汽车及上下游产业链将成为社会投资的焦点。国内大量民间资本和高科技公司，如华为、百度、小米纷纷宣布加入电动车制造领域。在可预见的未来，我国的电动车将呈现爆发式增长。除此之外，我国正讨论传统燃油车的禁售时间，海南省已经率先宣布到2030年禁售燃油车，预计其他地区的禁售时间在2035—2045年。在技术、资本和政策层层加码下，新能源汽车的市场占有率有望在2030年与燃油车持平，2035—2040年新能源汽车保有率将超过传统燃油车，到2050年新能源汽车保有率有望超过70%。

当前储能技术的能量密度还不够高，对于需要长途运输的大型货车，如果采用储能技术，会使货车的自重变得无法承受，所以当前电池技术无法满足它们的用能需求。其零碳解决方案是使用氢能燃料电池，因为氢能的能量密度远远大于锂电池。目前国内氢能货车还处于研发中，尚未有厂家实现商业化生产，所以大型货车的脱碳也属于较为困难的领域，还有待电池技术和氢能技术实现突破。

与新能源汽车配套的是充电桩的发展。新能源汽车虽然在某些方面优于传统燃油车，但是其续航能力仍存在短板。要解决这个短板，一是提高电池的能量密度，需要等待相应技术的突破；二是增加充电桩的数量，截至2021年3月，全国新能源汽车保有量达551万辆，而充电桩保有数量不到200万个，远未达到车桩比 1∶1 的目标。充电桩保有量会极大影响新能源汽车的使用体验，所以加快充电桩建设速度，甚至进行适当的超前建设可以有效增加新能源汽车的销量，形成新能源汽车与充电桩的良性互动。

7.4.1.8　其他交通领域

我国的轨道交通除了少部分支线列车以外，大部分轨道交通都已经实现电气化。根据《中国可持续交通发展报告》，截至 2020 年，全国铁路电气化比例已经达到 71.9%，预计在不久的将来，轨道交通的电气化率将达到 80% 以上。对于难以实现电气化的铁路，可以利用氢燃料电池技术。目前船舶的主要燃料仍是柴油和残渣燃料。船舶燃料的脱碳化可以参考道路运输，即小型船舶采用化学电池技术，大型船舶采用氢燃料电池技术。在航空领域，因为对载重要求较高，所以将当前能量密度的化学电池作为航空动力存在困难，可以考虑以氢能动力和生物燃油代替航空煤油。使用生物燃油代替航空煤油的方案，不需要对飞机进行改造，是一种较为经济可行的替代方案，目前已经有部分飞机成功实现了生物燃油对航空煤油的部分替代。预计到 2050 年，80% 以上的车辆、50%以上的船舶和 90% 以上的民航飞行器将使用电力、氢能和生物燃料等零碳能源。

7.4.1.9　化石能源

在能源领域的排放中，还有一种特殊的排放，就是能源开采中的逃逸排放，主要是指煤炭和油气开采中的甲烷排放。虽然这部分的排放会随着化石能源使用量的降低而降低，但化石能源的退出是一个漫长的过程，而此部分的排放较大，所以需要考虑在化石能源退出之前进行治理。

根据国家温室气体清单数据，2014 年我国化石能源开采中的逃逸排放为 4.6亿吨二氧化碳产量，约占我国总温室气体排放的 3.7%。其中燃煤开采逃逸排放 4.4 亿吨二氧化碳产量，油气系统逃逸排放 0.2 亿吨二氧化碳产量。所有煤炭在开采过程中会伴生煤层气。煤层气俗称瓦斯，它在煤的形成过程中一起形成，吸附在煤基质颗粒表面、游离于煤孔隙之中，主要成分为甲烷。煤层气在煤炭开采前、中、后都会持续产生。一般煤矿在开采前会先将高浓度的煤层气抽出，这部分的煤层气得到了资源化利用。而对于浓度低于 10% 的煤层气，常规做法是直接排空。在煤炭开采的过程中，为保证矿井的安全，需要将井下空气持续抽出，此部分空气虽然甲烷含量极低，但总量非常大。

对于低浓度的煤层气的减排，目前比较成熟的办法是将其收集起来，进行压缩氧化后排空，产生的热量可以用来生产低品位蒸汽和热水。如果附近有需求方，其具有一定的经济效益，但一般煤矿地处偏远地区，附近需求量小，所以普遍不具备经济性。在没有新的技术出现之前，可以通过政策强制煤矿企业进行氧化后再排空来实现减排，或者通过碳交易鼓励煤矿主或民间资本投资相关的减排项目。

7.4.2　其他领域碳中和路径

虽然能源领域排放占我国温室气体排放的 77.7%，但其碳中和路径相对比较明确：能实现电气化的就进行电气化改造后使用新能源电力，不能实现电气化的则使用绿氢。对于剩余的 22.3%的温室气体排放，大部分为非二氧化碳温室气体，其特点为排放类型复杂、排放源分散，减排难度普遍较高，绿色溢价远超传统技术，甚至部分领域目前根本没有可行的减排技术，属于深度减排领域。虽然这些领域的减排大部分不是当前的重点考虑对象，但需要从现在就开始着手技术研发，以便在碳中和进程的后期形成技术优势，保证碳中和目标的顺利达成。

根据我国 2014 年国家温室气体清单数据，我国 2014 年除了能源领域的排放以外，工业生产过程中 CO_2 的排放量约为 17 亿吨，主要包括非金属矿物制品、化学工业、金属冶炼、卤烃和六氟化硫生产和消费产生的排放；农业活动产生的 CO_2 排放为 8.3 亿吨，主要包括动物肠道发酵、动物粪便管理、水稻种植和农业土壤的排放；土地利用、土地利用变化和林业排放的 CO_2 为-1.1 亿吨，主要包括林地、农地、草地和林产品的碳汇；废弃物处理排放的 CO_2 为 1.9 亿吨，主要包括固体废弃物处理和废水处理的排放。

（1）工业过程

工业过程中的排放主要是指在工业生产过程中以非获取能源为目的的化学反应产生的温室气体排放。例如，水泥生产过程中的主要化学反应就是将石灰石中的碳酸钙通过高温煅烧后分解为氧化钙和二氧化碳，此部分的二氧化碳并非由燃烧化石能源产生，所以属于工业过程中的碳排放。

（2）非金属矿物制品

非金属矿物制品的排放主要是指水泥和平板玻璃等在生产过程中因煅烧碳酸盐而产生的排放，其 CO_2 排放高达 9 亿吨，但目前除了通过 CCS 进行地下封存以外，并无其他可行的技术。电石渣、高炉矿渣、粉煤灰、钢渣等可以替代部分石灰石原料来实现减排，但本身资源较少，总体上对于水泥工业过程中的减排贡献不大。

（3）化学工业

化学工业生产过程中排放的 CO_2 虽然只有 2.3 亿吨，但其属于排放种类最为复杂的领域，基本上煤化工和石油化工领域都或多或少地会产生排放。根据《IPCC 国家温室气体清单指南》，除氟化工以外，化学工业生产过程排放主要分为八个行业。

化工行业的减排可以根据排放温室气体种类和行业性质制定相应的减排措

施，对于氨气生产的二氧化碳排放，因为其本身浓度足够高，所以可以考虑将其收集提纯并作为副产品销售。而在石油化工中，部分工艺本身需要使用二氧化碳，所以可以考虑将二氧化碳收集起来就地消化。

N_2O 的排放主要来自硝酸和己二酸等产品生产过程中的副产物，2014 年 N_2O 排放高达 9600 万吨 CO_2，接近整个化工过程排放的一半，所以需要重点关注。目前通过在氧化炉内添加催化剂进行减排的技术已经相对成熟，但需要额外付出成本，在没有政策或者碳市场支持的情况下，很难实现减排。对于其他化工行业较为分散的过程排放，除了采用 CCS 技术以外，目前没有较好的减排措施。

（4）金属冶炼

金属冶炼的主要原理是将金属矿物中的金属氧化物，通过与焦炭进行还原反应来得到纯金属，在此反应过程中，焦炭将被氧化生成二氧化碳。2014 年我国金属冶炼产生的 CO_2 排放为 2.7 亿吨，绝大部分排放来自钢铁冶炼。对于金属冶炼过程中的排放，主要减排方向为采用绿氢作为还原剂进行冶炼，目前部分示范项目已经启动。在未来氢气成本大幅降低的情况下，钢铁的氢冶炼成本有望与焦炭冶炼持平。减少炼钢过程排放的另一个可行方式是改用短流程炼钢，即不使用铁矿石炼钢，而是使用废铁和废钢进行炼钢，这种方式无还原过程，所以基本不会产生过程排放，属于资源的综合利用范畴。

（5）废弃物处理

2014 年，我国废弃物处理排放的 CO_2 总量为 1.9 亿吨。废弃物处理主要来自城市垃圾焚烧、垃圾填埋和污水处理相关排放，其中垃圾焚烧和垃圾填埋的排放量为 1 亿吨 CO_2，废水处理排放的 CO_2 为 0.9 亿吨。减少垃圾处理产生的排放，最好的处理方式是垃圾的减量化，即倡导垃圾分类、减少不必要的购买行为、延长物品使用寿命等。对于垃圾填埋和污水处理产生的甲烷排放，可以投入甲烷回收装置进行焚烧后再排空，在规模允许的情况下可以投入发电设施进行发电。根据相关资料，我国垃圾填埋回收利用率极低，覆盖率不足 12%。

此外，固体废弃物资源化利用不但能够减少废弃物处理产生的排放，还能减少这些物品生产过程中产生的排放，我国当前固体废弃物资源化利用率普遍偏低，从上游的垃圾分类到中游的垃圾转运和分拣，以及下游的垃圾资源化利用的整个产业链都比较薄弱。钢铁、水泥、有色金属和塑料等可再生资源的回收利用还有很大的增长空间。在相关政策和产业配套齐全的情况下，固体废弃物的资源化利用不但不会产生额外减排成本，而且会产生一定的收益，是近期应大力发展的减排领域。

（6）土地利用、土地利用变化和林业（LULUCF）

2014 年，我国土地利用、土地利用变化和林业领域实现了 11.1 亿吨的净碳汇，也就是碳吸收，主要归功于我国长期以来大力推进植树造林和退耕还草政策。在这 11.1 亿吨碳汇中，有 8.3 亿吨来自林地、0.5 亿吨来自农地、1 亿吨来自草地、1.1 亿吨来自林产品。在 LULUCF 领域，并不是所有国家都能够产生碳汇。从全球范围来看，每年的森林面积其实是在减少而非增加，这些减少的森林通过焚烧的方式将储存在树木中的碳重新以二氧化碳的方式释放到大气当中，大约每年向大气中排放 7 亿吨的二氧化碳。所以，中国在 LULUCF 领域实现了 11.1 亿吨的碳汇是一件很了不起的事情。即使如此，我国在第二次提交国家自主贡献的过程中将 2030 年的森林蓄积量从 40 亿立方米提高到 60 亿立方米，足以体现我国对增加林业碳汇的重视程度。

本章小结

我们的生活方式在数字化增强的生态社会中已经发生改变，从这个意义上讲，绿色新政的基础设施建设既是基础设施的改变，又是意识的改变。

节能是实现碳中和很重要的手段，节能涉及的领域非常广泛，我国的工业企业也确实有很大的节能空间，但传统的余热余压利用和电机变频改造等技术，其实已经没有多大空间，而且竞争非常激烈。未来更多的节能空间将来自各行业自身工艺技术的低碳化突破，如氢能炼钢，以及工厂智能化带来的节能，如工业互联网、机器人、智能控制、数字孪生技术等。

高能耗的制造业在碳中和背景下会产生两极分化，因为我国已经确定了按照基准线法进行配额分配，所以碳排放强度低于平均水平的企业将会从碳市场中获益，从而有更多资金进行低碳技术迭代；而碳排放强度高于平均水平的企业将会在碳市场受损，导致自身的成本越来越高，最终被市场淘汰。除此之外，我国的能耗双控制度在碳中和背景下会给部分省市的企业生产造成很大压力。2021 年已经出现过因能耗超标而导致企业减产、停产的情况，所以在投资高能耗制造业相关股票时，首先要考虑相关企业的碳排放强度是否处于行业低水平，其次要考虑相关企业所在地区能否承受较大的能耗双控考核压力。对于环保领域的投资方向，因为未来化石燃料的使用将会持续降低，所以大气污染治理相关的行业，如脱硫脱硝、细颗粒物治理等的市场空间将逐渐被压缩，并不是很好的投资标的。而资源循环利用相关行业，如工业废弃物的再生和循环利用、生活垃圾的分类分拣和回收利用等相关行业，在将来会有较大的成长空间。

今后，我们可以关注一些深度脱碳的行业，如氢能炼钢、植树造林、CCS 等行业，这些行业在短期内可能不大受关注，但随着脱碳方向，如新能源和电气化技术逐渐成熟，人们的目光就会聚集到这些较难脱碳的领域中。

思考与练习

1. 什么是创新生态和创新生态系统？
2. 简述碳减排对健康生活环境的重要性。
3. 简述创新生态的特点。
4. 简述产业创新生态系统的功能。
5. 简述能源领域碳中和的路径。

8 双碳与技术创新

8.1 技术创新的内涵

8.1.1 技术创新的定义

技术创新是通过在科学技术方面提出新构想，再经由研究开发抑或技术组合，进而最终获得实际的应用成果并产生社会经济效益的商业化活动。

8.1.2 技术创新的必要性

技术是推动社会进步、提高生产力的重要因素。在我国既要保持经济的高质量发展，又要在40年内以中国速度实现全社会能源低碳转型的背景下，大力发展可复制、可推广的低碳技术，是实现碳中和目标的根本路径。

可以预见，在未来几十年，以碳捕获、利用与封存（CCUS）技术、可再生能源技术、电气化技术、信息技术等为中心的一系列低碳技术发展路线将在能源转型中发挥不可替代的作用。CCUS技术能够帮助高耗能行业提升能源利用效率；可再生能源技术、电气化技术的发展将加快传统化石能源的淘汰，推动清洁能源产业结构的进一步升级换代。此外，大数据、物联网、人工智能等信息技术也将助力我国碳减排进程，对于减少碳排放具有重要意义。

然而，由于我国的碳减排技术起步较晚，相关技术的深入研究与大规模应用还未进入快车道。现阶段大部分技术仍处于前期研究阶段，对碳减排、碳替代的贡献还相对较小，未来能否大规模推广应用还是未知数。我国距离完全消减碳排放需求和实现能源替代的愿景目标还有很长的一段路要走。

8.1.3 技术转型面临重重挑战

构建新型低碳工业体系是碳中和目标下的大势所趋，未来许多行业将面临不同程度的工艺技术转换需求，如钢铁行业的焦炭炼钢向氢气炼钢转变、燃料电池对燃油的替代，工业生产中可回收材料的利用等。然而，实现能源结构转型并非易事，一个大型国有企业能源转型带来的改变不亚于一个发达国家的变化，其技术实现的难度和规模可想而知。同时，一些"靠天吃饭"的可再生能源技术还将面临安全性和稳定性等不确定性因素，这将进一步加大企业能源转型的技术难度。此外，实现能源结构转型需要的是科学技术的不断创新。由于我国碳中和进程与国外相比起步较晚，碳中和技术面临着发展滞后的难题。目前来看，我国碳中和各技术链条发展水平差距较大，尚未达到大规模商业化运行的水平，技术成本较高，因此还需加大创新研发力度，以商业化目标为前提，进一步降低减排技术的成本与能耗。

8.2　技术创新的测度

8.2.1　技术创新的机制

目前，对绿色技术创新的测度并没有统一的见解，在关于绿色技术创新的理论研究中，主要采用绿色全要素生产率（TFP）来衡量绿色技术创新。而在实证研究中主要采用以下几种指标：①采用绿色 TFP 作为衡量绿色技术创新的指标。②采用绿色技术创新率作为衡量绿色技术创新的指标。③采用绿色技术效率作为衡量绿色技术创新的指标。

8.2.2　技术创新的测度方法

绿色技术创新率是衡量与环境保护及可持续发展相关的技术创新较为合理的指标。绿色技术创新率的测度方法较多，在实证研究中有很多种类，包括隐性变量法、索洛余值法、随机前沿生产函数法和数据包络分析法等。

8.2.2.1　隐性变量法

采用隐性变量法求出的绿色 TFP 增长率可以代替绿色技术创新率，从而得出可持续型高新科技的进步率。隐性变量法的原理是将绿色 TFP 视为一个变量，在此基础上借助状态空间模型（state-space model）和极大似然估计来得出绿色 TFP 增长率。其具体计算过程如下：首先采用柯布-道格拉斯生产函数，假设规模收益率不变，则使用不同的生产、劳动力和资本序列来建立回归方程。

$$\Delta \ln Y_t = \Delta \ln TFP_t + \alpha \Delta \ln(K_t) + (1-\alpha)\Delta \ln(L_t) + \varepsilon \qquad (8-1)$$

其中，$\Delta \ln TFP$ 为隐性变量，即绿色 TFP 增长率。如果变量遵循自回归模型 AR（1），则得到状态方程式（8-2）：

$$\Delta \ln TFP_t = \rho \Delta \ln(TFP_{t-1}) + \vartheta_t \qquad (8-2)$$

其中，ρ 为自然回归系数，$|\rho|<1$，ϑ_t 为白噪声。建立回归方程式（8-1）和状态方程式（8-2）的状态空间模型，通过极大似然变量法的估计误差即可计算得出绿色 TFP 的增长率。隐性似然变量法的主要优点在于将所有的绿色 TFP 增长率视为一个独立的似然状态变量，从而有效地剔除误差，并去掉一些似然测算估计误差对绿色 TFP 增长率估算的影响（郭庆旺、贾俊雪，2005）。同时，还可以解决数据非平稳性而导致的伪回归问题。

8.2.2.2　随机前沿生产函数法

随机前沿生产函数法可以计算绿色 TFP 及其组成部分。因此，我们可以采用该方法来计算绿色技术创新率。

巴蒂斯和科埃利（Battese and Coelli, 1995）提出了随机前沿模型，该模型在科学研究中得到了广泛的应用。其模型的基本形式如下：

$$\ln Y_{it} = f(x_{it}, \ t, \ \delta) + \vartheta_{it} \ (i = 1, 2, \cdots, N; \ t = 1, 2, \cdots, T) \qquad (8\text{-}3)$$

在式（8-3）中，Y_{it}、x_{it} 分别表示产出与投入量；t 为技术进行的时间趋势；δ 表示参数向量；f 为前沿生产函数；ϑ_{it} 为随机误差项。随机前沿生产函数法的优点在于将误差项分为随机误差项和技术无效率项两个部分，但由于随机前沿生产函数模型需要事先设定生产函数的形式和行为约束，这可能会造成绿色技术创新率的测度值存在一定偏差。

8.2.2.3　数据包络分析法

由于数据包络分析法可以将绿色 TFP 分解为绿色技术进步、绿色技术效率和规模效率的变化，也可以用数据包络分析法来计算生产的绿色技术进步速度。在 1953 年提出的消费分析模型的基础上，塔里夫等（Tarif et al，1994）将 Malmquist 指数与数据包络分析（DEA）理论结合起来，并进一步分解绿色 TFP，并由 Malmquist 指数进行计算。法勒等（Fare et al，1994）将 Malmquist 指数定义如下：

$$M_i(x^t, \ y^t, \ x^{t+1}, \ y^{t+1}) = \left(\frac{D_i^{t+1}(x^{t+1}, \ y^{t+1})}{D_i^{t+1}(x^t, \ y^t)} \times \frac{D_i^t(x^{t+1}, \ y^{t+1})}{D_i^t(x^t, \ y^t)} \right)^{\frac{1}{2}} \qquad (8\text{-}4)$$

在式（8-4）中，$D_i^{t+1}(x^t, \ y^t)$ 表示用第 t 期技术表示的（$t+1$）期技术效率水平。非参数的 Malmquist 生产率指数法虽然可以弥补随机前沿生产函数法的部分缺陷，但该方法没有考虑随机误差的存在，这将对测量结果的准确性产生一定影响。

8.3　双碳与技术创新的关系

8.3.1　双碳促进技术创新

碳中和是全球共同的目标，无论是发达国家还是发展中国家都提出了碳中和的目标，其中美国、欧盟、日本的目标是 2050 年实现碳中和，印度是 2070 年实现碳中和。碳中和要求控制温室气体排放，希望温室气体的排放与大自然吸收相平衡，绝大多数温室气体是化石能源燃烧排放的二氧化碳，能源系统转型成为首当其冲的任务。非化石能源主要的存在形式是电力，工业、建筑、交通都要把用能形式变成以电为主，从而催生了这些行业的再电气化过程，并且伴随着新技术的出现。

前文我们详细介绍了中国各个领域的碳排放情况及中和路径，但如果缺少减排技术的支持，一切都是无源之水、无本之木。在前文介绍碳中和路径的同时，也提到很多技术，有些技术适用范围广、减排量大，可适用于多个部门，属于实现碳中和的关键技术领域。本节将对实现碳中和的几种关键技术的发展现状、发展趋势及相互之间的关系进行简单介绍。

8.3.2　技术创新是"双碳"目标实现的基础

目前太阳能光热发电整体效率为 20%～34%，略高于光伏发电，但因为要经过一系列的能源转化过程，其建造成本和运行成本都远远大于光伏发电。目前光热发电的成本高于 1 元/千瓦时，随着技术的成熟及产业的规模化，预计到2030 年可以下降到 0.4 元/千瓦时。因为光热发电中的导热介质自带储能功能，可以实现 24 小时不间断发电，而且启停响应速度远高于传统的火电，所以其是最好的调峰电源。在考虑储能和碳价成本的情况下，太阳能光热发电或将成为基荷和调峰电站的主力。

储能技术是两大新能源的重要支撑。虽然储能技术并不是直接减少碳排放的技术，但在减碳的两大新能源领域——新能源电力和新能源车的发展，都严重依赖储能技术。所以储能技术当之无愧是实现碳中和的关键技术之一。在新能源电力领域，因为电力具有供需实时平衡及难以大规模存储的特点。大规模可再生能源发电并网，将加剧电力系统供需两侧的波动性与不确定性。根据《中国氢能产业发展报告 2020》，当全国非水可再生能源装机达到 2000 吉瓦以上时，传统的电力系统调节和优化手段将遭遇天花板。此外，太阳能的季节性也很强，冬季的太阳能发电效率将大幅降低，所以还存在跨季节储能的需求。因此，随着可再生能源装机规模的扩大，储能设施的建设也必须跟上，才能保证电网的安全运行。根据落基山研究所相关研究，我国实现碳中和时，预计储能设施的装机规模将达到 800 吉瓦以上。储能技术类型可谓五花八门，总体来看，现有的储能技术主要分为五类：机械储能、电气储能、电化学储能、热储能和化学储能。目前世界占比最高的是抽水蓄能，其总装机容量规模达到了 127 吉瓦，占总储能容量的 99%；其次是压缩空气储能，总装机容量为 440 瓦；排名第三的是钠硫电池，总容量规模为 316 瓦。从储能规模上我们可以看出，抽水蓄能是目前电网大规模储能的主要手段，但因其对地势的依赖性强，且投资大、损耗高，并不会成为未来储能的发展趋势。在诸多储能技术中，最有可能成为电网大规模储能技术的是电化学储能中的锂离子电池和化学储能中的氢储能，两者因为各自特点不同，其应用场景又稍有区别。电化学储能的优点在于转化率高达 95%以上且响应快，其缺点是能量会自己耗散，不适合长期储能，所以更适用于电网调峰。而氢能以气态形式存在，几乎不存在能源的耗散，所以更适用于跨季节储能，但其缺点是能源转化率低，只有 40%左右。

8.4 双碳与技术创新的路径

8.4.1 互联网高科技行业：推动运营减排，科技赋能生态碳中和

相较于传统行业，互联网高科技行业似乎自带"绿色基因"。尤其是受新冠肺炎疫情的影响，数字化转型已经成为全球共识，互联网技术成为帮助传统行业加速摆脱线下物理局限性、节省更多办公场地和自然资源的"救星"。但是，高新技术的运行需要消耗电力，而电能的来源又可以追溯到化石燃料燃烧。因此，在彻底摆脱对火电的依赖前，互联网高科技行业的绿色提升空间始终广阔。国际环保组织"绿色和平"发布的《迈向碳中和：中国互联网科技行业实现100%可再生能源路线图》报告显示，随着全球信息和通信技术（ICT）产业的迅速发展，温室气体排放占比将会从2007年的1%～1.6%增长到2040年的14%以上。高科技行业间绝大多数碳排放量来自价值链，其减排需要产业链的协同配合。国内外的领先企业均已踏上了碳中和的征程，并积累了一些经验。科技企业可以通过"三步走"来探索适合自身的碳中和之路，同时赋能其他行业，加速绿色改造。

8.4.1.1 "危""机"四伏

碳中和时代，互联网高科技行业面临新挑战和新机遇。在碳中和约束下，互联网高科技行业减碳虽然不像工业、交通和建筑业那样迫在眉睫，但同样遭遇一系列新发展挑战，面临一系列新发展机遇。只有在"危""机"四伏的环境里精准把脉、对症下药，才有可能化"危"为"机"，转"危"为"安"。

（1）互联网高科技行业之"危"：内部能耗加剧与价值链放大效应。

挑战一：样本科技企业的能源消耗占比将快速上升，碳中和压力巨大，数字经济的蓬勃发展，5G、物联网、人工智能等新技术的加速应用，带来了数据流量的井喷式增长。为此，互联网高科技企业建起一个个大型数据中心，内含数以万计的服务器，日夜不断地计算、传输和存储海量数据，并持续消耗大量能源。如图8-1所示，1987—2017年的近30年间，互联网行业流量从2TB（万亿字节）涨到1.1ZB（10万亿亿字节），流量的背后是能耗的加剧。

早在2014年，专家就对数据中心碳排放情况进行了测算。一个高端数据中心的用电量相当于30～40栋高密度住宅楼房的用电量，其能耗主要源自数据中心的运行及冷却散热。因此，每年的高额电费支出成为数据中心的主要开销。为了节省成本，一些大型互联网公司会建立自有发电站来维持数据中心的运营，不过这些发电站不像科技公司本身一样充满技术智慧，反而仍旧依赖最传统的火电发电模式。

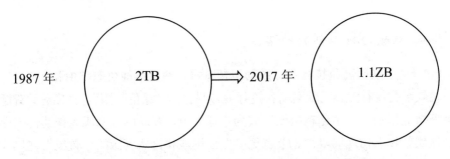

图 8-1 1987—2017 年互联网行业流量增长变化图

资料来源：《自然》杂志，BCG 分析。

注：据《自然》杂志发表的一篇论文计算，互联网流量从 1987 年的 2TB 增长到 2017 年的 1.1ZB（TB 和 ZB 都是计算机储存容量单位，TB 是万亿字节，ZB 是 10 万亿亿字节，1ZB 约为 10 亿 TB），平均传输 1GB 的数据需要消耗 13 千瓦时电量。2017 年，全球互联网能耗为 2000 太瓦时（1 太瓦时等于 10 亿千瓦时，2000 太瓦时等于 2 万亿千瓦时），占全球能耗的 7%，需要 200 个三峡大坝的发电量才能满足。

除数据中心的运行外，日常办公、员工出行及部分科技企业涉及的制造、物流等经营活动（比如，由 ICT 生产的各类满足消费者日常生活、娱乐所需的消费电子类产品及服务，如大数据、云计算、人工智能、物联网、机器人、数字安全设备、网络运行等），也在不断推高行业整体用电量。特别是随着移动网络的全面普及，未来 10 年内，网络耗电量将突飞猛进，几乎能占到科技行业用电量的一半。通俗地讲，每个爱玩网游、爱追剧、爱刷微博的人，都参与了温室效应的建设工程。一个典型的例子是，当将"标清"视频切换为"高清"时，其所带来的碳排放量就增加了。据统计，2015 年全球科技企业自身用电量约为 2370 太瓦时，约占各行业总用电量的 11%，相当于每 10 千瓦时电中，就有超过 1 千瓦时的电被科技行业占用。这一数值目前仍在上涨，到 2030 年，科技企业用电量预计将攀升至 8000 亿太瓦时，占比超过 20%，接近翻番。面对日益增长的能源消耗，科技企业面临的将是同步增多的减排义务。

挑战二：科技行业价值链碳排放量远超过自身碳排放量，难以在碳中和里独善其身，与科技企业组成一整条生产价值链的上下游企业才是碳排放的主体，这些企业为科技企业生产配套产品，其碳排放总量远高于科技企业自身。这就是碳中和背景下科技行业的价值链放大效应。

在此基础上，定义"价值链碳排放量倍数=范围 3 碳排放量/（范围 1 碳排放量+范围 2 碳排放量）"，即外部总排放量相对于内部总排放量的倍数，通过这一倍数可以更直观地看出科技企业背后那些"看不见的碳轨迹"。

以谷歌、微软这两家全球领先的互联网科技公司为例，2019 年，谷歌全年直接碳排放量（范围 1）为 7 万吨二氧化碳，间接碳排放量（范围 2）为 79 万吨二氧化碳，而其导致的上下游企业碳排放量（范围3）达1167万吨二氧化碳，范围3占比达93%；在2020年，微软的直接碳排放量（范围1）为11万吨二氧化碳，碳间接排放量（范围2）为433万吨二氧化碳，上下游企业碳排放量（范围3）为1159万吨二氧化碳，范围3占比为72%。从两家巨头的官方披露信息看，其上下游企业排放来源主要包括采购商品服务、租赁数据中心、员工商务出行、通勤、上游制造商生产设备及运输、销售等环节。综上所述，高科技企业的碳中和挑战主要来自两方面："内"在数据中心和运营办公，"外"在价值链企业。值得庆幸的是，发现这些问题并非毫无益处，优化数据中心和日常办公能耗情况，可以帮助企业"省电省钱"；助力价值链企业减排，不仅可以巩固上下游企业关系，带动产能和效率，还可以凸显对社会责任的坚守，甚至带来潜在的商业收益。这些正是属于科技行业的"新机遇"。

（2）互联网高科技行业之"机"：天然的科技优势与广阔的效益增长空间。

有"危"必然有"机"。至少目前来看，上述挑战背后不仅隐含着"有形"的机遇，还带来了"无形"的财富。其关键在于，能否有效激活这些机遇的潜在价值。

机遇一：提升价值链排放表现，科技对其他行业的赋能意义将进一步凸显。

价值链企业的碳排放量固然巨大，但这也意味着可供改进的减排空间十分广阔。科技企业可以充分运用自身的技术优势，通过推动价值链各环节的技术创新，实现行业整体深度减排。比如，针对价值链中碳排放源头的火电厂，科技企业可以运用人工智能（AI）技术赋能传统火电厂进行智慧改造。利用人工智能全面梳理火电厂历史数据，总结火电厂高效运行规律，得到更科学的火电运行策略，并通过监测各仪表实时状态，不断给出动态优化调整的运作方案，从而有效节约人力、物力，使能源利用率不断提高、污染程度持续降低。又如，针对终端消费环节，一方面可推动能源利用效率提高，以及化工产品的回收利用，甚至是促进相关代替技术的发展，降低能源产品消费和处置环节的碳排放。另一方面，可以通过技术手段研发新型能源设备，为其他新型低碳能源使用提供可落地的方案，如以氢能等非化石能源替代化石能源，并用于交通、化工生产等领域，快速、高效制取氢元素，实现氢能向热能、电能的持续稳定转化，这些都离不开高科技手段的加持。

此外，在碳中和目标导向下，油气等化石燃料的增长空间及未来生存空间在一定程度上取决于碳减排、碳捕获和储存技术的发展进程，相关领域将迎来新一轮的技术创新高潮。

机遇二：借力碳中和倒逼，科技企业将形成更强的发展适应性，产生更可观的经济效益。

从运营的经济效益来看，取缔互联网大型数据中心的自有发电站是不太现实的，而关闭数据中心更是不可能实现的。所以，在碳中和目标约束下，科技企业必将加快寻求实现数据中心节能减排的绿色升级方案，倒逼形成更加健康可持续的运营模式。一个令人欣喜的事实是，目前中国国内数据中心的发展已经迎来了"政策红利期"。2020年3月4日，中央政治局常务委员会会议提出：要加大公共卫生服务、应急物资保障领域投入，加快5G网络、数据中心等新型基础设施建设速度。显然，"东风已至"，科技企业要做的就是"借风启航"。波士顿咨询公司（BCG）通过参与全球各类绿色咨询项目，为数据中心绿色减排提供了一系列举措和方案，不仅提升了数据中心的绿色运营内涵，更帮助其获得了经济效益的巨大反哺。具体做法如下。

做法1：采购绿色节能的交换设备。作为数据中心的网络核心部分，交换设备在整个体系中扮演着非常重要的角色。科技企业一般通过优选在电源、芯片、端口、风扇等方面表现更好的中高端交换机来实现节能减排，以实现更高的效率和更少的能耗，反过来可为企业带来0~5%的成本收窄。

做法2：将数据中心服务器虚拟化。有了虚拟化技术，用户可以动态启用虚拟机（又称为虚拟服务器），每个服务器可以让操作系统误以为虚拟机就是实际硬件。这种做法不仅可以同时运行多个虚拟机，还可以充分发挥物理服务器的计算潜能，迅速应对数据中心不断变化的需求。许多公司通过使用虚拟技术来提高硬件资源的利用率，提高办公自动化，效率提升所带来的成本下降幅度可达5%~15%。

做法3：升级冷却技术。数据中心对空调设备控制环境的温度、湿度要求非常高，为使数据中心能高效散热，科技企业采取的降温减排手段包括检查空气流量并减少漏气，最大限度地采用水冷方式等，这些做法可最终压缩20%~30%的成本。通过上述努力，科技企业的生产经营活动不仅能更有效地适应低碳社会发展需求，还能通过减排措施创造约50%的降本空间，成功实现了生产效率和经济效益的双赢。

机遇三：通过履行低碳社会责任，科技企业将塑造出更积极的品牌形象、获得更广泛的社会声誉。

除了实打实的经济效益，科技企业通过推动碳中和，还可以获得名为"社会效益"的无形资产。是否履行低碳社会责任将成为评判一个企业好坏的价值标尺，对一个企业能否获得消费者和投资者的青睐产生重要影响。近年来，全球越来越多的企业都在积极响应和落实碳中和行动，实现碳中和成为企业承担社会责任的重要一部分。除"降本"之外，对生产和运营过程的绿色改造，同步打开了"增收"的新局面（如图8-2所示）。一方面，针对个人客户，科技企业通过绿色生产流程所设计制造的产品，借由"环保""健康""可持续"的定位，在环保意识显著增强的年轻一代消费群体里，很可能催生出一种新的"社交文化"或"价值标签"，形成新一轮消费卖点。另一方面，针对企业客户，科技企业的一系列绿色探索和改造，可以提炼总结为一套行之有效的产品和服务解决方案，为其他企业进行绿色赋能，这些都将为科技企业带来新的盈利增长点。

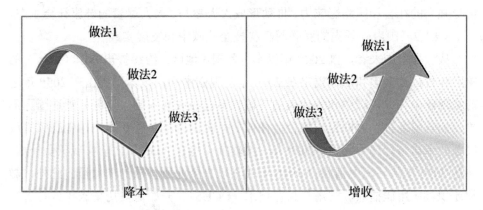

图 8-2 绿色生产运营下的"降本"及"增收"

资料来源：波士顿咨询公司（BCG）分析。

2020 年 1 月，微软宣布要在 2030 年实现碳负排放。同年，包括微软、耐克、星巴克在内的 9 家大型企业组建了一个名为"Transform to Net Zero"（向零碳排放转型）的全球碳中和组织，旨在分享减少碳排放的资源和策略。苹果公司在过去 10 余年对每一款产品都进行了供应链碳排放的调查，并发布产品碳足迹结果。谷歌已在碳智能领域形成了经验，如利用风能和太阳能为数据中心供电，应用人工智能来预测电力需求。华为每年都在节能减排、循环经济、可再生能源等可持续发展项目上设立短期和中长期目标，并发布相应的可持续发展报告。

碳责任的履行与否，将成为定义新时代好公司的价值标尺。从人才的角度来看，越来越多的人才也将企业是否履行社会责任作为选择雇主的考量因素。从消费者角度来看，未来的消费者也更愿意为能够扛起社会责任的、有担当的、有作为的企业买单。从投资者角度来看，能实现良好的可持续发展，同时具有社会责任心的企业，毫无疑问也更容易获得资本的青睐。这些无形资产，难以用金额来直接衡量，却是必然产生价值的社会效益。

另外，社会效益自带放大功能。在践行碳中和过程中，科技企业可以积极借力媒介平台资源，在履行自身义务的同时，注重带动社会大众投身到碳中和事业里来。这样做无异于同步开展了一次次高质量的正向品牌宣传，对于丰富企业形象、强化绿色人设起到很好效果。比如，面向公众开展与碳中和相关的环保科普教育，发起类似"健康出行打卡"等喜闻乐见的公益环保行动，发起一项自带"热搜"光环的环保话题。对于高科技企业，特别是互联网企业而言，不仅能充分发挥其既有的流量和渠道优势，还能进一步强化宣传自身品牌，借自身强大的社会和网络影响力，推动形成人人参与、人人尽责的健康社会生态。

8.4.1.2　国内外领先的互联网高科技企业碳中和发展实践

从世界范围来看，自 2020 年以来，各国（地区）纷纷提出本国（地区）的碳中和目标：美国和欧盟提出在 2050 年实现碳中和，日本则提出在 2050 年之前实现碳中和。以碳中和为代表的气候政治已经成为各国（地区）塑造国际形象、提升国际影响力的最新舞台，任何一个大国都不希望在这一轮围绕碳排放议题的承诺与行动中落后。2020 年，微软宣布将在 2030 年之前实现碳负排放，并在 2050 年从环境中消除自 1975 年成立以来企业所排放的碳总量。此外，微软还积极应用碳捕获、利用与封存技术（CCUS），开始对其历史碳排放量进行逐步抵消。根据微软于 2021 年 2 月公布的信息，其在宣布 2030 年碳负排放承诺的第一年里，碳排放量减少了 6%，约 73 万吨，并通过全球的 26 个项目，采购了可消除 130 万吨碳排放量的解决方案。同时，微软还首度发布了《环境可持续发展报告》。这份年度报告不仅回顾了微软对于碳负排放的承诺，也涵盖了微软在保护水资源、推进零废弃及打造用于收集有助于提升全球生物多样性数据的"行星计算机"等方面的努力。与美国科技巨头相比，虽然我国的互联网巨头提出碳中和目标的时间较晚，但为此付出的努力却并未落后。例如，2021年 3 月 12 日植树节，蚂蚁集团提出对于碳中和的承诺，并预期将在 2030 年达成这个目标。此外，在 2021 年 2 月末的世界移动通信大会（MWC）上，华为副总裁周桃园提出了华为数字能源零碳网络解决方案，具体包括极简站点、极简机房、数据中心、绿电四个方面。未来，华为将融合智慧能源云，助力运营商应对内外挑战，推动运营商向低碳、绿色、可持续发展方向努力。

国内互联网高科技领军企业的低碳路径有着较高的一致性，主要聚焦三个方面来实现节能减排：一是减少数据中心能耗。数据中心是互联网企业产生直接排放的最主要源头，优化数据中心的能耗水平，目标就达成了一半。二是改良企业内部运营模式，主要是针对员工，通过倡导、实施低碳环保的办公行为，使企业由内而外地闪烁出"绿光"。三是加强用户绿色行为引导。主要是针对外部，通过发挥互联网企业多样化的产品、渠道和流量优势，引导广大用户积极参与绿色低碳活动，树立生态保护意识，养成绿色行为习惯。此外，对于能力强大的公司，还可以积极赋能外部行业，带动全社会一起减碳降排。目前，国内互联网高科技领军企业已纷纷跟进，联想、百度、阿里巴巴、腾讯、京东、字节跳动等企业都已融入碳中和大潮。联想、百度、京东等的低碳实践，甚至作为案例被纳入了 BCG 与联合国全球契约组织共同发布的全球首份《企业碳中和路径图——落实巴黎协定和联合国可持续发展目标之路》报告。值得一提的是，联想在 2020 年 12 月 15 日由彭博（Bloomberg）发布的中国内地上市公司"环境、社会与公司治理披露表现排行榜"上位列第一。纵观排名前 20 的公司，摩根士丹利资本国际公司（MSCI）评级 A 级以上的仅有 5 家，而联想是唯一一家获得 AA 级的企业，为全球同行业最高等级。能力越大、责任越大，像联想这样的行业头部企业，有义务也要有觉悟，把绿色低碳当作一项功在当代、利在千秋的事业，为同行建立标杆。

8.4.1.3 国外互联网科技巨头的碳中和布局

信息技术产业是美国重要的支柱产业之一，这也意味着它是各个产业中的碳排放量大户。近年来，随着全球变暖危机加剧，不少互联网科技巨头开始加入节能减排的行列，并在 2020 年纷纷提出了实现碳中和的目标。如表 8-1 所示，截至目前，美国互联网科技巨头均已推出了明确的碳中和目标计划。例如，谷歌已经在 2017 年通过购买可再生能源，抵消其使用的非可再生能源，以实现 100% 的可再生能源使用，并计划在 2030 年，通过零碳发电及存储技术完全实现 100% 可再生能源使用；微软承诺在 2030 年成为一家碳负排放公司；同样在 2030 年，苹果计划实现供应链与产品碳中和；亚马逊定下的目标是在 2040 年实现碳中和。

表 8-1 美国互联网科技公司碳中和目标

时间节点	亚马逊	微软	谷歌	脸书	苹果
实现碳中和时间节点	2040 年	2030 年碳负排放	2007 年（公开承诺逐步实现碳中和）	2030 年（全价值链）	2020 年（公司运营层面）2030 年（供应链与产品）
实现 100% 可再生能源使用时间节点	2025 年	2025 年	2017 年	2020 年	2018 年
清除历史碳足迹时间节点	尚无该目标	2050 年	2020 年	尚无该目标	尚无该目标

资料来源：波士顿咨询公司（BCG）分析。

美国互联网科技巨头争相提出企业的碳中和目标和路线图也说明，碳中和不仅事关国家的国际竞争力与影响力，也是企业关注全球气候变化、具有强烈社会责任感的重要表现。企业的碳中和布局也从侧面说明了其有着较高的技术与管理水平，有能力改变传统的对高碳排放发展模式的路径依赖，适应第三次能源革命对其提出的新要求。

8.4.2　中国科技创新企业出发——"三步走"战略引领零碳发展

在碳中和背景下，中国的互联网高科技企业要实现绿色可持续发展，需要思考如何实现"小我"与"大我"的和谐、有机统一。

实现"小我"，是微观意义上的碳中和，事关企业自身具体如何实现碳中和目标，以及需要有效利用哪些资源。这些都事关企业层面的目标实现。通俗地讲，就是要"办好自己的事"。

实现"大我"，是宏观意义上的碳中和，这是科技本身赋予行业的特殊使命，即在碳中和目标实现的过程中，如何发挥科技对各行各业的赋能优势，如何充分运用技术手段激活碳中和的示范与扩散效应。超越自我，成就"大我"，是每一个科技企业在新时代无比光荣的使命与职责。

8.4.2.1　第一步：科学设定碳中和目标

虽然国内外领军企业提供了先进行业模板，但碳中和不是沿着前人走过的路按部就班就能实现的。特别是对于尚未具备相应能力的国内互联网企业，在系统性推进碳中和计划前，必须结合自身实际，设定科学合理的碳中和目标，制定切实可行的碳中和规划。若非如此，碳中和工作就很容易成为企业发展的负担而流于形式，对企业、员工和社会都将带来不利影响。

（1）定量与定性

应该如何科学设定碳中和目标，迈出关键的第一步？要包含定量、定性两大方面内容。

定量部分，需明确何时实现何种标准的碳减排目标，既要有方向，又要能落地。定性部分，需结合企业所处行业生态特点，与国家整体绿色低碳规划相结合，既要有一定高度，体现行业减碳的贡献力，又要具备一定的包容性；不要一味求快求多，搞"大跃进"；要能体现较强的号召力，在推进目标过程中，能带动全社会一同参与到碳减排的事业中。

（2）遵循三大原则

在细化确定上述两方面目标内容时，企业要遵循以下三个原则。

第一，合理可行原则。

碳中和目标的设定需从企业现实情况出发。长期愿景的确立应基于企业减排潜力与能力，并进行综合分析、判断。一方面，可在碳核算的基础上，估算企业整体减排空间；另一方面，通过对企业技术、资金实力进行评估，判断自身碳减排实力。由于碳中和是一项长周期、系统性工程，在设立长期愿景后，企业还需分解、明确阶段性任务，稳扎稳打、循序渐进，不断牵引最终目标的达成。

第二，战略契合原则。

碳中和目标设定需要顺应整体战略。碳中和作为企业关键战略举措之一，应与企业愿景、整体战略保持一致，避免冲突。同时，碳中和作为企业社会责任的重要组成部分，应从整体性出发，理顺两者之间的关系。

第三，顶层共识原则。

碳中和目标设定需获得核心高管的认同与支持。企业实现碳中和是一项长期、复杂的事业，核心高管需就碳中和远景目标、实施路径、实施方案达成充分一致，并为目标实现提供强力支持。

8.4.2.2　第二步：建立企业减排"三大聚焦"工作框架

根据企业能耗与碳排特点，我们能比较清晰地建立起关于互联网科技企业的减排"三大聚焦"工作框架——聚焦结构、聚焦效率、聚焦技术。

（1）优化结构

科技公司 90%的碳排放源于数据中心和建筑楼宇，因此，当务之急是着力提升清洁能源占比。从实践来看，互联网与高科技企业可灵活运用自建、交易、投资等手段，提升企业无碳、低碳能源使用比例。

自建：通过在数据中心、办公园区部署太阳能光伏装置，搭建水力发电设备等方式，直接产生并使用低碳能源。比如，亚马逊在全球累计搭建 8 个太阳能屋顶；微软在园区探索水力发电，同时其数据中心备用氢燃料也已测试使用成功，目标是摆脱柴油备用燃料。

交易：进行电力交易，包括与风场、太阳能厂商签署电力购买合约与购买绿证。比如，谷歌与欧洲、美洲、亚洲各地的风场和太阳能厂商签署直购电合约，巩固未来其 10~20 年的可再生能源来源。

投资：投资持有或建设风能、太阳能发电厂。以苹果公司为例，2019 年在全球使用的电力中，有 83%来自自设项目提供的清洁电力。

（2）提升效率

提升能源使用效率，既要聚焦暂未获得清洁能源替代的传统能耗场景，又要聚焦日常办公、商旅出行等存在节能减排空间的场景。企业可利用硬件、软件技术优势，如高效系统集成、高效制冷、高效水处理等硬件技术，以及利用人工智能算法进行照明、温度调节等软件技术，降低自身业务发展与日常运营整体能源需求。比如，谷歌通过开发和使用高能效的制冷系统，大幅降低数据中心所需能耗（仅为行业平均耗能的一半）。

第一，加强对传统能耗场景的数据监测。升级数据中心的能源结构并非一朝一夕可完成，在尚未完全摆脱对火电发电的依赖前，持续做好对数据中心能源使用活动数据的监测也十分必要。通过测算可以实时掌握数据中心能耗与碳排放情况，从而做好动态优化调整。测算内容包括直接电力使用量（数据中心耗电、自发电抵消）、直接热力使用量（数据中心温控耗能）、制冷剂使用量、电子设备和配件使用量（设备、配件的生产能耗）等。要通过员工日常监测维护，以及引入第三方专业供应商来获得上述数据。此外，数据中心的电池系统也存在较大优化空间，目前数据中心备用电池普遍选用浮充备用型电池，该种电池容量与体积大、功率低、成本高、一致性差、寿命短，有时因运转过热还会导致站点停机。企业可以采取高倍率铅酸蓄电池、高压直流锂电池、"储能+备电应用模式"等相对更优的储能方案，以进一步提升能源效率、降低减排强度。另外，要加强对日常办公能耗数据的监测，包括员工日常通勤能耗、企业用车能耗、员工差旅能耗、办公耗材或宣传物料产生的能耗等。这一做法有利于互联网企业借鉴微软的碳税举措，通过有效监测、计量各部门、员工日常办公的排碳情况，以较为精确、量化的方式对相应行为征收碳税。这样做既能加强对日常办公能耗的情况掌握，又有助于建立起有效的碳约束和碳激励机制。

第二，加强日常绿色办公理念推广和行为养成。首先，倡导低碳差旅。特别是对于员工有着大量商务出行任务的企业，应积极创造条件或鼓励员工在不影响工作成效的前提下，采取远程线上会议或跨办公室会议，出行时乘坐公共交通或新能源交通工具，并尽量选择离目的地近的酒店入住，减少重复、无效的旅途能耗。其次，打造节能型办公室。加快内部办公全流程的线上替代，实施无纸化办公；倡导使用非瓶装饮用水，减少塑料制品的使用；除非必需，会议材料尽量减少纸质呈现，降低各类耗材使用；在结束会议或办公后，坚持随手关闭各类电器电源，养成良好节能习惯。最后，有条件的企业应积极探索开发推广碳足迹 App，通过将 App 与个人绑定，实现对个人碳足迹的全面追踪和测算。可以通过组织内部竞赛来进一步强化激励相关分值高的员工，最终给予其相应的奖品和表彰等。

（3）更新技术

互联网企业是技术创新高地，在碳减排过程中，充分运用好自己的优势才是最"经济"的。例如，企业借助 AI 技术直接减少能耗，推动碳减排，享受"近水楼台先得月"的技术便利。在契合自身优势的同时，也要积极借助外部力量。特别是非头部的互联网企业，在技术条件尚不成熟的前提下，可积极探索与外部机构联合开发技术以解决碳减排中的难题，或者通过直接投资相关科创企业，实现碳减排技术的开发和应用，这些都有助于企业碳中和目标的加速实现。

当然，技术为我所用还只是"小我"的实现，技术更令人期待的所在是赋能行业升级，带动全社会共享技术溢出的红利，加速实现绿色转型。

8.4.2.3 第三步：积极推动科技溢出效应不断放大

目前，传统工业与能源行业仍是碳排放的主要来源，其中，钢铁行业碳排放量占整体能源结构的比重达 21.6%，化学品与塑料行业占比达 20.7%，水泥行业占比达 15.8%……传统工业与能源总体占比超过 80%，作为技术和创新发源地的科技企业，有能力也有义务帮助各行各业通过技术革新、模式创新来加快全社会碳中和目标的实现。具体来看，互联网与高科技企业可通过技术输出、资源输出、理念输出赋能 B 端生态伙伴，引导其碳中和目标的实现。

技术输出：搭建技术平台，赋能企业节能减排。比如，谷歌联合深度思考（DeepMind）前沿人工智能企业，通过机器学习，对数据中心冷却系统进行优化（可节省 30%的能源），进一步将该技术开发为工业调控平台，帮助其他企业进行建筑节能；如微软开发可持续性发展计算器进行碳足迹的分析计算与碳排放情况的实时可视化，帮助 Microsoft Azure 使用者理解其工作产生的碳排放，并计算潜在减排举措带来的减排量，以鼓励其采取相应的减排措施。

资源输出：设立绿色基金，支持减排事业发展。比如，亚马逊在 2019 年成立现在气候基金（Right Now Climate Fund），投入 1 亿美元用于造林绿化项目；在 2020 年成立气候宣言基金（Climate Pledge Fund），计划投资 20 亿美元支持其他企业创造可持续发展的产品、技术与服务。

理念输出：输出环保理念，传授自身成功经验。比如，微软使用 Power BI 构建审计管理系统，更新供应商行为准则，并要求其披露碳排放数据；苹果为其供应商提供实施能效改进的成本收益分析，并为供应商提供面对面培训；亚马逊启动环保包装计划，鼓励厂商采用更加简单且百分百可回收的商品包装。

本章小结

创新的技术是决定碳中和成败的决定性因素，而企业既是碳排放主体，又是实现碳中和愿景、发展碳中和技术的主体，是助力我国低碳转型的中坚力量。在国家提出"双碳"目标后，碳中和已经成为绝大多数企业进行宣传的热词。不论是高耗能企业还是目前的新兴科技企业，均不断地加入碳中和队伍中。

因此，"核心减排"是重点也是基础，发展低碳技术并以此实现碳中和意味着企业需要在能源及产业结构上做出深度调整，不能仅仅依赖于既往的植树造林等碳抵消方式。毕竟森林面积和土地面积有限，而可开发利用的碳补偿"额度"也是有限的。也就是说，其虽然能在一定程度上固碳，有助于实现碳中和，但并不是万能的，摆脱对化石能源的依赖才是企业碳减排的重点。另外，针对不同行业，前文也提到应重点发展何种技术来实现节能减排，如钢铁、水泥等工业行业可通过原料、燃料替代，深度拓展工业电气化，利用工业余热回收，大力发展 CCUS 技术等。企业需要直面碳减排的挑战，真正致力于碳中和目标的实现。其次，运用数字化转型赋能当前，智慧城市、智慧交通、智慧建筑等的建设是全面展开碳减排运动、实现碳中和的有力抓手，而智慧的抓手离不开数字技术赋能。对于企业来说，数字技术创新是催生企业发展新动能的核心驱动力，能为企业带来新链接、新流程和新业态。

相较于上文提到的多家长期致力于碳减排目标的企业而言，目前我国大部分企业对于承担减碳目标的自发意识仍明显不足，很多企业空谈碳中和理念，并没有制定出具体的时间表和行动路线，也没有明确碳排放范围。此外，很多企业避重就轻，绕开核心减排。因此，我国在技术创新上的突破仍任重而道远。

思考与练习

1. 简述技术创新对碳中和的必要性。
2. 简述中国科技企业在进行科技创新时所遵循的"三步走"。
4. 简述碳中和目标下企业技术创新的困境与机遇。
5. 简述提升能源使用效率的对策。

9 双碳与交通

9.1 绿色交通的内涵

9.1.1 绿色交通的定义

1992 年，《里约环境与发展宣言》和《21 世纪议程》正式宣布将可持续发展作为人类社会发展的总体战略，可持续发展的概念随后被纳入交通部门。在可持续交通的概念下，提倡尽量减少运输对环境的负面影响，并发展和应用绿色交通的概念。1994 年，加拿大的克里斯·布拉德肖（Chris Bradshaw）首次提出了"绿色交通系统"的定义，并将其应用于城市交通。他根据不同交通模式对环境的影响，制定优先次序：步行、自行车、公共交通、共乘车和单人车（见图 9-1）。

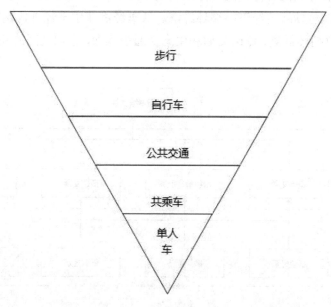

图 9-1　绿色交通体系划分

绿色交通系统的定义一经提出，迅速引发了学术界的研究热潮，该领域的许多学者都对这一问题进行了系统的研究。但到目前为止，对绿色交通概念的研究还没有统一的标准。尽管不同的科学家对绿色交通有不同的解释，但他们的观点都有一个共同点，那就是这些概念都是基于可持续发展的概念，强调健康和可持续的城市交通。从宏观角度看，绿色交通应在不利的外部环境下，最大限度地满足城市可持续交通的需求；从微观上看，绿色交通不仅满足了个人的出行需求，还要最大限度地减少交通能耗，合理利用资源，并满足可持续交通的需要，减少污染。

《经济社会大辞典》中对绿色交通的定义如下：绿色交通是指发展低污染、环境友好的城市交通，以减少交通拥堵、降低环境污染为目的。上述定义可以归结为三个方面的有机统一，即交通有序、安全舒适与低能耗和低污染的统一，充分体现了绿色交通的现实目标。这就要求减少车辆的过度使用，特别是控制私家车的高度污染和能源消耗，采用更清洁的交通方式和转用汽车燃料，以及积极推广使用环保交通工具，最终目的是促进环保和可持续的城市交通。

绿色交通包括两个主要因素——"绿色"和"交通"。"交通"可以理解为狭义的交通工具，"绿色"可以理解为发展模式和质量要求。"绿色交通"概念符合生态经济学、能源经济学和环境经济学的理论基础。生态经济学、能源经济学和环境经济学的概念是在可持续发展基础上对经济发展方式的重大变革，它使经济发展方式向可持续发展方向发生了重大转变。此外，经济学研究还涉及其他领域，包括绿色经济、循环经济、低碳经济和生态经济，这也催生出绿色交通、绿色循环低碳、低碳交通和生态交通等概念，它们之间的关系如图9-2所示。

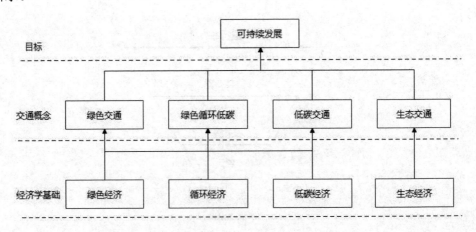

图 9-2　相关概念之间的关系

与欧美发达国家相比，中国的城市交通生态研究起步较晚，但如今已与世界其他国家同步发展。绿色交通是根据社会经济发展水平设计的新型城市交通系统，体现了城市发展的理念和目标，具体实现了交通可持续发展。2003 年建设部和公安部发布的《关于开展创建"绿色交通示范城市"活动的通知》指出，绿色交通的发展趋势是适应生活环境，结合生态、环境和景观建设，创建以公共交通为导向的交通体系，促进交通发展与城市建设的融合，以及城市经济和环境的友好发展。2008 年，首届国际绿色交通峰会在中国举行，旨在推广和普及绿色交通技术。2015 年 1 月，山东省人民政府印发《关于加快推进山东省绿色交通运输发展的指导意见》，提出要坚持节能减排，以实现绿色交通为目标，提高交通组织效率，加大创新激励力度，推动绿色交通发展。2019 年，国务院发布《交通强国建设纲要》，强调要建设安全、便捷、高效、绿色、经济的现代化综合交通体系。

国内学者对绿色交通的研究主要集中在绿色交通的定义上。到目前为止，绿色交通理论还处于研究和发展阶段，因此关于绿色交通的定义还没有统一标准。国内学者对绿色交通的认知包括"连续论""协和论"和"系统论"。

连续论。主流观点将绿色交通称为可持续交通。陆化普（2009）提出，绿色交通的目标是通过更低的环境成本和更少的资源来满足现代城市发展的合理需求，其进一步指出，绿色交通总体上包括鼓励短途旅行和优先发展公共交通的战略。沈天财（2009）指出，绿色交通是一种基于"适当技术、以人为本和公众参与"的交通系统，目的是减少污染和交通拥堵。张学孔（2003）认为，绿色交通是一种可持续的公共交通形式，是通过改变规划理念、出行模式、交通措施和土地利用来实现可持续发展的综合模式。

协和论。杨晓光（2009）提出，绿色交通是一种与社会、环境、资源和未来相适应的交通系统，为城市交通系统提供了理论依据。许添本（2013）认为，交通系统可被视为与城市空间结构、能源、环境、社会状况、经济状况和谐发展的"生存空间"。

系统论。王静霞（2011）认为，绿色交通系统污染小，对其多样性有好处。其结论是，绿色交通是一个集平稳有序、安全、经济和舒适于一体的系统。赵小云（2002）指出，在绿色交通系统中，几种交通方式应该按照社会成本最小的原则和土地利用规划相结合的方式共存，以创造最大的交通优势。

绿色交通是根据以人为本、顺应人类发展趋势的原则进行综合土地利用规划的最有效的交通方式。绿色交通以人为中心，适应人类发展趋势，引入高效智能的交通管理方式，打造高效、高周转、低排放、低污染的新型交通方式。发展绿色交通是解决城市交通问题、促进城市绿色发展的重要途径。

9.1.2　发展绿色交通的必要性

改革开放以来，中国经历了世界历史上规模最大、速度最快的城市化进程，城市发展取得了一系列成就。2014 年，国务院发布《关于城市规模划分标准调整的通知》，将城市规模划分标准调整为五类七级，以市区常住人口规模为统计口径，其中市区常住人口超过 1000 万的城市为特大城市。根据这一标准，中国目前有 6 个特大城市，即北京、上海、广州、深圳、重庆和天津。城市的无序扩张和城市机动化的快速发展给交通系统带来了巨大的压力，交通问题已经成为中国大城市，特别是特大城市管理中的一个永久性问题，主要体现在以下几个方面。

首先，城市汽车基础设施的迅猛发展引发了车辆供需矛盾。随着城市居民生活水平的提高，公路交通得到了飞速发展，但由于城市建设用地有限、人口快速增长，公路空间无法满足人们日益增长的交通需求。这一点在大都市尤为明显，例如，北京的私家车数量从 2008 年的 244.27 万辆增加到 2017 年的 466.61 万辆，但该市的人均道路面积在过去 10 年中只增加了 1.23 平方米。私家车数量的快速增长导致了城市交通需求的急剧增长，也造成了供需矛盾。此外，大都市交通供需矛盾产生的另一个重要原因是大都市现代化进程日新月异，伴随着城市住房和就业改革，人们按居住地和工作地点隔离的趋势日益明显。"工作向外分散、住房向内集中"等现象进一步加剧供需矛盾，给大都市的道路系统带来巨大压力。

其次，交通拥堵是一个持续、低效的现象。特大城市的交通拥堵正在成为一种常见现象，而且拥堵的时间和程度都在增加，逐渐从城市的中心部分向外围蔓延。根据高德地图公布的数据，2017 年中国最拥堵的 10 个城市中，有 4 个特大城市，即北京、重庆、广州和上海。其中，北京的峰值交通延迟指数最高，为 2.033。因此，解决交通问题至关重要。

再次，城市交通污染是一个严重的问题，主要表现为空气污染。根据中国生态环境保护部发布的《中国机动车环境管理年报（2018）》，车辆污染是中国空气污染的主要来源，也是空气污染的重要来源。对北京、天津、上海等 15 个城市的细颗粒物（PM2.5）进行分析发现，移动源对 PM2.5 浓度的贡献率在 13.5%～52.1%，与雾霾强度上升和汽车排放呈显著相关性。城市交通噪声是城市声环境噪声污染的主要来源。据中国生态环境部发布的《中国环境噪声污染防治报告（2019）》显示，2018 年中国城市交通噪声日平均值为 67.1 分贝，夜间为 58.1 分贝。6 个特大城市的平均道路噪声水平高于全国平均水平，城市交通线路噪声污染水平居高不下。

最后，能源消耗逐渐增加。城市化的迅猛发展导致城市能源需求增加，资源消耗也很高。研究表明，车辆缓慢行驶将导致燃料消耗增加，目前大城市的情况就是如此，这导致能源消耗进一步增加，并危及石油等不可再生能源。绿色交通概念为解决这些问题提供了新思路。

根据《中国统计年鉴》统计，中国的交通部门目前是最大的能源消费部门，也是现代化程度最高的行业之一。发达的欧洲国家和美国约有 1/3 的能源被消耗在交通领域，中国约有 4/5 的汽油被消耗在交通领域。因此，经济的发展和城市化的加快，必然会导致能源消耗的加快，从而不可避免地影响城市的资源和环境。在全球气候变化的背景下，公路运输是国内温室气体排放的主要来源。汽车尾气中一氧化碳、硫化物和碳氢化合物的排放是影响环境质量的主要因素。2013 年中国科学院相关研究中指出，雾霾中有 18% 的有机颗粒来自汽车尾气，可见汽车尾气是城市 PM2.5 的主要来源。全国道路交通噪声平均等效水平为 71分贝，其中生活在噪声环境中的总人数约占 2/3。据济南市国民经济和社会发展统计公报，2019 年济南市平均等效交通噪声水平为 69.6 分贝，到 2020 年，其将达到 69.1 分贝。城市交通带来的问题严重制约着城市的健康发展，而经济高速增长条件下的环境可持续性、城市可持续发展和交通资源的可持续利用则是社会主义现代化建设进程中需要重视的问题。"可持续发展"的概念在经济、生态、文化和社会领域越来越受欢迎。"绿色风暴"在经济、环境、文化和社会多个领域出现，"绿色交通"应运而生。

9.1.3 绿色交通的特点

（1）高效运行

交通系统作为公共服务的第一个显著特征是效率，即人员和货物流动，以进行社会上有用的活动，而不仅仅是交通工具在空间和时间上的移动。

（2）环境保护

首先，绿色交通发展涉及生活空间、生产空间和环境空间，包括陆、海、空运输，以及运输的生态循环和运输废物排放。为了实现绿色交通，必须整合运输生产全过程，严格控制碳排放，解决运输生态的系统性破坏，解决交通生态环境的破坏，并通过改善生活和生产空间来优化和美化生态空间。其次，绿色交通发展就是要促进交通活动接近绿色生态，促进管理、供给和需求方面的综合运输管理，优化运输方式（公路和铁路），这有助于解决交通拥堵的问题，并展示绿色交通的活力。最后，中国的交通发展目前是不平衡的。东部、中部和西部地区的交通发展水平及交通生态环境存在较大差距，因此我们需要准确判断不同地区的交通发展情况并因地制宜地规划区域绿色交通。在交通发展滞后的地区，环境保护和交通发展要同时规划、设计和建设。通过支持落后地区的绿色交通发展，促进不同地区绿色交通的发展。

绿色交通下产生的污染物数量应在城市系统环境可接受的范围内，污染程度与环境的自我净化和自我修复能力相匹配。一方面，就交通系统本身而言，绿色交通的发展必须克服过去交通发展道路的不足，在发展交通的过程中，有必要开展环境保护和恢复项目，重点是生产和建立运输生态系统，以及提高运输生态系统的资产价值。另一方面，绿色交通发展也应考虑在整个自然生态系统背景下的交通发展，即恢复被肢解的自然生态系统的有机完整性，从而实现自然与交通的和谐共存。

（3）节约资源

绿色运输系统所消耗的资源应被用于实现循环发展，并最终建立一个可持续的能源消费系统。我国目前仍处于工业化、城市化和信息化阶段，交通运输结构和交通需求发生了巨大变化，给资源环境带来了更大的压力，科学技术的蓬勃发展为绿色交通运输的发展注入了动力。在各种因素的影响下，我国的交通发展利用制度、技术等优势，加快交通方式的转变，提高了发展质量和效益。促进交通运输业可持续发展的同时，既改善了交通发展的正外部性，又尽量减少负外部性，减轻资源和环境压力，努力建设有中国特色的绿色交通发展道路。

（4）社会共享

首先，绿色交通是一项民心工程。目前，运输业是能源的主要消耗者，存在着比较严重的高消费、高污染的情况，新出现的环境和生态问题对人类的福祉产生了严重的影响，这使得清洁运输的发展成为必要。其次，发展绿色交通是为了保护人们赖以生存的环境。环境恶化直接损害了人们的健康。以人为本的绿色运输的价值取向意味着有必要在发展绿色交通的过程中始终围绕污染的重点领域和群众反映的未解决的问题，克服困难，不断提高绿色交通的广泛性。最后，发展绿色交通是对人类福祉的追求。绿色交通具有安全、便捷、高效、环保、经济等特点，可供所有人使用，也可以让我们的后代受益。以人为本的价值目标是绿色交通特征的一个基本属性，它要求我们协调全国绿色交通的发展，为公众提供更好的交通，为人民创造更多的福利。

9.2 绿色交通的测度

基于对绿色交通评估必要性的论证，本章将根据评估框架，建立一个绿色交通评估指标体系，用于衡量我国的绿色交通。评估体系将在我国交通绿色化中发挥监测和统计作用，从而促进绿色交通的建设和发展。

9.2.1 绿色交通评价指标体系的构建原则和步骤

在绿色交通评价过程中，评价指标的选择是评价的核心，而科学合理地选择评价指标是最重要的。选择过少的指标会导致评价结果的片面性和缺乏必要的代表性，而选择过多的指标会导致评价过程烦琐并产生大量的计算，从而发生错误。绿色交通评价体系的构建应基于以下原则。

（1）一致性

评价目标是评价的核心，各级评价体系的指标和内容应尽可能地贴近评价目标。评价组合应能代表评价目标的真实目的，且具有一定的可替代性，在设计评价体系时，应全面分析评价对象的特点，选择最具代表性的评价指标，以便通过指标的实现程度来评估总体目标的实现程度。为全面评价绿色交通，主要应评价绿色交通现阶段的发展情况、优势和劣势，重点在于慢行交通和公共交通替代公路交通的比例、交通状况、环境影响、资源和整体水平。

（2）科学性与可行性相结合

评价体系以理论和研究为基础，指标选择要全面、科学，数据收集要客观、真实，计算过程要充分，结果分析应与评价对象的客观情况相结合。同时，必须考虑到评价体系的可行性，同时努力做到科学严谨。如果计算过程过于复杂或变量数据获取困难，则评价本身就是一个一般的评价。如果评估本身是通用的，即使系统设计得非常好、科学性强，也不可以应用。指标的选择应考虑到评价的目的和被评价对象的特点，并应选择在当前研究背景下可行的指标和模式。

（3）系统性与独立性相结合

城市交通系统的建设是一个复杂的系统工程，包括一些相互联系的内部系统，如道路网络、交通管理、公共交通系统和减速系统，所有这些系统都是相互关联并相互影响的，并最终形成一个大型运输系统。同时，城市交通与城市管理系统、环境资源和社会商品密切相关，特别是与绿色交通系统密切相关，作为交通系统的一部分，绿色交通系统也会影响系统内外的所有相关因素。

因此，绿色交通评估指标的选择不仅要体现各方面的代表性特征，还要考虑到内部和外部促成因素的相互关系，才能做出全面而有依据的评估。

基于上述评价指标体系构建的原则和国内绿色交通评价研究的方法，本书构建的绿色交通评价体系包括两个阶段。

第一阶段：参考相关文献，根据绿色交通的基本概念、特点和实施方法，提出国家绿色交通指南，总结绿色交通的目标要求。

第二阶段：根据现有的一套评估结果，采用层次分析法确定指标权重，然后根据指标的类型及其对总体目标的影响对指标进行分类，形成最终准则和指标层。

9.2.2　绿色交通指标初选

为了促进城市交通基础设施建设和城市交通方式的转变，改善城市交通环境，减少交通对城市环境的破坏，创造低碳环保的交通方式，2003年建设部和公安部启动了绿色交通示范城市创建工作的评选工作，同时以文件形式发布了《绿色交通示范城市评价标准（试行）》，作为绿色交通评价的指南，其主要包含5个评价点：组织和管理（10%）、规划和建设（15%）、公共交通（30%）、基础设施（30%）和交通环境（15%），并分为 66 个评价指标和具体评分标准。2005年，住建部和公安部根据前三年的实施经验，结合绿色交通理念，制定了《城市道路交通管理评价指标体系》，其分为 65 个指标。为了减少交通拥堵，促进低碳发展和能源效率提高，推动绿色出行，住建部、国家发展和改革委员会、财政部共同发布了《关于加强城市步行和自行车交通系统建设的指导意见》，文件概述了规划、建设和发展步行和自行车交通系统的若干目标。

9.2.3 体系构建和指标初选

根据绿色交通的概念和目标，本书将评估指标结构分为 5 类：绿色出行指标、交通基本功能、环境影响指标、资源消耗指标及管理运营指标，初步选择的指标见表 9-1。

表 9-1 绿色交通评价体系指标初选

大类	序号	指标名称
绿色出行指标	1	公交分担率
	2	慢行交通分担率
	3	人均步行道路面积
	4	公交站点覆盖率
	5	公交线网密度
	6	轨道网密度
	7	公共交通专用车道设施率
	8	自行车专用道设置率
	9	人均自行车道路面积
	10	自行车道路网连通度
	11	人行道道路网连通度
	12	万人公交车标台数
	13	平均换乘系数
	14	中心区客运供需比
	15	建成区自行车租赁点覆盖率
交通基本功能指标	16	道路网密度
	17	人均道路面积
	18	道路面积率
	19	干道平均车速
	20	百辆汽车停车泊位数
	21	道路网级配比
	22	城市道路网连通度
	23	居民 90% 出行耗时

大类	序号	指标名称
交通基本功能指标	24	中心区停车泊位供需比
	25	平均通勤时间
	26	城市道路交通基础设施投资
环境影响指标	27	交叉口交通噪声影响接受度
	28	道路绿化率（面积）
	29	道路环境满意度
	30	路段空气质量超标率
	31	交叉口空气质量超标率
	32	道路交通大气污染饱和度
	33	大气影响协调系数
	34	干道平均交通噪声
	35	干道交通噪声超标率
	36	交叉口交通噪声超标率
	37	交通环保投资占 GDP 比重
资源消耗指标	38	公共新能源车辆比例
	39	私有新能源车比例
	40	路面清洁再生水利用率
	41	单位运输量燃油消耗
	42	城市交通时空资源消耗指数
管理运营指标	43	万车交通事故率
	44	慢行出行基础设施满意度
	45	公共交通服务及政策满意度
	46	公交线网合理性满意度
	47	干道 D 级以下服务水平比重
	48	交叉口 E/F 级服务水平比重
	49	交通成本协调系数
	50	万车交通事故死亡率
	51	公共交通车辆更新率
	52	公共交通车辆安全运行间隔里程
	53	公共交通车辆准点率
	54	公共交通车辆平均运营速度
	55	公共交通可达时间

9.2.4 绿色交通指标选择

在诸多评价方法体系中，专家评审法、因子分析法、主成分分析法与层次分析法适用于确定多指标的权重。专家评审法可能会因为指标数量过多而无法进行综合考虑，计算出的权重可能并不准确；因子分析法可能会因数据问题得出与事实相悖的结论。因此，本书使用层次分析法，通过对指标间的两两比较确定多指标权重。具体而言，本书采用赛惕（Satty）提出的"1～9 比率标度法"构造判断矩阵，重要性程度采用 1～9 标度。其中 1 表示两个元素比较，具有同样重要性；3 表示两个元素比较，一个元素比另一个元素稍重要；5 表示两个元素比较，一个元素比另一个元素重要；7 表示两个元素比较，一个元素比另一个元素重要得多；9 表示两个元素比较，一个元素比另一个元素极为重要；2、4、6、8 表示介于上述两个相邻等级中间。下面我们应用层次分析法将各个指标整合起来观测，以确定最优的指标体系方案。

以多目标决策问题为例，可以用 X、Y 和 Z 三个目标来确定它们之间的相对重要性，如果把它们放在一起看，需要综合考虑的信息太多，所得到的结果可能比较主观和粗略。但是，如果把这个问题分为关于 X 和 Y 的相对重要性、X 和 Z 的相对重要性及 Y 和 Z 的相对重要性的解决办法，那么每次处理问题都会简单得多，且容易估计，结果也会更准确和实用。最后将对各个分解决策目标的判断结果输入计算机，进行数理运算，这也是一个客观方法处理的过程，最终得出 X、Y、Z 三个目标的相对重要性，具体的步骤如下。

步骤 1：建立层次结构。通过对问题进行分析，研究该问题所包含的要素是否具有共同的特征，并将其整合为系统新层次的要素。根据其他特征对这些因素进行分组，以形成更高层次的要素，直到最终形成一个单一的更高层次的要素。

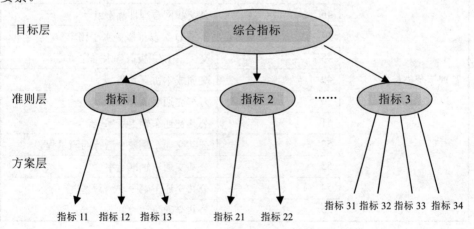

图 9-3 层次分析

步骤 2：构建判断矩阵。层次分析的重点是定量描述两种方案对一种标准的相对优势。对于一个标准来说，判断两种选择的优缺点总是比较容易的。层次分析法采用 1~9 比率标度法，针对不同情况的比较给出数量标度。例如，若 A 层次中因素与下层次有联系，则构造判断矩阵：

$$p(A_k) = (b_{ij}) = \begin{bmatrix} b_{11}, b_{12}, \cdots, b_{1n} \\ b_{21}, b_{22}, \cdots, b_{2n} \\ \vdots \quad \vdots \quad \cdots \quad \vdots \\ b_{n1}, b_{n2}, \cdots, b_{nn} \end{bmatrix} \tag{9-1}$$

其中 b_{ij} 是判断矩阵 p 的元素，表示对元素 A_k 来说，b_i 与 b_j 相对重要性的数值，一般采用 Satty 提出的 1~9 比率标度法来表示，如表 9-2 所示。

表 9-2　Satty 1~9 比率标度法

标度	定义与说明
1	强烈程度相等
3	一个元素比另一个元素稍重要
5	一个元素比另一个元素重要
7	一个元素比另一个元素重要得多
9	一个元素比另一个元素极为重要
2，4，6，8	强烈程度在相邻等级之间

步骤 3：层次单排序，并将判断矩阵的特征向量归一化。根据判断矩阵 $p(A)$ 求出这 n 个元素 b_1，b_2，$\cdots$，b_n 的相对权重向量 $W = (w_1, w_2, \cdots, w_n)^T$，即计算判断矩阵的最大特征根 λ_{max} 及对应的特征向量 W。

步骤 4：一致性检验。为避免判断上的不一致性，需要用一致性指标 CI（consistency index）进行检验。

判断矩阵如下：

$$b_{ii} = 1; \quad b_{ji} = 1/b_{ij}; \quad b_{ij} = b_{ik}/b_{jk}, \quad i, j, k = 1, 2, \cdots, n \tag{9-2}$$

判断矩阵中的 b_{ij} 是指各指标的重要程度，也就是各自的权重，通过熵值法计算。运用层次分析法来保持判断思维的一致性是非常重要的，当矩阵中的 b_{ij} 满足上述条件时，就说明判断矩阵具有完全的一致性。

判断矩阵一致性指标 CI 如下：

$$CI = \frac{\lambda_{max} - n}{n - 1} \tag{9-3}$$

在 CI≤0.1 的条件下，认为判断矩阵 $p(A)$ 有效。

步骤 5：进行层次总排序。层次总排序表现为计算合成权重的过程，每个方案在最低层次(或与方案直接相关的属性层次)上相对于总标准的合成权重(或属性权重)的计算是从上到下进行的。将单标准权重进行合成，最后进行最低水平的合成。合成权重最大的方案即为最优方案。筛选出最终指标的结果见表 9-3。

表 9-3　绿色交通最终指标

大类	序号	指标名称
绿色出行指标	1	公共交通分担率
	2	慢行交通分担率
	3	人均步行道路面积
	4	公交站点覆盖率
交通基本功能指标	5	道路网密度
	6	人均道路面积
	7	道路面积率
	8	干道平均车速
环境影响指标	9	交叉口交通噪声影响接受度
	10	道路绿化率（面积）
	11	道路环境满意度
资源消耗指标	12	公共新能源汽车比例
	13	私有新能源车比例
	14	路面清洁再生水利用率
管理运营指标	15	万车交通事故率
	16	慢行出行基础设施满意度
	17	公共交通服务及政策满意度
	18	公交线网合理性满意度

9.2.5　指标解释

9.2.5.1　公共交通分担率

公共交通分担率是公共交通出行在人口总出行中的份额。公共交通是指公共汽车、快速公交系统（BRT）和轨道交通，是绿色交通系统的重要组成部分，其容量和使用可以反映城市交通的绿色出行模式。该指标是评估绿色交通和低碳出行模式发展的主要指标之一，参考《城市道路交通管理评价指标体系》中给出的评价标准。

9.2.5.2　慢行交通分担率

慢行交通分担率是指行人和自行车的总出行量在人口总出行量中的份额。该指标以百分比衡量实际采用低碳运输方式的情况。该指标是通过对居民和行人的问卷调查得出的，根据相关条件确定出行比例。该指标为正百分比，即实际值越高，对绿色交通的贡献就越大。

9.2.5.3　人均步行道路面积

该指标反映了为城市中的人们提供的步行设施是否足够，参考《城市道路交通管理评价指标体系》中给出的评价标准。

9.2.5.4　公交站点覆盖率

公共交通站的覆盖率是指以300米为半径的整个评估区域的覆盖百分比，参考《城市道路交通管理评价指标体系》中给出的评价标准。

9.2.5.5　道路网密度

该指标是区域内所有已建成的正式道路的总长度与评估区域总面积的比率，反映了评估区域内道路的基本能力，参考《城市道路交通管理评价指标体系》中给出的评价标准。

9.2.5.6　人均道路面积

该指标是所有已建成的正式道路的总面积与评估区域总人口的比率，反映了评估区域内的道路资源水平，参考《城市道路交通管理评估指标体系》中给出的评估标准。

9.2.5.7　道路面积率

该指标是已建成的正式公路总面积与评估区域总面积的比率，参考《城市道路交通管理评估指标体系》中给出的评估标准。

9.2.5.8　干道平均车速

该指标是指在交通高峰期的间隔时间内，如早上和晚上，通过主干道监测点的车辆的平均速度。这个指标可以表明一条道路的容量和拥堵情况，参考《城市道路交通管理评估指标体系》中给出的评估标准。

9.2.5.9　交叉口交通噪声影响接受度

声环境质量标准（GB 3096-2008）将噪声的影响分为功能区和时间段，但取得这个指标相对困难，主要是因为噪声的感知亦因个别情况而有所不同，因此采用调查问卷统计的方式得出，采用5分评价法。

9.2.5.10　道路绿化率（面积）

道路绿化是指在道路两侧或道路内不同功能区之间种植一定宽度的绿地，道路绿化可以改善空气质量，提升道路环境，减少司机疲劳，是城市景观的重要体现。道路绿化率是一个正百分比，即实际值越高，对交通绿化的贡献越大。

9.2.5.11 道路环境满意度

道路交通环境包括景观效果、道路清洁度、设施合理整洁情况，城市道路环境可直接影响城市的空间配置和城市景观，是城市景观的重要载体，良好的路况能够使人们产生良好的感受。该指标是通过人口及行人调查问卷方式获得的综合评估指标，采用 5 分评价法。

9.2.5.12 新能源汽车的比例

新能源汽车是使用非常规燃料的汽车，其排放量远低于使用传统石油燃料的汽车，新能源的利用情况是衡量绿色交通的重要指标。发展新能源汽车对于改善中国能源结构、减少空气污染具有重要意义。研究采用两种指标，即使用新能源的政府车辆所占的比例，以及使用新能源的私家车所占的比例。其中占公共服务车辆是指公交车、市政维修车、卫生车等。

9.2.5.13 路面清洁再生水利用率

道路灌溉用水包括维护、清洁、冷却和除尘用水及浇灌绿地用水，具体由路面的类型、绿化面积、气候和土壤条件决定。这部分用水可以用循环水、河水再利用或雨水的收集和再利用来代替。上述数据来自单一道路养护区的道路灌溉用水量统计，以百分比计算。

9.2.5.14 万车交通事故率

评估区域内每万辆车的年事故数与某一年的车辆总数之比，是衡量交通管理或设施安全性的指标，可参考《城市道路交通管理评估指标体系》中给出的评估标准。

9.2.5.15 慢行出行基础设施满意度

慢行基础设施是人们骑自行车或步行时使用的道路空间和设施。基础设施是指道路空间及骑单车和步行设施，包括单车径的宽度、路面的宽度、路面的方便程度及单车水平。该指标通过对居民的问卷调查得出综合得分，采用 5 分评分法。

9.2.5.16 公共交通服务及政策满意度

公共交通服务包括区内公交车总数、服务频率、行车速度、通达性及行车安全。满意度指标是乘客对公交车服务和地区当局的评价。该指标是一个综合评价指标，来自对居民的问卷调查，采用 5 分评分法。

9.2.5.17 公交线网合理性满意度

公交网络及现有路线是否合理，直接影响市民使用公共交通工具的动机。合理的交通线网可以减少城市交通拥堵，方便人们出行，并提高交通效率。该指标是居民对公交网络合理性的综合评价，采用 5 分评分法。

9.2.6 绿色交通的综合测度

综合评估是基于系统分析的理念，使用不同的数学模型来分析和评估更复杂的经济、技术和社会问题。在实践中，其被广泛应用于经济领域和社会影响方面评估事物的特点和属性，主要的评估方法有主成分分析、模糊评价法、数据包络分析、熵值法等。下面将对各种分析方法进行简要介绍。

（1）主成分分析

该方法采用自上而下的思路转换复杂的问题。选定的指标能够提供并反映大部分原始信息。通过建立原始变量参数与线性变换数学方法之间的函数关系，同时保留原始变量的基本信息，建立相应的值函数供后续分析。

（2）模糊评价法

该方法是建立在模糊的数学原理基础上的，这些数学原理允许对无法清楚描述和量化的变量进行量化。它基于模糊数学的辅助理论，允许对一系列限制性指标或目标进行总体评估。

（3）数据包络分析（DEA）

该方法及其模型是由美国著名的研究科学家查恩斯（Charnes）和库帕（Cooper）于 1978 年提出的，是一种综合性的方法，以投入与产出的关系为基础，结合了应用研究、管理研究等。该方法适用于评价系统的多个输入和输出。

（4）熵值法

在信息论中，熵是不确定性的度量。信息量越大，不确定性越小，熵越小；信息量越小，不确定性越大，熵越大。根据熵性质，可以通过计算熵值确定事件的随机性和无序程度，以及某一指标的方差程度，该指标对综合估计的影响越大，熵值就越小。

通过对绿色交通特点进行分析，我们可以看出，绿色交通的评价具有多层次、多因素、定量和定性的特点。本书将采用熵值法对我国绿色交通实施情况进行评估。详细的计算方法如下。

①构建原始评价矩阵。设共有 t 年、a 个省、b 个评价指标，则原始评价矩阵为 $X=(x_{\theta ij})$，$j=1$，$\cdots$，b，如矩阵中 $X=(x_{\theta ij})$ 代表该体系中第 θ 年 i 省的第 j 个指标。

②对指标进行无量纲处理。对于正向指标，采取式（9-4）；对于负向指标，采取式（9-5）。为了避免零值的出现，本书将各个指标标准化后平移 0.1 个单位。

$$M_{\theta ij} = \frac{x_{\theta ij} - \min_j(x_{\theta ij})}{\max_j(x_{\theta ij}) - \min_j(x_{\theta ij})} + 0.1 \qquad (9\text{-}4)$$

$$M_{\theta ij} = \frac{\max_j(x_{\theta ij}) - x_{\theta ij}}{\max_j(x_{\theta ij}) - \min_j(x_{\theta ij})} + 0.1 \tag{9-5}$$

③计算各个指标在相应样本中所占的比例，见式（9-6）。

$$p_{\theta ij} = \frac{M_{\theta ij}}{\sum_j M_{\theta ij}} \tag{9-6}$$

④计算指标的熵值和差异指数，见式（9-7）。

$$e_j = k \sum_j p_{\theta ij} \ln(p_{\theta ij}), \quad g_i = 1 - e_i \tag{9-7}$$

其中 $k = \dfrac{-1}{\ln(nt)}$，其中 n 为研究样本个数，t 为年份。e_i 表示第 i 个指标的熵值权重，g_i 表示指标 j 的熵值权重。

⑤计算各指标的权重，并计算综合得分，见式（9-8），其中 w_j 为指标 j 的权重，$GT_{\theta i}$ 为第 i 个省份在第 θ 年绿色交通的综合得分。g_i 表示指标 j 的熵值权重。

$$w_j = \frac{g_j}{\sum_{j=1}^{b} g_j} \quad GT_{\theta i} = \sum_{j=1}^{b} w_j M_{\theta ij} \tag{9-8}$$

最终各指标权重如表 9-4 所示。

表 9-4　绿色交通各指标权重

大类	序号	指标名称	指标层权重
绿色出行指标	1	公共交通分担率	0.42
	2	慢行交通分担率	0.37
	3	人均步行道路面积	0.11
	4	公交站点覆盖率	0.10
基本交通功能指标	5	道路网密度	0.16
	6	人均道路面积	0.15
	7	道路面积率	0.10
	8	干道平均车速	0.66
环境影响指标	9	交叉口交通噪声影响接受度	0.25
	10	道路绿化率（面积）	0.11
	11	道路环境满意度	0.64

续表

大类	序号	指标名称	指标层权重
资源消耗指标	12	公共新能源汽车比例	0.22
	13	私有新能源车比例	0.58
	14	路面清洁再生水利用率	0.20
管理运营指标	15	万车交通事故率	0.29
	16	慢行出行基础设施满意度	0.17
	17	公共交通服务及政策满意度	0.17
	18	公交线网合理性满意度	0.37

9.3 双碳与绿色交通

国家"十四五"规划首次明确了中国实现碳达峰、碳中和的时间表和路线图,提出了"落实 2030 年应对气候变化国家自主贡献目标,制定 2030 年前碳排放达峰行动方案,努力争取 2060 年前实现碳中和"的要求。中共中央、国务院也发布了《国家综合立体交通网规划纲要》,明确指出必须加快发展绿色低碳交通,尽快减少交通领域的碳排放。交通部门作为二氧化碳排放的一个主要来源,应该是中国碳达峰、碳中和战略的一个重要起点。中国目前每年排放的二氧化碳超过 100 亿吨,占全球总排放量的一半。其中我国运输业二氧化碳排放量占全球运输部门二氧化碳排放量的约 10%。从 2013—2019 年,中国交通部门的二氧化碳排放量的年平均增长率高于 5%,成为继工业和建筑之后的第三大二氧化碳排放源,运输部门的减排压力是巨大的。根据国家发展和改革委员会能源研究所估计,在 2035 年之前,我国交通部门的终端能源需求预计将增长,在 2035—2040 年达到峰值,晚于建筑业(2030 年)和工业(2020 年)部门。

9.3.1 研究设计

本书选择的指标包括城市碳排放总量、绿色交通、人均收入、能源强度、产业结构。下面将介绍指标的选择、衡量及数据来源。

(1)城市碳排放总量(CE,百万吨)

城市碳排放的来源主要分为居民碳排放和交通碳排放。参考既往学者的研究,本书采用了按燃料类型划分的数据方法,即对不同类型的能源消费的碳排放进行分别测量，然后对我国碳排放进行分别测量，最后进行汇总。碳排放的测量公式如下：

$$CE = (CE_1 \times \gamma_1 + CE_2 \times \gamma_2 + CE_3 \times \gamma_3) \times \frac{44}{12} \qquad (9-9)$$

其中，CE 代表城市的碳排放总量，CE_1、CE_2、CE_3 分别代表年耗电量（百万千瓦时）、天然气总消费量（百万千瓦时）和液化气消费量（吨）；γ_1、γ_2、γ_3 分别为电力、天然气和液化石油气的排放系数；44 和 12 是二氧化碳和碳的分子量。城市电力消费是城市能源消费的重要组成部分，因此选择城市电力消费作为能源消费的最重要部分。天然气是城市居民消费的主要能源，所以将天然气的碳排放作为人口的碳排放量指标。液化气是交通的重要能源，所以选择液化气的排放作为碳排放衡量标准。上述三种类型的碳排放之和乘以碳的分子量，就可以得到碳排放总量。城市年度总用电量、天然气总消费量和液化气总消费量的数据来自 2006—2020 年的《中国统计年鉴》和《中国能源统计年鉴》。电网的碳排放系数数据取自中国区域电网基本排放因子的公报。天然气和液化气的碳排放系数参考《城市温室气体清单研究》（蔡博峰、刘青兰、陈操操，2009）。

（2）绿色交通（GT）

由上文构造的绿色交通综合指数代替。

（3）人均收入（GDP）

人均收入水平以人均 GDP 平减指数为代表，史密斯的碳排放生态学假说描述了碳排放和收入之间的"倒 U"形关系。本书选择人均 GDP 平减指数来检验其与城市碳排放的关系。人均收入数据来自《中国统计年鉴》，原始数据是以 1978 年为基准年，通过价格平减得到的。

（4）能源强度（EI）

能源强度是指能源消耗与经济产出的比率，反映边际产出的能源消耗。假设技术水平保持不变，能源强度越高，表示能源消耗越大。能源强度是通过将电力、天然气和液化石油气消费转换为热值千焦并除以标准煤来计算能源消费与地区 GDP 的比率。三类能源消耗和地区 GDP 数据，以及三类能源数据和标准煤的平均低热值，均来自《中国能源统计年鉴》。

（5）产业结构（IS）

结构效应表明，当该地区的主要产业从农业转移到工业时，环境质量将恶化，而当从工业转移到服务业时，环境质量将改善。

因此，本书选取城市第二产业产值占地区生产总值的比重衡量第二产业发展对碳排放的影响，数据来自《中国统计年鉴》。

9.3.2 模型构建

基于本书的理论分析，建立以下计量模型：

$$\ln CE_t = \alpha_0 + \beta_1 \ln GT_t + \beta_2 \ln X + \varepsilon_t \tag{9-10}$$

其中 CE_t 为碳排放，GT_t 为绿色交通，X 为控制变量，包括人均收入、产业结构、能源强度。为了减少时间序列中变量的自相关问题，获得长期的影响关系，本书使用 Stata 软件分析协整检验和 ARMA。通过对我国的数据进行预处理，建立了一个 2005—2020 年的时间序列数据。通过单位根检验检查每个变量的平稳性，结果显示，因变量和自变量都通过了单位根检验，结果见表 9-5，协整检验结果见表 9-6，回归结果见表 9-7。

表 9-5　平稳性检验

变量	LLC 检验	Fisher 检验	HT 检验	IPS 检验
$\ln CE$	−7.4138***	13.8126***	0.8395***	−2.8870***
$\ln GT$	−27.0521***	58.8663***	0.3935***	−12.8235***

由表 9-5 可见，解释变量与被解释变量取对数后均是平稳序列。

表 9-6　协整检验

Statistic	Value	Z-value	Z-value
GT	−4.909	−18.129	0.000
CE	−32.385	−30.138	0.000
Pt	−26.305	−20.439	0.000
Pa	−36.447	−58.671	0.000

表 9-6 显示了碳排放与绿色交通的协整检验，GT 与 CE 表示至少存在一种协整关系，Pt 与 Pa 表示每组都存在协整关系，通过协整检验发现，碳排放与绿色交通存在长期的协整关系。

表 9-7　回归结果

变量	$\ln CE$
$\ln GT$	−0.421***
	(−8.24)
$\ln GDP$	0.657***
	(12.97)
$\ln EI$	0.3***
	(7.271)
$\ln IS$	−0.175*
	(−1.86)
c	12.535***
	(0.000)
R^2	0.6214

注："***"代表在 1% 的水平下显著。

如表 9-7 所示，影响碳排放的主要因素中，绿色交通、人均收入水平、能源密集度和产业结构与碳排放有着显著的相关性，人均收入水平和能源密集度是影响城市碳排放的两个最重要的因素，这表明中国城市仍在发展中，随着城市经济增长和能源消耗的增加，碳排放量正在增加。但产业结构与碳排放的关系在 10%的水平上显著为负，说明在中国城市经济蓬勃发展的背景下，第二产业的发展并没有使碳排放量大幅度增加，反而在一定程度上减少了碳排放量，这说明目前中国城市向低碳生产的转变已经取得了一定成效，制造业的转型对城市碳排放的减少也有一定的推动作用。绿色交通在 1%的水平上出现了显著的负面影响，这表明绿色交通的发展可以有效地抑制碳排放的增长，未来碳减排的重点也应该放在生活生产和交通相关的行业和部门。

9.4 "双碳"目标下绿色交通的发展路径

碳达峰和碳中和目标是对中国交通运输业发展的重大挑战，也是交通运输业向绿色转型的重要契机，这极大地提高了业界推动碳减排的紧迫感和积极性。交通部门的碳排放峰值与交通发展的规模和碳减排措施的力度密切相关。在中短期内，交通规模正以中等至高速度增长，减排技术仍需开发和部署，增长规模是碳排放的主要驱动力。从中长期来看，交通增长将放缓，技术渗透和部署将增加，技术和政策措施将在减少排放方面发挥主要作用。面对上述问题和挑战，迫切需要协调交通和城市发展，改变运输方式，优化货运模式，利用技术来提高效率和减少排放。政府也必须尽快采取更加果断的运输措施，以便尽快实现碳达峰和最终实现碳中和的战略目标。

9.4.1 促进交通和城市的协调发展，创造低碳的生活方式

优化城镇化的空间布局和城市的规模、结构，需要充分发挥城市群和大都市圈吸纳人口和就业的潜力。城市规划具有多功能性，是以公共交通为导向的，是紧凑的。以铁路为中心的建设可以将住房、就业和社区设施集中在铁路枢纽和车站周围，混合利用土地。将铁路微型中心的发展和城市改造与铁路枢纽的建设相结合，创造一个 15 分钟的生活圈，从而形成一种低碳的生活方式。

9.4.2 促进交通方式的改变，引入经济杠杆以充分利用

充分利用经济杠杆减少对小汽车的依赖，调节车辆出行的空间和时间模式，优化铁路使用的需求侧管理政策，并通过立法使这些措施合法化。建议对居民交通出行的碳账户进行管理，将城市交通纳入碳交易体系的工作计划中。同时，推动"出行性即服务"（MaaS）发展的顶层开发，明确愿景和发展路径，并以信息技术为支撑，建立一个多样化、一体化的公共交通系统。该项目旨在建立一个以公共交通为核心、由信息技术支持的多样化和一体化的旅游服务网络，使

人们不必拥有汽车就能舒适地旅行。

9.4.3 继续促进大宗商品"从公路到铁路"的转移

加快运输结构调整，促进大宗、中长距离运输从公路向铁路的转移。政府应推动大宗货物和中长途运输从公共交通转向铁路，转向水路，大力发展多式联运，改善集装箱铁路和水路运输。增加从公路到铁路和从铁路到水路的集装箱运输份额，并利用大数据和云计算等技术进行优化。多式联运结构的设计，如公转铁和公转水，将通过使用大数据和云计算等技术进行优化，以提高成本和效率。发展现代物流业，促进智能、精细、集约、协调、环保和全球化的物流和运输。创造一个一站式的物流生态系统和一个综合的物流运输链。增加公共交通、低速运输和其他低碳运输方式的吸引力。鼓励发展共享交通模式，促进汽车和自行车租赁业的网络化、规模化和专业化发展。

各大城市应考虑到其各自的发展阶段和货物特点，将重点放在适合铁路运输和需求量大的商品上，以促进大宗商品运输从公路向铁路的转移。建议政府、企业和铁路部门共同承担运输结构调整的任务。发布关键货物的公共运输和铁路运输价格，加强对道路超载的控制和处罚力度。同时，考虑到目前城市规划和"公路-铁路"运输对建设多层次物流设施网络的需求，应建立一个多层次的物流设施网络系统，改善服务，提高铁路运力和服务水平，为发展"人车分流"货运创造有利的环境，加快向零碳公路运输能源组合的过渡。建议尽快从国家和城市层面发布汽车电气化路线图，并明确禁止销售燃油车的时间表。制定和完善城市道路交通电气化的政策框架，其前提是将新的和替代的车辆作为新能源车辆进行推广，制定运营激励机制，进一步加强用新能源汽车替代现有燃料汽车的政策，为新能源汽车的发展创造有利的条件。

9.4.4 智能交通将有助于提高道路交通的效率

未来的交通发展，应致力于人、车、路的共同发展，因此需要建立一个无拥堵的运输系统。建议从技术研究到标准制定等各个层面深化研究。深化旅游预订研究，拓展实践，提高旅游预订的可接受性，为今后交通系统的改造做出贡献。必须明确与自动驾驶相关的城市交通规划、建设和运营框架，并提前部署新的交通基础设施。构建城市交通大脑，支持城市交通超级计算平台建设，支持大规模网络优化并引入快速求解算法，优化百万条交通路线网络。推动交通基础设施数字化、网络化、智能化发展，加快数字化、低排放交通基础设施共享设备建设成型，支持交通运输行业向低碳发展深度转型。研制新型运输装备系统，逐步推进自动驾驶仪、新能源、北斗导航等新技术应用，扩大总装车辆应用范围。提升低碳出行方式智慧化水平，有序推出第三方平台服务，促进多方面融合发展。

9.4.5　改进碳达峰、碳中和的体制安排

强调碳中和在实现社会主义现代化建设目标中的战略意义。将碳中和纳入主要运输政策；建立有效的政策体系，研究制定碳排放市场化调控措施。积极探索公路运输行业融入碳市场，建立交通运输行业碳排放税征收机制、碳减排激励机制和碳抵消机制。建议设立工业基金，用于向低碳能源过渡、技术研发、技术演示和营销，以减少运输部门的碳排放。开展低碳交通运输部门发展等基线和可衡量的活动，重点是对交通运输排放量的量化研究，交通运输管理部门应采取有针对性的减排措施。根据不同城市的具体需要，明确交通运输产生的碳排放量，并将国内外交通和跨境交通产生的碳排放量纳入城市排放量计算。尽快建立基于实际统一标准和地方排放因子的碳排放清单模型。加强部门间合作，通过改进的部门间协调机制收集数据，准确反映不同运输方式对城市二氧化碳排放的贡献。

9.4.6　调整运输结构

一方面，优化货运结构。减少大型货车货运量，在加强综合交通一体化体制机制的基础上，通过智能化手段集约发展多式联运。提高铁路和水上基础设施的运力和便利性，全面加快集装港铁路建设，改善港区、集装铁路、干线铁路和码头场地的互联互通，加快港区装卸和配套设施建设。突破部门界限，发挥市场作用，深化多式联运发展，建立高效的陆港水一体化体系。加快铁路物流基地、铁路集装箱码头、港口物流枢纽、空运中心、快递园区等规划升级。鼓励发展铁-水、铁-地、空-地联运等。全面提高工矿企业环保运输比重。加快煤炭、钢铁、电解铝、电力、炼焦、汽车、水泥、建材等大型工矿企业铁路支线建设。全面提高货运干线、水路、封闭式皮带走廊、新能源和环保汽车的比例。建议研究实施高速铁路税收补贴和铁路票价优惠、铁路支线建设补贴和优惠贷款规则、铁路和水运货物运价的可行性，并制定绿色交通运力保障制度。

另一方面，优化人口流动格局。碳排放强度因运输方式而异，因此，人口流动的总体格局决定了城市交通的碳排放水平。建立多层次、低碳的公共交通系统。应用新能源和清洁能源以减少运输部门的碳排放。发展电气化，提高运输装备能效，推动低碳车辆应用，持续支撑重型装备低碳化关键技术。

本章小结

本章结合以往学者的研究，首先对绿色交通的概念进行阐释，并根据其特点阐述了发展绿色交通的必要性；然后通过实证研究进一步验证了绿色交通对于我国目前碳排放的抑制作用，突出了发展绿色交通的重要性；最后简述了"双碳"目标下绿色交通的发展路径。

思考与练习

1. 简述绿色交通的含义。
2. 简述我国大力发展绿色交通的必要性。
3. 简述绿色交通对我国碳排放产生的影响。
4. 简述我国交通行业实现向绿色交通转变的发展路径。

10　双碳与旅游

10.1　绿色旅游的内涵

近年来，旅游业的绿色可持续发展已经成为社会各界关注的热点。党的十七大报告中首次提出了"生态文明"的理念，党的十八届五中全会将绿色发展纳入新发展理念，党的十九大报告着重强调绿色发展，2018 年《中华人民共和国宪法修正案》将生态文明正式写入宪法，同年国务院发布了《关于促进全域旅游发展的指导意见》，强调加强资源环境保护，推进全域环境整洁。这一系列的重要文件和举措，为经济的高质量、绿色发展指明了方向。

据统计，2019 年我国国内旅游人数达 60.6 亿人次，同比增长 8.4%；外国游客人数达 1.4 亿人次，同比增长 2.9%。出境旅游人数为 1.54 亿人次，同比增长 3.3%，全年旅游收入达到 6.63 万亿元，比上年增长 11.1%，国内居民出游力指数再创新高。旅游资源的蓬勃开发给中国经济带来了新的活力，但也带来了一系列问题，许多景区相继出现资源成本高、环境污染严重等现象，极大地限制了旅游的健康可持续发展。随着生态环境问题的出现，人们对旅游的需求正在转变为对原生态和绿色化的渴望。而绿色旅游正是以环境保护和资源可持续利用为前提的，从而在整个旅游过程中实现绿色化的新型旅游形态。

10.1.1　绿色旅游的定义

20 世纪 80 年代后期，绿色旅游的理念传入中国，学术界也开始了对这一新兴概念的研究，学者们从自然、经济、文化、社会等角度出发，从广义和狭义维度对其进行定义，绿色旅游就是回归自然的旅游，是生态旅游或其高级形式。绿色旅游在广义上是指环保的旅游产品和服务，狭义上是指乡村旅游。绿色旅游是旅游的绿色循环经济发展模式，就是在旅游活动中实现自然-文化-社会的可持续发展。

绿色旅游以保护环境为前提，遵循当代绿色发展价值观，通过绿色旅游业的开发来提高当地绿色经济发展水平，尊重当地文化，最终达到区域内部社会、自然、经济、文化的均衡发展。绿色旅游的本质就是以人为本，遵循自然发展的规律。其内涵应主要包含三个方面：第一，旅游业的发展不应以牺牲环境为代价，也不应超过环境负荷的限度；第二，旅游业要秉承"绿水青山就是金山银山"的理念，将生态资源转化为经济资源，努力实现经济发展与生态环境的融合；第三，尊重自然发展规律，实现旅游过程中人与人、人与社会、人与自然的和谐发展，尊重当地人民的文化特色。

绿色旅游的概念和特点与多个旅游名词相似，容易发生混淆，表10-1对绿色旅游、生态旅游、乡村旅游、可持续旅游和低碳旅游的概念、特征进行了梳理和区分。

表10-1　绿色旅游与相关概念的定义及特征比较

概念	定义	特征
绿色旅游	以保护生态环境为目的，强调融合绿色发展的当代价值观，通过发展旅游业的方式，提高当地绿色经济发展水平，改善当地公共服务环境，促进当地自然和文化资源的保护与创新，最终实现区域旅游内部社会、自然、经济复合生态系统的协调平衡发展	绿色旅游的本质就是遵循自然发展规律，以人为本，实现旅游目的地区域社会服务高标准、生态旅游资源状态良好、旅游经济健康运行
生态旅游	生态旅游是旅游者对自然区域负责任的旅游，其不仅需要保护生态环境和当地文化的完整性，还必须维护和提高当地居民的生活水平[①]	①体现环保意识；②提高当地居民的生活质量；③让公众亲近自然，接受环境教育；④强调旅游环境、社会与经济的可持续性
乡村旅游	乡村旅游是指以乡村特有的生产形态、民俗、生活形态、乡村风光和乡村文化为对象，以乡村空间环境为基础的旅游形式[②]	发生在乡村地区，把农村自然环境作为旅游景点，二者缺一不可
可持续旅游	可持续旅游强调保持文化完整性，维护生态环境，满足人们的经济、社会和审美需求。其不仅可以为当代人提供生计，也可以保护和促进子孙后代的利益[③]	①为旅游者提供优质的旅游环境；②提高当地居民生活水平；③保持生态环境的良性循环
低碳旅游	以可持续发展与低碳发展理念为指导，采用低碳技术，合理利用资源，实现旅游业的节能减排与社会、生态、经济综合效益最大化的可持续旅游发展形式[④]	①节能减排；②低碳技术创新和清洁能源利用；③低能耗、低污染、低排放

① 文彦. 基于低碳旅游视角的炎陵县旅游资源综合开发研究[D]. 长沙：湖南师范大学，2010.

② 肖佑兴，明庆忠，李松志. 论乡村旅游的概念和类型[J]. 旅游科学，2001（03）：8-10.

③ 石培华，吴普，冯凌，等. 中国旅游业减排政策框架设计与战略措施研究[J]. 旅游学刊，2010（06）：13-18.

④ 胡孝平，史万震. 基于产业复合生态系统的十堰市生态文化旅游发展研究[J]. 江苏商论，2011（09）：131-133.

从表 10-1 中可以看出，在绿色旅游、生态旅游、乡村旅游、可持续旅游和低碳旅游这些概念中，乡村旅游因其乡村性和特定的乡村范围、低碳旅游因其低碳和零碳的特征而与绿色旅游有着明显的区别。总体而言，目前生态旅游还只是一种理念，难以在实践中界定其内涵。可持续旅游是一个很宽泛的概念，与可持续发展的核心一样，其关注当代人的行为是否会对后代产生外部影响，是否会损害后代的利益。绿色发展是中国新发展理念之一，包括旅游地区在内的各地区都应该制定发展方向，在特定的旅游地区实现绿色旅游的发展是一个值得思考的问题。

总的来说，绿色旅游与各个相似概念的区分如下：

可持续旅游与绿色旅游的区别。绿色旅游发展的目的是实现可持续发展，因此其是实现可持续旅游的途径之一，而可持续旅游是许多旅游形式在绿色时代发展要求下的长期和最终目标。

生态旅游与绿色旅游的区别。首先，这两个概念有着不同的背景。生态旅游是在生态文明建设的背景下提出的，而绿色旅游是在中国"十三五"绿色发展战略的背景下进一步阐述的。其次，生态旅游的概念提出较早，强调旅游活动中人与自然的和谐关系。生态旅游更多的是从旅游者的角度出发，根据他们的生态意识来研究旅游问题。

低碳旅游与绿色旅游的区别。低碳旅游从技术层面提出了严格的标准，力求在旅游活动中尽可能地降低能量的消耗，在旅游业发展中降低碳排放。绿色旅游可以说是低碳旅游的高级形式，绿色旅游不仅要实现低碳，更重要的是强调人与自然的和谐共生，从观念到技术，从微观到宏观，我们都将传承绿色发展的目标和理念。

乡村旅游与绿色旅游的区别。乡村旅游与绿色旅游有着不同的概念门槛。乡村旅游的范围应限于乡村地区，而绿色旅游的范围可以扩展到该地区的每个角落，强调乡村和城市都应该发展绿色旅游。

10.1.2 发展绿色旅游的必要性

10.1.2.1 可持续发展的需要

作为一个"无烟产业"，旅游业很少对环境造成污染和破坏，但当下其造成的环境问题已不容忽视。特别是在自然资源旅游区，其对旅游者的吸引力主要依靠当地的自然环境，但由于不合理的开发利用和旅游者的不文明行为，产生了许多严重的环境问题，这使得许多不可再生的旅游资源面临着巨大的挑战。如世界第一高峰珠穆朗玛峰，由于旅游者造成的环境破坏，其面临严重的生态危机，并且被无限期关闭。另一个例子是青海省乌兰县的茶卡盐湖，由于大量旅游者的不当行为，"天空之地"在旺季变成了"巨大的垃圾场"，对环境造成严重污染。除了旅游者的不合理行为外，当地工业生产产生的废物和噪声、资源的不合理使用及不当的农业生产方式都会对该地区的自然生态平衡造成破坏，环境问题也越来越严重。旅游业必须在追求快速发展的基础上重视可持续发展。绿色旅游有助于推动中国旅游业优化升级，减少能源消耗，节约资源，保护环境，促进中国旅游业可持续发展，实现人与自然和谐共生，实现山、河、林、湖、草协调发展。

10.1.2.2　产业结构绿色化发展的需要

当前，中国经济已从高速增长转向高质量发展。2022年，我国第一、第二、第三产业比重为7.3∶39.9∶52.8，第一、第二产业发展相对缓慢，第三产业拉动经济增长明显，但与发达国家相比，我国产业结构仍不合理，第三产业产值比重与发达国家相比仍存在一定差距，旅游、文化、信息服务等整体发展相对滞后，还有很大提升空间。在此背景下，旅游产业结构优化升级成为必然选择。旅游业作为第三产业的重要组成部分，在发展过程中存在着一种普遍现象，就是把商业利益放在旅游业发展的首位，走上以追求效益最大化为目标的发展道路，大量建设旅游设施、酒店和餐饮，以增加景区收入，为了吸引游客，建设大量与当地文化和环境不兼容的娱乐设施和旅游项目。例如，国内各大景区争相修建玻璃栈道、玻璃吊桥、高踏板等娱乐设施，造成了严重的同质化现象。此外，一些景区重开发、轻保护，为了使景区能够实现快速发展，以牺牲环境为代价，不加控制地开发利用、破坏当地生态环境。这种以牺牲环境为代价的经济增长方式，对旅游生态环境造成了严重破坏。要想改变这一问题，就必须推动旅游业的绿色发展，提高经济发展质量，转变核心理念，推动绿色产业结构的发展，在进一步保证经济增长的同时，通过发展绿色旅游，实现旅游业的绿色化，最终达到产业结构的绿色转型目标。

10.1.2.3　推动形成绿色消费理念的需要

目前，我国公民在倡导绿色、低碳生活方式的同时，存在绿色消费意识不足的现象，很多人将绿色消费简单地解读为绿色产品的消费。事实上，绿色消费的根本目的是解决人与自然和谐共存的问题。绿色消费遵循"5R原则"，即"节约资源，减少污染（reduce）；绿色生活，环保选购（reevaluate）；重复使用，多次使用（reuse）；分类回收，循环再生（recycle）；保护自然，万物共有（rescue）"。[①]由此可见，绿色消费是一种可持续性的消费，在满足人们基本生活需要的基础上，还要保证子孙后代生存和发展的可能性，注重环境保护和资源节约，使资源得到可持续利用，反对过度追求物质生活的享受，推广适度消费

---

① 胡雪萍. 绿色消费[M]. 北京：中国环境出版社，2016：11.

理念，使人们的消费行为和消费模式朝着科学合理的方向发展，促进整个社会的可持续发展。近年来，以民俗旅游、文化旅游、体验旅游为主题的旅游形式发展迅速，旅游者人数逐年增加，仅 2019 年旅游者数量就达到 60.6 亿人次。如果这一庞大的旅游群体践行尊重自然、顺应自然、保护自然的生态文明理念，践行绿色旅游模式，将对全社会绿色消费潮流和绿色消费观念的形成起到巨大的推动作用。

绿色旅游的出现可以使旅游者在享受自然风光的同时，提升消费者的绿色消费意识。许多参与绿色旅游的游客意识到生态环境破坏所带来的威胁，渴望亲近和了解自然，享受良好的自然环境带来的美妙体验。但是在旅行的过程中，很容易受到周围环境和他人的影响，做出一些不环保的行为。在绿色旅游过程中，应通过导游的相关宣传与讲解、旅游地设置指示牌引导等方式，促使旅游者产生自然环境保护的意识，进而影响旅游者的消费观念，使其形成科学、合理的消费方式，激发旅游者对于环境保护的责任感。

10.1.2.4 推动旅游全过程绿色化的需要

绿色旅游就是在环保的基础上，试图将饮食、住宿、旅游路线、出行、购物、娱乐等各个领域的环境污染降到最低，将绿色理念贯穿于旅游活动全过程。

第一，绿色饭店。据统计，我国每年在餐桌上浪费的粮食高达 2000 亿元，餐馆的能耗费用约占其总收入的 1/10，这种消耗不仅增加了能源的供应压力，还产生了大量的废弃物。这一系列的问题，使得实现饭店的绿色和环保成为一个必然趋势。在旅游开发过程中，酒店对生态的影响最大。为了实现可持续发展，我国在 2006 年提出《绿色旅游饭店》标准，而后根据实际运行情况于 2015 年对其进行了修订。《绿色旅游饭店》标准（LB/T007-2015）规定，绿色旅游饭店是指"以可持续发展为理念，坚持清洁生产、维护饭店品质、倡导绿色消费、合理使用资源、保护生态环境、承担社区与环境责任的饭店"[①]，并提出了对绿色旅游饭店关于社会责任、绿色客房、污染的预防与控制、绿色餐厅、能源资源的使用与管理等方面的要求。绿色酒店作为旅游业的核心，其重要性日益凸显。绿色酒店的主要产品是绿色客房和绿色餐厅，与传统房间相比，绿色房间的整体装饰符合环保标准：室内放置有益于人类健康的绿色植物，以改善室内空气质量；应从一次性物品改为多用途或调整用途物品，以节省资源；在酒店客房和公共区域设置各种绿色宣传卡，提醒客人节约用水、节约能源，设置环保宣传卡，向客人宣传环保知识，让客人感受到酒店的绿色氛围。绿色餐厅将为顾客提供符合绿色食品质量和卫生标准的产品，停止使用一次性筷子和不合

---

① 国家旅游局监督管理司. 绿色旅游饭店标准释义[M]. 北京：中国旅游出版社，2017：18.

格的塑料制品，并在顾客点餐时建议其减少浪费。

第二，绿色交通。汽车的出现推动了人类社会的进步，使人们的出行更加方便。然而随着社会的发展和车辆的增加，道路拥堵已经成为一种普遍的现象。在法定节假日，中国大部分景区都出现了不同程度的道路拥堵，不仅影响了旅游者的旅游体验，还产生了大量的垃圾，对生态环境产生了负面影响。绿色交通强调交通系统的绿色性，包括采用低污染交通工具、有利于环境多元化协调的交通运输系统，选择对人类生活环境污染较少或完全没有污染的交通方式。其主要目的是在满足人们交通需求的基础上，减少交通拥堵和环境污染，实现交通系统的可持续发展。

第三，绿色建筑。建筑在满足人们生产生活空间需求的同时，在房屋建设、使用、维护等的过程中会产生各种垃圾，影响着我们的自然环境。绿色建筑是建筑行业绿色化发展的选择。《绿色建筑评价标准》（GB/T50378-2019）指出，绿色建筑是指"在全寿命期内，节约资源、保护环境、减少污染，为人们提供健康、适用、高效的使用空间，最大限度地实现人与自然和谐共生的高质量建筑"。绿色旅游的发展需要依靠方方面面，建筑自然也是必不可少的。财政部发布的《关于加快推动我国绿色建筑发展的实施意见》提出："建筑建造和使用过程能源资源消耗高、利用效率低的问题比较突出。大力发展绿色建筑，以绿色、生态、低碳理念指导城乡建设，能够最大效率地利用资源和最低限度地影响环境"，并指出"到 2020 年，绿色建筑占新建建筑比重超过 30%，建筑建造和使用过程的能源资源消耗水平接近或达到现阶段发达国家水平。"①绿色旅游景区要发展绿色建筑，在设计方法上因地制宜，根据当地自然地理条件，设计出符合地形、文化、民俗的建筑，尽量减少对自然环境的影响，充分利用太阳能、风能等可再生能源，改善建筑的保温和通风条件，减少资源消耗和占有，最大限度地利用资源，改善环境绿化，净化空气，调节区域的微气候。

10.1.2.5 加快扶贫进程的需要

旅游扶贫是在旅游资源条件相对较好、具有一定区位优势的贫困地区，通过扶持旅游业的发展带动整个地区的经济发展，以帮助贫困群众脱贫致富为目的的发展模式。

发展绿色旅游对于促进精准扶贫具有良好作用。受地理位置、历史文化、基础设施条件等的影响，大多数贫困地区的经济发展极为缓慢，贫困问题突出。此外，由于矿产资源的开发利用不合理，有些贫困地区不重视生态环境保护，

---

① 财政部，住房和城乡建设部. 关于加快推动我国绿色建筑发展的实施意见[J]. 中国建材资讯，2013（03）：26-27.

造成了环境破坏和严重的生态问题。在这样的地区发展绿色旅游，在一定程度上可以有效保护当地的生态环境，缓解贫困。绿色旅游主要依靠自然资源，可以改变地区原有的无序利用资源的发展模式，增强贫困人口的环保意识，使人们牢固树立"绿水青山就是金山银山"的发展理念，坚持经济效益与生态效益相结合，把环境保护放在发展首位，实现生态环境保护与旅游扶贫协调发展。发展绿色旅游可以吸引大量旅游者前往旅游资源丰富的贫困地区，带动当地人口致富，同时加强贫困地区与富裕地区之间的文化沟通，缩小贫富差距，通过旅游扶贫，改善当地居民的思想和行为，提高他们的素质和能力。此外，绿色旅游的发展涉及路线、住宿、餐饮、出行、购物和娱乐 6 个要素，当地居民可以参与其中，并利用现有条件开展旅游服务，如开设家庭旅馆，以获取收益。除此之外，当地居民可以根据不同的需要，在旅游业发展的各个环节寻找适合自己的岗位，促进就业，提高贫困地区群众的收入水平。

10.1.3 绿色旅游的特点

第一，自然性。自然性是生态旅游的一个重要特征，参与生态旅游的各种旅游产品的开发和设计必须符合这一特点。自然性并不意味着让当地的旅游环境自由无约束地发展，而是通过合理、科学规划，在符合自然环境发展规律的前提下，优化旅游环境的特点和亮点，使其具有独特的市场竞争力。发展生态旅游的最大前提是充分保护当地的生态环境，这不仅包括自然环境，还包括人类生活的社会环境和人文环境。生态旅游的设计和开发人员，应充分利用当地特色，在生态旅游开发建设过程中，基于保护性的原则，使得自然环境、社会环境、文化环境都能得到充分保护，这是旅游业在整个生命周期需要面对和解决的问题。

第二，效益性。绿色旅游的最根本目标就是实现由经济效益、社会效益和生态效益组成的综合效益的最大化，为人与社会、自然环境的共同繁荣发展负责。随着经济社会的发展，绿色旅游创造的效益也不断增加，其创造效益的能力也在不断增强。

第三，动态性。绿色旅游是旅游者的旅游活动与旅游地生态环境之间的互动过程，是一种相互影响、相互关联、相互制约的动态关系。绿色旅游强调旅游者的旅游行为能够与旅游环境产生互动作用，相互影响，相互制约，从而形成一个整体。旅游环境可以为旅游者源源不断地提供旅游资源，让他们尽情享受，并在享受的过程中积极保护旅游环境。

第四，普及性。在全球环保热潮中，绿色旅游不仅仅局限于某一群体、某一阶层，而是已经得到了普及。当前社会，为子孙后代留下青山绿水已成为一种旅游时尚。

第五，保护性。与传统旅游相比，绿色旅游最大的特点就是保护性。生态保护是绿色旅游开展的前提之一。

第六，多样性。绿色旅游以现代科学技术为基础，旅游形式多种多样。除了普通的观光度假外，还衍生出一系列绿色旅游项目，如观鸟、徒步旅行、滑雪、探险和科学研究等。

第七，专业性。基于绿色旅游所提倡的环境教育理念，要求绿色旅游活动内容有较深的科学文化内涵，这就需要活动项目的设计及管理均要具有专业性。

10.2　双碳与绿色旅游的关系

10.2.1　双碳促进绿色旅游的发展

10.2.1.1　"双碳"目标实现对绿色旅游的积极影响

第一，提升旅游体验。

随着人们生活水平的提高，人们开始注重对文化休闲的追求。通过开展旅游活动，人们不仅可以锻炼身体，还可以愉悦身心。在旅游活动过程中，人们的体验直接受到旅游环境的影响。通过实现"双碳"目标，可以实现高污染、高能耗、高产出的替代和消除，提高景区的观赏性，让人们有更高品质的旅游体验。

第二，实现旅游产业的创新发展。

在"双碳"目标的影响下，造成旅游景区污染和高能耗的产能必将被淘汰，并逐渐被新能源所取代。例如，我国的一些景区选择使用潮汐能、太阳能和风能等，充分践行低碳环保理念，同时提高了景区的观赏性。同时，景区特色产品的生产过程中，会消耗大量的自然资源和能源，一些景区会根据旅游者的具体需求提供个性化的旅游服务，进而催生了全区域旅游和智慧旅游等旅游模式。在双碳背景下，推动旅游业实现有效创新，不断开发和生产满足旅游者个性化需求的产品和服务，进一步降低旅游景区的资源依赖性。

10.2.1.2　绿色旅游对双碳的响应方式

"双碳"目标可以通过两种方法实现：一是减少空气中的 CO_2，二是吸收空了中的 CO_2。通过绿色生产和绿色消费能够实现 CO_2 的减排。首先，CO_2 可以被自然环境吸收和储存。其次，可以通过绿色低碳旅游的开发利用来实现。最后，可以通过健康的旅游业减少碳排放。

（1）绿色化的旅游环境

旅游环境是旅游资源的重要组成部分，良好的旅游体验环境对于提高旅游质量有非常重要的作用。森林、湿地、湖泊、海洋本身就是重要的自然旅游资源，因此，以自然生物保护和种植为主要载体，营造绿色旅游体验环境，既可以提高旅游产品的品质，又是发展绿色旅游的重要途径。

（2）绿色化的旅游设施

旅游设施和工具是旅游开发的基础。旅游活动的实现必须依靠特定的旅游设施和工具，如活动设施、生活设施、交通工具和服务设施等。开发绿色旅游设施和工具是实现绿色旅游发展的重要途径。

（3）绿色化的旅游消费方式

旅游产品和服务最终是通过旅游者的消费观念和旅游产品的消费模式来实现的。在不同的消费观念和消费模式下，会产生不同的碳排放量。步行、骑行和背包旅行产生的排放量极低，而长途旅行的排放量占旅游总排放量的17%。不同种类的食物、不同标准的酒店、不同水平的基础设施和旅游景点的碳排放也有很大的差异。

10.2.2　发展绿色旅游有利于"双碳"目标的实现

绿色旅游业是一个低污染、低能耗的产业，是双碳领域的先锋模范。绿色旅游是以政府、市场、企业和旅游者共同协调作用和互动为基础的，其对"双碳"目标的影响体现在消费模式、旅游设施、旅游体验环境和旅游产品等方面。在引领绿色旅游消费方式中，在降低旅游碳足迹的同时，更应注重培养全社会的绿色旅游理念，倡导绿色生活方式，实现绿色旅游的发展与经济效益双赢。绿色旅游基础设施建设可以直接使用低碳技术旅游设备，节约旅游运营成本。通过使用节能、减排等低碳新技术，提高各类设施的水平，以取得更高的经济效益。我们可以采取低碳技术和创新产品类型等措施，将低碳产品包装成绿色旅游产品。

10.2.3　双碳和绿色旅游共同发展

旅游业低碳化发展是绿色旅游发展的前提和基础，也是旅游业可持续发展的唯一途径。"双碳"目标的实现要求我们要重视环境保护和资源可持续利用，改善人们未来的生活方式，但是旅游产业对环境依赖性很大，将绿色旅游发展理念积极融入双碳发展模式具有重大的现实意义。我们应将绿色旅游作为"双碳"目标的发展对象来对待，积极实施低碳经济，为绿色旅游事业的发展进步奠定坚实的基础。作为旅游的一种形式，绿色旅游要求旅游者在整个旅游过程中最大限度地减少温室气体的总体排放量，有效地促进环境保护。从上述意义上说，"双碳"目标与绿色旅游相辅相成。旅游学作为一门边缘学科，其研究与开发往往被忽视，绿色旅游的引入和推广将有助于提高旅游学科的学术地位。此外，推动低碳经济发展已成为全球关注的话题。推动"双碳"目标下的绿色旅游发展，需要不断提高管理水平和技术，优化产业结构，降低旅游产品的经营和生产成本，提升绿色旅游的技术含量。随着国际社会越来越多地实施低碳减排，人们对绿色旅游有了更深的理解，这一概念也逐渐流行起来。在"双碳"目标下，绿色旅游是未来旅游发展的趋势。

从双碳的角度来看，绿色旅游与生态旅游、可持续旅游类似，绿色旅游以节能减排为根本发展目标和追求，合理开发利用各种旅游资源，在此过程中体现了高度的环境使命感，向旅游市场推广健康、安全、环保的旅游产品，在此基础上，努力减少碳排放，最终实现生态环境保护和资源高效利用。在实施双碳绿色旅游的过程中，要积极营造人与自然和谐相处的氛围和环境，树立可持续发展理念，在绿色旅游的全过程，要做到尊重环境、生态和自然。需要注意的是，实施绿色旅游需要旅游者和相关旅游企业积极参与，坚持保护自然环境的生态平衡，积极构建良性互动，促进经济社会发展。具体来说，在低碳经济的背景下，市场、政府、旅游者和相关旅游企业都应该尽最大努力减少温室气体排放，促进绿色经济的发展。低能耗、低污染、低排放的低碳经济发展模式正在被越来越多的人所接受，这不仅凸显了绿色生态和环保的理念，也表明绿色旅游已成为未来旅游的发展趋势。

10.3　"双碳"目标下绿色旅游发展的路径

笔者认为，"双碳"目标下的绿色旅游发展需要政府、市场、旅游企业和旅游者4个层面的共同努力，构建绿色旅游的协同实现方式。

10.3.1　政府层面

我国作为一个旅游大国，有着不可替代的旅游资源和多年积累的绿色旅游发展基础，绿色旅游发展潜力巨大，特别是在当今政府发展旅游业的坚定决心和重视绿色旅游建设的情况下，应大力推动绿色旅游在我国的发展。虽然我国绿色旅游的实现途径还存在一些瓶颈，但只要政府对绿色旅游的发展给予足够的重视，根据绿色旅游的实施途径，采取合理的措施，绿色旅游动力机制即可实现有效运行。

10.3.1.1　制定旅游绿色化发展规划纲要

要实现旅游绿色发展，政府必须对旅游绿色发展有一个明确的规划纲要，并要把握以下几个方面。

首先，研究政策，科学提出绿色旅游节能减排方案。其次，确立"旅游目的地绿色发展示范区"建设目标，在全国范围内建立绿色旅游示范区，并根据现有规划，系统地规划绿色旅游发展。政府应细化绿色发展要素，整合绿色发展理念，倡导绿色旅游理念，实施绿色旅游行动，系统打造绿色旅游示范区。最后，确定适合中国旅游业绿色发展的主要措施。政府应在规划纲要的引领下，利用地方媒体传播绿色理念和低碳理念，提高全社会的低碳意识，为国家营造良好的绿色旅游氛围。

10.3.1.2 充分发挥政府引导、激励与规制的功能

政府的作用是引导、激励和规范企业。政府将通过资金支持、招商引资、政策补贴、税收调整等手段，建立监管体系，发挥监管作用，引导和激励企业行为。

10.3.2 市场层面

10.3.2.1 非政府组织

目前，中国的非政府组织，特别是环保非政府组织的数量非常少，没有太大的影响力，如果能得到政府的大力支持，它们将成为政府监督企业活动的得力助手。要加强行业协会之间的合作，结合中国旅游环境的特点和市场现状，非政府组织尽快制定绿色旅游对低碳经济影响的相关评价指标，设计合理的评价程序，实现对企业的有效监管。

10.3.2.2 新闻媒体

首先，媒体应通过富有吸引力的宣传，正确传播绿色旅游理念，消除民众对绿色旅游的认知误区，有效实施绿色行为。

其次，媒体应通过公益广告、新闻报道等多种形式宣传绿色旅游发展的目的、意义和措施等，提高旅游者绿色消费观念与意识，使旅游者关注旅游业的绿色转型，营造绿色旅游的良好氛围。

最后，媒体应该加强宣传人类行为对环境的影响，通过曝光等方式引导旅游者纠正不良行为和习惯，树立可持续的绿色旅游理念和正确的绿色消费观。

10.3.3 旅游企业层面

10.3.3.1 旅游企业绿色运营与管理方面

旅游企业采取的节能措施和途径包括：重视能源的综合利用，利用风能、太阳能等低碳能源；发展低碳建筑，实现高效照明，减少温室气体的排放；以循环经济的减量化、再利用、再循环作为资源配置的前提，形成以低排放、低消耗、高效率为特征的经济发展方式，将旅游资源保护和开发利用的关系处理好。低碳旅游饮食一直是旅游餐饮业所倡导的，应当制定避免使用一次性餐具的旅游餐饮低碳行业标准；通过对空调、照明工具和一些可再生资源进行合理利用，开发低碳技术和新材料，提高科技应用水平，促进低碳旅游发展。

10.3.3.2 绿色旅游产品开发方面

我们应该抓住绿色旅游产品暂时稀缺的契机，研究新的低碳旅游产品，吸引更多的公众关注。企业可以根据消费者的不同需求对旅游产品进行细分，形成完整、全面的旅游产品体系。新产品的开发在"双碳"目标的实现中发挥着重要作用。在满足市场需求的同时，新产品必须符合低碳、环保、绿色的原则。

例如，我们可以开发多样化的旅游产品，如农业和新能源体验。

10.3.4 旅游者层面

10.3.4.1 建立旅游者投诉和信息反馈平台

提供畅通的投诉渠道，以便旅游者在发现问题时能够及时反馈；同时，应对旅游者的投诉给予相应的反馈，让他们知道自己的投诉会引起旅游产品开发者的重视，并适当采取一些激励措施促进旅游者反馈。

10.3.4.2 研究旅游者需求，进行科学变革

旅游者往往追求旅游体验的"差异性"和"特色"。从需求的角度来看，旅游体验的本质决定了需求水平的变化，需求水平的改变又促进了旅游竞争力的变化。绿色旅游要求经济发展从过度依赖物质消费转向情感消费，使旅游者的精神消费和绿色旅游的智力投资成为旅游经济发展的新动力。

本章小结

绿色旅游是以保护环境为前提的，它遵循当代绿色发展价值观，通过绿色旅游业的开发来提高当地绿色经济发展水平，尊重当地文化，最终达到区域内部社会、自然、经济、文化的均衡发展。本章对绿色旅游、生态旅游、乡村旅游、可持续旅游和低碳旅游的概念和特征进行了梳理和区分。

发展绿色旅游，是可持续发展的需要，是产业结构绿色化发展的需要，是推动形成绿色消费理念的需要，是推进旅游全过程绿色化的需要，更是加快扶贫进程的需要。绿色旅游的特点包括自然性、效益性、动态性、普及性、保护性、多样性、专业性。

旅游业低碳化发展是绿色旅游发展的前提和基础，也是旅游业可持续发展的必由之路。双碳的本质在于重视对环境的保护及资源的可持续利用，科学提升人们未来的生活方式。旅游产业对环境的依赖程度非常高。基于此，积极将绿色旅游发展融入双碳发展模式中具有重要的现实意义。"双碳"目标下绿色旅游的发展需要政府、市场、旅游企业、旅游者4个层面的共同作用，以协同推动绿色旅游的实现。

思考与练习

1. 简述发展绿色旅游的必要性。
2. 简述绿色旅游和"双碳"目标之间的关系。
3. 简述"双碳"目标下绿色旅游的发展路径。

11　双碳与制造业

11.1　绿色制造的内涵

绿色制造是一种在制造业各环节充分考虑对环境和资源的破坏和消耗的环境友好型制造模式。其目标是在整个产品生命周期（即从产品设计开始到报废）践行绿色理念，减少制造业全产业链对环境的不利影响，提高资源利用率。当然，在这个过程中，企业也必须努力平衡环境、经济和社会利益，以确保企业成功运营。

从广义上来看，绿色制造中的"制造"贯穿于产品生产的整个生命周期，而"绿色"则是整个生产过程的原则和背景。在制造业开展生产活动的过程中，必须注重环境保护问题，减少污染物排放，并且要考虑资源的优化利用问题。因此，我们认为绿色制造是一种充分考虑环境问题、资源问题并贯穿于产品生产全生命周期的现代制造业模式。

11.1.1　绿色制造的定义

绿色制造是一种现代制造模式，它基于全生命周期理论，对资源的利用效率及其对环境的影响进行整体观察。绿色制造的概念最早是在 20 世纪 90 年代被提出来的。1996 年，美国制造工程师协会发布了绿色制造蓝皮书，提出了绿色制造的概念。绿色制造技术又被称为面向环境的制造、环境意识制造，是在传统制造技术的基础上，结合环境科学、能源科学、材料科学和控制技术等一系列新技术的先进制造技术。绿色制造的目标是最大限度地减少制造业对环境的负面外部影响，最大限度地利用产品从设计、制造、包装、运输、使用到处置的整个生命周期的资源，使公司的经济效益和社会效益达到最优平衡，是人类可持续发展战略在现代制造业中的体现。

绿色制造包括制造工艺、环境影响、资源利用等诸多领域的理论、技术和方法，如图 11-1 所示。绿色制造技术充分考虑了产品全生命周期对环境的影响和破坏，整个产业链的过程包括原材料和绿色能源的使用、产品绿色设计、绿色工艺及绿色生产过程、绿色装配和包装、产品的使用和维护、产品的报废处理、绿色回收与再制造等，如图 11-2 所示。

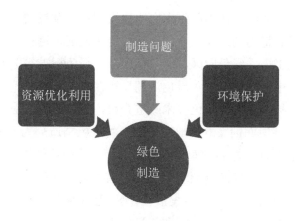

图 11-1 绿色制造集成

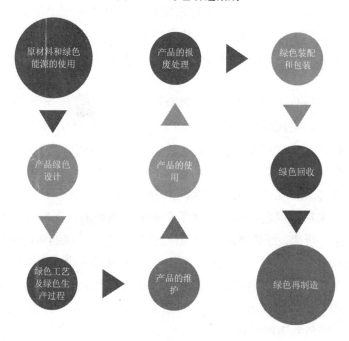

图 11-2 绿色制造全产业流程

11.1.2 发展绿色制造的必要性

人类社会经济活动对环境造成了严重破坏，出现了如全球变暖、南极臭氧空洞、土地严重退化、森林面积迅速减少、水资源短缺、生物多样性丧失等问题。造成环境恶化的污染物主要来自制造业的排放物。据统计，每年约有70%的污染物来自制造业。具体而言，全球制造业每年产生约55亿吨无害废物和7亿吨有害废物。因此，考虑到环境的承载能力及人类的可持续发展，可实现环境保护的绿色制造将成为未来制造业发展的重要趋势。

制造业绿色发展既是国际社会的大势所趋、潮流所向，又是我国制造业企业转型升级的必由之路。在当前生态文明建设和绿色发展的背景下，我国绿色制造体系的构建必将为制造业企业创造新的历史发展机遇。从中央到地方，都在重点围绕绿色工厂、绿色园区、绿色供应链、绿色标准等关键环节开展绿色制造体系建设，中国制造业的"绿色浪潮"正在兴起。不仅仅是企业在行动，政府也在大力支持企业实施绿色技术改造升级，打造绿色供应链和绿色制造体系。2015 年国务院发布的《中国制造 2025》将绿色制造列为五大工程之一，为绿色制造指明了方向。文件明确了到 2025 年，工业产业结构、生产方式绿色低碳转型取得显著成效，能源资源利用效率大幅提高，绿色制造水平全面提升。为贯彻落实《"十四五"工业绿色发展规划》，强化绿色制造标杆引领，经申报单位自评、第三方评价、地方工业和信息化主管部门评估确认及专家论证、公示等程序，2022 年 1 月工业和信息化部发布了"2021 年度绿色制造名单"，其中包括 673 家绿色工厂，至此，我国共建设了 2783 家国家级绿色工厂、223 个国家级绿色工业园区、296 家国家级绿色供应链管理示范企业，覆盖了主要工业行业。

此外，对环境负责的制造业不仅具有巨大的社会效益，还可以获得较大的经济效益。例如，实施绿色制造，最大限度地提高资源利用率，降低资源的浪费，可以直接降低生产成本。同时，实施绿色制造以减少或消除污染，可以减少或避免环境问题带来的罚款，降低企业的行政成本。此外，绿色制造还可以改善员工工作环境，保障员工健康状况，有助于提高其工作效率，使企业获得更大的利润。最后，绿色制造还有助于企业树立更好的社会形象，为企业增加无形资产。综上所述，绿色制造是 21 世纪世界制造业发展的新趋势，是实施制造业环境污染源头控制的关键途径，更是实现我国制造业可持续发展的必由之路。同时，绿色制造的发展也可以带动一大批新兴产业的发展，为我国经济发展形成新的增长点和驱动力。

11.1.3　绿色制造的特点

目前，我国大部分制造业仍采用传统制造技术。传统的制造技术是开放式生产系统，其典型特征是从大自然中获取资源并将其提炼成各种工业材料，提炼过程中产生的废气、污水和废渣等大量污染物被排放到环境中。此外，产品制造过程中也会产生大量污染，而且由于制造过程缺乏灵活性，容易造成设备资源的严重浪费。在使用产品时，废气、废物和噪声等污染问题也是破坏环境的主要因素。尤其是元器件、设备损坏后，往往作为废品处理，其是一种巨大的资源浪费。同时，许多无法回收利用的污染物对人和环境也造成了极大的危害。

与传统制造技术相比，绿色制造技术模式是一个封闭的生产系统，是一种清洁生产和废物循环利用的生产模式。这种生产方法考虑了从原材料提取到产品报废、材料回收的整个产品生命周期。例如，在选择材料时，已经考虑到冶炼过程中产生的废气和废水的彻底清洁、回收、再利用和产品报废时的回收处理。在绿色生产模式下，这些问题可以通过特定的技术和工艺手段，在产品生命周期的各个环节予以解决。例如，在零件设计和制造时标注材料类型和回收方法的代码，对于分组分类、科学管理和资源的有效利用很有效。

在绿色制造的生产过程中，对于材料的选择、产品设计、制造工艺、管理模式等，往往需要进行整体统筹。在传统的生产方式中，人们在进行产品设计选择材料时过于关注材料的性能和功能，而忽视了制造和使用过程中对环境的影响，很少考虑到回收和再利用，导致产品寿命结束时的废物回收率很低，造成资源浪费和环境污染严重。因此，如何选择及选择哪些材料对于设计和制造环保产品至关重要。使用绿色材料是解决传统制造中材料选择问题的关键。所谓绿色材料，是指性能优越，可以减少资源和能源消耗，减少对生态系统和环境的负面影响，有益于人类健康和可再生利用的材料。它是一种从制造到使用、废弃甚至回收利用都可与环境共存的材料。在选择制造材料时，应根据其性能要求优先选择绿色材料。随着资源能源的日益枯竭、环境恶化的加剧及人们环保意识的增强，这一点也变得越来越重要。

在绿色制造的生产过程中，产品设计也应采取绿色设计模式。传统制造过程中注重产品的功能和制造过程的实现，很少考虑产品生产过程中的资源浪费及其对环境的影响。绿色设计的指导思想是将生产与节能减排紧密结合，充分考虑加工产品的可行性和可回收性。绿色设计是绿色制造的重要组成部分，必须在产品的整个生命周期中统筹考虑减少污染、节约资源和能源、良好的可回收性等问题。

绿色制造的特点如下：第一，绿色制造是面对整个生命周期过程的广义制造，要求在原材料供应、产品设计、产品制造、产品运输、产品销售、产品使用、产品回收的全产业链过程中贯彻落实绿色理念，以实现减少环境污染和资源优化配置的目标。第二，绿色制造以提高企业经济效益、社会效益和生产效益为目标，强调以人为主体，综合运用各种先进技术和现代管理技术，实现企业经济效益、社会效益和生态效益的协调与优化。第三，绿色制造致力于包括制造资源、制造模式、制造工艺、制造组织等方面的创新，鼓励采用新的技术方法、新的材料资源。第四，绿色制造模式具有社会性。相对于传统制造模式，绿色制造需要企业投入更多的人力、物力和财力来减少废物排放，从而保护生态环境，实现绿色制造的社会目标。

11.2 绿色制造的测度

11.2.1 绿色制造的机制

对于绿色制造创新动力机制的研究，国外学者更加注重从政府和技术创新的角度进行研究。从国内相关领域的研究现状来看，国内学者认为绿色制造的创新发展机制包括政府、企业、科研机构和其他因素的共同作用[①]。

从创新主体的角度来分析绿色制造的发展机制，可以将制造业绿色创新发展的动力因素划分为来自制造企业内部的微观动力、来自制造企业之间的中观动力和来自制造产业外部的宏观动力。微观层面包括绿色效益、绿色战略、员工绿色创新意识、绿色创新管理制度等企业内部形成的绿色发展动力，中观层面包括企业间交流和竞争所形成的绿色发展动力，宏观层面包括政府支持、市场需求、科技进步、社会环境及发展平台等各个方面形成的绿色发展动力（见图11-3）。绿色制造的发展机制是制造业绿色创新活动开展的关键与内在核心问题，是绿色制造业创新的内部结构与内在工作方式及创新要素与外部环境之间所形成的互动关系，是推动制造业从事绿色创新的动力源及保证创新决策付诸行动的有关规定和行为方式的总和，具有稳定的构成方式和作用规律。

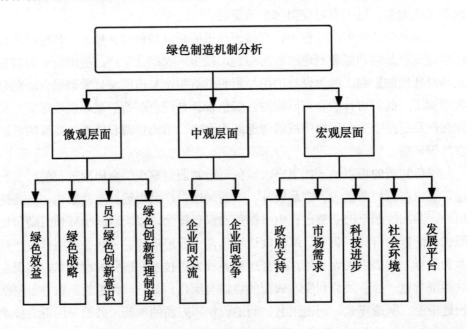

图 11-3　绿色制造的机制分析

对于绿色制造来说，企业的内部动力是其发展的主要动力，来自制造产业

内部的微观动力和中观动力一起，通过拉动力和推动力的共同作用促进了绿色制造业创新能力的增强和发展。

从微观层面来看，绿色制造的发展动力主要来自以下几方面。

第一，绿色效益。绿色效益主要指由绿色工艺创新带来的经济效益和社会效益，它在创新中发挥核心和枢纽作用。这不仅因为制造企业创新的目的是实现效益最大化，还因为制造企业内外部的各种动力要素最终都将转化成企业的效益驱动力，进而发挥作用。各制造业企业一方面通过绿色工艺创新提高产品质量、节约要素、降低成本，冲破绿色壁垒，使资本增值并扩大企业规模，追求经济效益最大化，满足其投资者的追求；另一方面通过绿色工艺创新减少能源使用、降低污染，提升企业形象和地位，追求社会效益最大化，满足其社会成员的角色需求。

第二，绿色战略。"低碳、节能、环保"的绿色战略是推动制造企业绿色工艺创新的不竭动力。绿色战略通过制造企业的创新管理制度，为绿色工艺创新活动提供思想观念上的动力，为培育员工绿色创新意识创造良好氛围；其规定了绿色工艺创新的战略方向和范围，从而促进制造企业绿色工艺创新激励机制的形成；推动企业增加绿色工艺创新投入，提升绿色工艺创新能力。制造企业绿色战略的制定，主要立足于全球和我国致力于发展低碳经济的背景下，是制造企业乃至整个制造业产业绿色工艺创新的重要驱动力。

第三，员工绿色创新意识。员工创新是制造业绿色工艺创新的基础和出发点，是员工个体受到企业效益拉动、绿色战略引导和绿色创新管理制度共同影响的结果。这里的员工不仅包括绿色工艺创新的专业研发人员，还包括生产第一线的普通工人，尤其后者在产品制造过程中更有可能擦出创新的火花。在企业中，员工作为理性经济人，期望通过绿色工艺创新提高工作效率、增加劳动收入、改善工作和生活条件。基于此，在企业绿色战略的宣传、倡导和绿色创新奖励制度的激励下，员工为达到个人效用最大化会积极寻求、摸索、开发节约能源、减少污染的工艺技术、设备和流程，这个过程实质上就是绿色工艺的渐进性或根本性创新过程。

第四，绿色创新管理制度。绿色创新管理制度主要包括企业对绿色工艺创新成果的奖励制度，对绿色工艺创新人才的选拔、培育、使用和挽留制度，服务于绿色工艺创新活动的企业组织机构设计，以及有利于开展绿色工艺创新活动的职能部门划分及职能分工等系统性和专业性相统一的规定、条例和准则。制定完善的绿色创新管理制度有利于形成绿色工艺创新的激励机制，提高员工的绿色创新意识，吸引企业外部创新人才的加入。

从中观层面来看，绿色制造的发展动力主要来自以下两个方面。

一方面，企业间交流。制造企业之间的交流是制造业绿色工艺创新资源转移最直接、最重要的形式，也是创新的基本支撑力。制造企业之间绿色工艺创新资源流动的方式和途径主要有绿色工艺技术许可转让、绿色工艺技术引进、绿色工艺设备和软件购置、研究开发的合作、创新人员的流动、知识和信息的交换传播等。其中，创新人员在不同企业间的流动及知识信息交换过程中的相互学习是创新的重要推动力。当前，技术创新不仅产生于正式的研发活动，还产生于包括学习在内的各种非正式研发活动。在学习过程中，工程师、科学家、技术人员及工人的集体创新能力对绿色工艺创新的重要性日益受到重视。此外，工艺创新人员的非正式交流对于创新也具有正向的驱动作用。例如，创新人员在研发混沌阶段就创新试验中的疑问向外部专家咨询；产业内部创新人员在业余时间、非工作场合的沟通等，这些行为加速了创新的产生，缩短了创新周期。

另一方面，企业间竞争。制造企业之间创新利润和人才等竞争压力，迫使制造企业不断发掘潜在的市场需求、提升绿色工艺创新能力。当绿色工艺创新的市场需求出现却不能及时得到全面满足，市场就会形成一段时期的需求空白，从而进行了绿色工艺创新的制造企业获得了超额利润，并可能垄断绿色工艺方面的技术和设备。在市场中率先取得绿色工艺创新效益的制造企业打破了原来的市场竞争格局和企业间的利益分配关系，对尚未创新和落后的企业造成巨大的竞争压力。因此，各绿色工艺创新的先进者为获得效益不断创新，以保持竞争的主动地位，而后进者也会迫于压力积极开展创新，追求创新带来的效益。制造企业之间的创新竞争推动了制造产业的绿色工艺创新的发展。

从宏观层面来看，制造业绿色工艺创新与产业外部环境的关系日益复杂，一方面从创新的过程来看，绿色工艺创新离不开产业外部环境的参与和配合；另一方面，绿色工艺创新的内在机制决定了外部环境必然会推动创新的发展。这些来源于制造产业外部并对绿色工艺创新产生较大影响或组成"动力场"的各种要素构成了绿色工艺创新的宏观动力。[①]从宏观层面来看，绿色制造的发展动力主要来自以下几个方面。

第一，市场需求。市场需求是制造产业外部绿色工艺创新的根本拉动力，与制造企业之间的竞争呈正相关关系。绿色工艺创新也是制造业对国际贸易中的碳关税、碳壁垒和技术壁垒的一种本能反应。

第二，科技进步。哥本哈根联合国气候变化大会形成的共识就是人类进入了低碳经济时代，低碳经济的核心是能源技术和减排技术的创新。低碳经济对

---

① 田红娜，毕克新，吕萍. 制造业绿色工艺创新的动力机制研究[J]. 湖南大学学报（社会科学版），2013，27（01）：78-84.

我国制造业提出了低碳技术创新和绿色工艺创新的重大要求。因此，全球低碳环保的科技进步一方面为制造业绿色工艺创新提供了技术支持，另一方面也呼唤制造业顺应历史潮流，增加绿色工艺创新投入并推动其实施。

第三，政府支持。政府运用制度、政策调节制造业绿色工艺创新相关主体的行为，发挥调控、导向和服务的功能。首先，调控功能。通过颁布法律法规和发布强制性标准来协调、规范绿色工艺创新相关主体的运行。其次，导向功能。各级政府出台有利于绿色工艺创新的政策和法规，创造由环境污染奖惩、财政税收激励、金融扶持、知识产权保护等组成的制度环境，构建绿色工艺创新法律保障机制，完善税收、财政和金融激励机制等。最后，服务功能。通过提高技术创新管理部门的工作效率为绿色工艺创新提供条件，营造有利环境。

第四，发展平台。平台支撑主要指参与制造业绿色工艺创新的高等院校、科研机构和科技中介机构对创新的动力作用，主要包括：首先，高等院校承担培育绿色工艺创新科技、管理人才的责任；通过创造创新理念和学术氛围营造创新的文化环境。其次，科研机构可以提供绿色工艺成果、科学知识和技术的咨询；直接进行战略性、基础性、前瞻性、应用性、综合交叉性的绿色工艺研究；为政府制定创新政策提供决策依据。最后，科技中介机构主要开展绿色工艺信息交流、咨询，绿色工艺评估与鉴证，绿色工艺设计、试验和检测等活动，促进创新资源的优化配置。

第五，社会环境。社会环境是指产生于制造业外部、对绿色工艺创新活动具有外驱力的绿色科技竞争意识、消费者的绿色环保观念和绿色组织的社会监督。其能够通过媒体宣传引导消费者的绿色消费倾向、培养公众的绿色创新意识，促进制造业增强环保的生产意识；引导制造企业的创新思想和行动，监督制造企业实施绿色工艺创新的活动。自 1970 年以来，各国成立了许多绿色组织，如"绿色和平组织"，这些绿色组织致力于气候与能源、污染防治等项目，倡导推动清洁生产，呼吁政府立法，并让公众了解和监督企业的环境行为。

在宏观动力中，市场需求作为创新的根本拉动力，为制造业发展指明方向；科技进步作为创新的外部基础动力，为其提供技术保障和技术导向；政府为创新提供制度和政策支持，营造良好环境；高校、科研机构和科技中介机构作为平台支撑不断满足制造业创新的技术、设备、知识信息和人才等资源及相关服务需求；社会环境为创新提供文化氛围并监督其运行。五种动力因素分别发挥了机会导向、技术支持、基础推动、资源提供和氛围影响等功能，促进制造业绿色工艺创新能力的形成和提升。从基于协同论的微观、中观和宏观动力相互作用关系来看，制造业绿色工艺创新是由微观、中观和宏观动力要素共同作用产生的，各动力要素之间相辅相成、融合组成绿色工艺创新的动力机制。当动力机制处于无序的初始状态，微观、中观和宏观动力机制之间相互独立，无法构成协同关系；而当绿色工艺创新具备充足的资源和激励条件并达到一定阈值时，创新系统的微涨落或巨涨落出现，微观、中观和宏观动力机制就会形成极为复杂的非线性协同作用，推动创新发展。微观和中观动力要素对宏观动力要素的作用是绿色工艺创新动力机制运作的一部分。第一，绿色效益驱使制造企业迅速确立绿色战略，获取利润，打破目前竞争格局，这些行为导致企业间竞争愈发激烈，从而加速绿色工艺创新。第二，低碳经济下，制造企业致力于寻求生产工艺过程中资源节约和污染减少的方式和方法，这些探索活动推动了制造产业乃至更大范围绿色技术的发展。第三，绿色工艺创新是一项具有很强经济外部性的活动，它会得到政府、高校、科研院所和科技中介机构的支持；而且制造业的绿色工艺创新能力直接体现了我国绿色技术创新能力，因此为提高国家创新实力，政府会积极支持制造业开展绿色工艺创新。第四，当员工具备了绿色创新意识并进行创新活动时，企业就能逐步形成绿色工艺创新的文化环境，也有助于整个社会绿色文化环境的形成。

外因常常通过内因发挥作用。尽管宏观动力要素对制造业绿色工艺创新具有重要作用，但它们只有通过引导、诱发、唤醒微观和中观动力才能发挥作用。具体表现如下：第一，市场需求是激发制造业追求效益最大化的主要动力，只有当社会对绿色工艺有需求且这种需求能够创造绿色效益时，企业才会为争夺市场展开竞争，从而推动绿色工艺创新。第二，低碳技术和绿色技术的进步引领制造业采用能够带来超额利润的绿色工艺，形成绿色战略。第三，政府支持会引导制造企业形成绿色战略，直接推动绿色创新管理制度的形成和完善，为绿色工艺创新提供良好的外部制度环境。第四，平台支撑会为绿色工艺创新提供充分的人才、技术、知识信息等，使制造企业具备创新资源。第五，文化环境会作用于创新主体，有助于员工绿色创新意识的形成，进而影响整个创新活动。

11.2.2 绿色制造指数

霍尔（Hall）和克尔（Kerr）提出了绿色指数的概念，将绿色指数评价指标体系分为一级、二级、三级指标。一级指标包括绿色状态和绿色政策两类指标，二级指标包括空气污染、水污染、能源消费和交通等 9 类指标，三级指标包括256 个指标。更多的文献以能源消费为研究对象，研究能源发展指数、低碳竞争力指数、低碳经济指数、纳斯达克清洁绿色能源指数。[①]相对来说，国内相关研究更少，主要涉及工业绿色发展水平测度、低碳发展等方面。袁建明、谢晓

---

① 巩前文，严耕. "绿色生产"指数构建与测度：2008—2014 年[J]. 改革，2015（06）：73-80.

琳（2015）根据科学性、完整性、动态性、可操作性等原则，参考大量国内外相关机构关于绿色经济、低碳经济、可持续发展、环境竞争力、转型升级等的文献与书籍，依托专家建议，围绕工业发展强度、资源消耗与环境影响、政府支持 3 个一级指标，7 个二级指标，最终选取出 22 个三级指标。其中，二级指标包括发展强度、研发强度、能源使用效率、环境影响程度、综合利用程度、环境治理投资力度、环境建设力度。三级指标包括单位 GDP 能源消耗（吨/万元）、单位工业增加值能源消耗（吨/万元）、单位 GDP 电力消耗（千瓦小时/万元）、单位 GDP 废气排放量（立方米/万元）、单位 GDP 废水排放量（吨/万元）、单位 GDP 一般工业固体废物排放量（吨/万元）、工业用水重复利用率（%）、一般工业固体废物综合利用率（%）、环境污染治理投资总额占 GDP 的比重（%）、工业污染源治理投资占 GDP 的比重（%）、政府资金占研究与试验发展经费支出比重（%）、城市污水处理厂集中处理率（%）、突发环境事件次数（次）、工业二氧化硫去除率（%）、建成区绿化覆盖率（%）等。[1]

参考以往学者的研究，为绿色制造指数的测算选取三级指标。其中一级指标为制造业绿色增长度、制造业资源环境压力、政府政策支持度；二级指标为制造业绿色发展效率、制造业绿色发展潜力、制造业资源消耗、制造业污染排放、制造业污染治理、基础设施建设；三级指标包括制造业增加值增长率、制造业劳动生产率、规模以上制造业企业工业成本费用利润率、规模以上制造业企业总资产贡献率、六大高耗能工业产值占工业总产值比重、制造业企业研发经费内部支出占制造业总产值比重、制造业企业研发人员占从业人员比重、制造业企业专利申请数、单位制造业增加值用地量、单位制造业增加值水耗、单位制造业增加值电耗、单位制造业增加值能耗、单位制造业增加值二氧化硫排放量、单位制造业增加值烟粉尘排放量、单位制造业增加值废水排放量、单位制造业增加值固体废弃物排放量、制造业固体废弃物综合利用率、制造业废水重复利用率、制造业废气治理设施处理能力、制造业污染治理投资占工业增加值比重、人均公园绿地面积、自然保护区面积占比、植树造林面积占辖区面积比重、森林覆盖率等。

11.2.3 绿色制造的测度方法

对于类似绿色发展指标的测算，关键问题在于指标与权重的确定，现有评价体系大多采用单一方法对指标权重进行赋权，有学者采用网络分析法（ANP）

---

① 袁建明，谢晓琳. 基于 ANP-熵值法的工业绿色发展度测度研究[C]//第十届（2015）中国管理学年会论文集. 中国工业经济，2016：28-36.

和熵值法相结合的方式，从主观、客观两方面综合确定指标权重[①]。也有学者使用熵权——TOPSIS 模型、空间自相关、空间杜宾模型（SDM）等分析方法，对中国工业绿色发展水平进行时空综合测度分析[②]。综合以往学者的相关研究，本书主要介绍网络分析法（ANP）和熵值法相结合来对绿色制造指数进行测算的方法，先使用 ANP 得出主观权重，再运用熵值法得出客观权重，在二者基础上得出综合权重，最后对原始数据标准化后进行加权，所得数值即绿色制造指数。

网络分析法（ANP），由 Satty 于 1996 年在层次分析法（AHP）的基础上提出。使用 AHP 需满足三个假设，即层次之间不存在反馈支配作用，层次内部元素相互独立，只有上层元素对下层元素才存在支配作用。而现实生活中，层次内部元素通常相互依存且支配情况复杂，此时 AHP 方法便无法使用。ANP 是在 AHP 的基础上进行拓展，以网络的形式表现，该网络中的元素可互相影响，AHP 可理解为 ANP 的一种特例。本书选用 ANP 确定主观权重。为了得出权重，需要将元素进行两两比较，由此得到判断矩阵。ANP 中被比较的元素可能不是独立的，因而将以两种方式进行比较。

①直接优势度。在一个准则下，比较两个元素对于该准则的重要程度，较适用于元素间相互独立的情况。

②间接优势度。在一个准则下，比较两个元素对第三个元素的影响程度，较适用于元素间相互依存的情况。

按照两种方式对元素进行两两比较，本书采用 1～9 标度法进行衡量，即从 1 到 9 意味着一个子准则较另一个子准则的重要程度依次增加。假设 ANP 的控制层中有元素 B_1, B_2, …, B_N，网络层中有元素组 C_1, C_2, …, C_N，其中 C_i 中有元素 e_{i1}, e_{i2}, …, e_{ini}, … ($i=1$, 2, …, N)。以控制层元素 B_s ($s=1$, 2, …, m) 为准则，以 C_j ($j=1$, 2, …, N) 中元素 e_{jl} ($l=1$, 2, …, n_j) 为次准则，按照 e_{ini} 对 e_{jnj} 的影响程度大小进行比较，构造判断矩阵并由特征根法得出排序向量 $(W_{i1}^{j1}, W_{i2}^{j2}, …, W_{ini}^{jnj})'$。对其进行一致性检验，当 $C_iR_j < 0.1$ 时，认为判断矩阵的一致性是可以接受的，否则应进行修正。W_{ij} 表示如下：

$$W_{21} = \begin{bmatrix} W_{i1}^{j1} & W_{i1}^{j2} \cdots & W_{i1}^{jnj} \\ \vdots & \ddots & \vdots \\ W_{ini}^{j1} & W_{ini}^{j2} \cdots & W_{ini}^{jnj} \end{bmatrix}$$

---

① 鹿晨昱，成薇，黄萍，等. 中国工业绿色发展水平时空综合测度及影响因素分析[J]. 生态经济，2022，38（03）：54-61，69.

② 万周燕，肖艳. 中国工业绿色发展质量综合测度与空间分异研究[J]. 全国流通经济，2021（16）：136-138.

其中，W_{ij}的列向量即为C_i中元素C_j中元素的影响程度排序向量。若C_j中元素不受C_i中元素影响，则$W_{ij}=0$，依次计算最终可得到B_s准则下的超矩阵：

$$W=\begin{bmatrix} W_{11} & W_{12} \cdots & W_{1n} \\ \vdots & \ddots & \vdots \\ W_{n1} & W_{n2} \cdots & W_{nn} \end{bmatrix}$$

上式的超矩阵为非负矩阵，重复使用上述方法可以构造出m个超矩阵。W超矩阵的子块W_{ij}为列归一化，但W不是列归一化，因此需要构造加权矩阵将超矩阵列归一化。以B_s为准则，对B_s下各组元素对准则C_j（$j=1$，2，$\cdots$，N）的重要性进行比较。与C_j无关联的元素组的排序向量分量为零，可得出加权矩阵：

$$A=\begin{bmatrix} a_{11} & \cdots & a_{1n} \\ \vdots & \ddots & \vdots \\ a_{n1} & \cdots & a_{nn} \end{bmatrix}$$

即得到加权超矩阵，$\overline{W_{ij}}=(\overline{W_{ij}})$，其列和为1，又称为列随机矩阵。其中

$$\overline{W_{ij}}=a_{ij}W_{ij}, \quad i=1，2，3，\cdots，n；j=1，2，3，\cdots，n$$

再对加权超矩阵W进行足够大的幂次运算，当$\overline{W^{\infty}}=\lim\limits_{t\to\infty}\overline{W^t}$存在时，则$\overline{W^{\infty}}$中第$j$列即为$B_s$下网络层中各元素对于元素$j$的极限相对应向量，也就是各个元素的权重。

熵权法的基本原理是，假设研究对象由n个样本单位组成，反映样本质量的评价指标有m个，分别为x_i（$i=1$，$\cdots$，m），并测出原始数据。设实际测出的原始数据矩阵如下：

$$R'=(r'_{ij})_{m\times n}, \quad i=1，\cdots，m；j=1，\cdots，n$$

其中r'_{ij}是第j个样本在第i个指标上的得分。对R'进行标准化，消除指标间不同单位、不同度量的影响，以便得到各指标的标准化得分矩阵。标准化方法一般有直线型、折线型和曲线型等。考虑标准化后的数据r_{ij}受r'_{ij}、$\text{Min}|r'_{ij}|$和$\text{Max}|r'_{ij}|$的影响，采用极值法对原始数据进行标准化。设原始数据矩阵为$R'=(r'_{ij})_{m\times n}$，标准化后的矩阵为$R=(r'_{ij})_{m\times n}$，则具体的标准化公式如下：

$$r_{ij}=\frac{r'_{ij}-\text{Min}|r'_{ij}|}{\text{Max}|r'_{ij}|-\text{Min}|r'_{ij}|}\times 10 \tag{11-1}$$

对原始数据进行标准化后就可计算各指标的信息熵。第i个指标的熵H_i可定义如下：

$$H_i=-k\sum_{i=1}^{n}f_{ij}\ln f_{ij}, \quad i=1，\cdots，m；j=1，\cdots，n \tag{11-2}$$

$$f_{ij}=\frac{r_{ij}}{\sum_{j=1}^{n}r_{ij}}, \quad k=\frac{1}{\ln N}$$

在指标熵值确定后就可根据下式来确定第 i 个指标的熵权 W_i：

$$W_i=\frac{1-H_i}{m-\sum_{i=1}^{m}H_i}, \quad i=1, \cdots, m \qquad (11-3)$$

由上述基本原理可以看出，如果某个指标的信息熵 H_i 越小，就表明其指标值的变异程度越大，提供的信息量也越大，在综合评价中所起的作用也越大，则其权重也应越大。所以，在具体分析过程中，可根据各个指标值的变异程度，利用熵来计算各指标权重。

在对绿色制造指数进行计算时，首先采用专家打分法，由相关专家对其按照 1~9 标度进行打分，以建立判断矩阵。由于采用 ANP 计算起来比较复杂，可以利用超级决策（super decision）软件进行计算。具体步骤如下：

（1）构建网络结构图并输入比较值。在超级决策软件中构造由三级指标及其关系构成的网络层次模型。由专家打分法确定指标间两两比较的优势度大小，将比较值一一输入软件中的比较矩阵，并进行一致性检验，当不一致（inconsistency）< 0.1 时，说明该组数据通过一致性检验。本书所有数据均通过一致性检验，可得出各元素组局部排序向量。求得未加权超矩阵（unweighted super matrix），每一列都是通过两两比较而得到的排序向量，表示的是该元素对各元素组中各元素的权重，如果不存在影响关系，值为 0；如果只与元素组中的一个元素有关系，值为 1。每一个子块均为列归一化，但整个矩阵并非列归一化的。

（2）求得加权矩阵，又称为组矩阵（cluster matrix view），其每一列表示的是该元素组对各元素组的权重，将未加权超矩阵与加权矩阵相乘，即可得到加权超矩阵（weighted super matrix）。此时加权超矩阵中每列均归一化，每一列表示的是该元素对所有元素组中各元素的权重。

（3）计算极限矩阵并得出权重。为了得到极限矩阵，需将加权超矩阵反复自乘，直至其趋于稳定，然后做归一化处理，最终可得出各元素的局部权重和全局权重。其中局部权重表示每个元素在其所在组中的权重，全局权重表示每个元素在全局中的权重，从而得出采用 ANP 计算出的主观权重。

（4）根据熵值法的相关计算公式计算出客观权重，设 A 为采用 ANP 确定的权重，B 为熵值法确定的权重，C 为综合权重。设定两种方法确定的权重各占 50%，则 $C=(A+B)/2$，即可得出综合权重。将需要测算的地区和时间的相关面板数据按上述方法代入，即可测算出对应的绿色制造指数。

11.3　双碳与绿色制造的关系

制造业既是我国节能降碳的重点，又是支撑我国经济社会全面绿色低碳转型的关键。绿色制造既是生态文明建设的重要内容，又是制造业转型升级、经济可持续发展的关键。从"十四五"开始，我国经济发展面临更为严格的减排约束。在此之前，我国提出的是单位 GDP 温室气体下降的减排目标，没有总量限制，属于相对减排。2030 年前实现碳达峰和 2060 年前实现碳中和则明确了二氧化碳排放总量的阈值和下降的总量，属于绝对减排。与此同时，"十四五"规划提出了"保持制造业比重基本稳定"的要求，避免因追求减排目标而可能出现的产业空心化问题。发展绿色产业不仅是推进生态文明建设、实现高质量发展的主要内容之一，还是实现碳达峰和碳中和的重要支撑。我国制造业正处于从传统生产模式向数字化、智能化发展的新阶段，制造业转型升级进程不断加快。在中国致力于"双碳"目标的背景下，低碳节能也成为制造业高质量发展的必然趋势。一个企业如何在实现灵活高效生产和可持续发展的同时，降低成本、提高效率、化挑战为机遇、减少碳排放，成为竞争的焦点，决定着制造业的生死存亡。此外，绿色循环低碳发展，是当今时代科技革命和产业变革的方向，在"双碳"目标的指引下，绿色制造将会为经济的转型升级、能源友好型社会的构建贡献力量。

11.3.1　双碳促进绿色制造的发展

实现碳达峰和碳中和目标为制造业指明了方向和目标。这意味着我们需要有效减少碳排放，减少化石能源消耗，提高能源效率。实现"双碳"目标，需要钢铁、水泥、石化、有色金属等高碳排放行业升级设备，提升技术水平，推动风能、太阳能、氢能、智能电网、储能等新技术的发展，形成绿色经济增长新引擎。在碳达峰和碳中和的约束下，能源、产业、交通结构等将发生显著的低碳转型，并且为节能环保产业、清洁制造业、清洁能源产业等提供新的发展机遇和广阔的市场前景。

"十四五"时期是我国应对气候变化、实现"双碳"目标的重要时期，也是制造业实现绿色转型发展的关键 5 年。工业和信息化部发布的《"十四五"工业绿色发展规划》（以下简称《规划》），立足发展实际，按照"目标导向、效率优先、创新驱动、市场主导、系统推进"的基本原则，系统提出聚焦一个行动、构建两大体系、推动六个转型、实施八大工程的整体工作安排，即以实施工业领域碳达峰行动为引领，着力构建完善绿色低碳技术体系和绿色制造支撑体系，系统推进工业向产业结构高端化、能源消费低碳化、资源利用循环化、生产过程清洁化、产品供给绿色化、生产方式数字化等 6 个方向转型，并部署 8 个重大工程，对各行业、各地区、各领域绿色转型具有重要指导意义。当前，我国距离实现碳达峰目标已不足 10 年、实现碳中和目标不到 40 年，与发达国家相比，我国实现"双碳"目标时间窗口紧、难度大。工业是支撑全社会如期实现碳达峰的重点领域，《规划》将"目标导向"作为基本原则之首，明确提出坚持把推动碳达峰、碳中和目标如期实现作为产业结构调整、促进工业全面绿色低碳转型的总体导向，全面统领减污降碳和能源资源高效利用，并将实施工业领域碳达峰行动作为引领性任务，提出加强工业领域碳达峰顶层设计、明确实施路径，推进各行业落实碳达峰目标任务、实行梯次达峰。此外，《规划》明确了"系统推进"的基本原则，提出坚持把绿色低碳发展作为一项多维、立体、系统工程，统筹工业经济增长和低碳转型、绿色生产和绿色消费的关系，协同推进各行业、各地区绿色发展。在部署各项重点任务时，既注重在保障产业链供应链安全的前提下，进一步严格能效约束，推动高耗能行业回归到科学合理的产能规模，同时，也注重通过节能、节水、清洁生产等技术改造，推动行业绿色低碳转型。除制造业自身绿色低碳转型以外，还要增加绿色低碳产品的供给，构建从原材料到终端消费品的全链条绿色产品供给体系，引导绿色消费，为能源生产、交通运输、城乡建设等经济社会各领域绿色低碳转型提供坚实保障。

此外，按照"双碳"目标的指引，通过构建绿色低碳技术体系和绿色制造支撑体系，可以夯实绿色产业发展的基础。一方面，我们针对绿色低碳技术的短板，不断完善技术创新体系，加大高新技术攻关力度，加强创新，支持产业绿色低碳转型，加快一系列关键技术的突破，积极推动新技术的规模化快速应用和升级。另一方面，完善绿色制造体系，要从标准、服务、人才、政策等方面入手，全面提升制造业绿色发展基础能力，主要包括建立健全绿色低碳标准体系、完善绿色公共服务体系、强化绿色制造标杆引领、打造绿色低碳人才队伍、完善绿色政策和市场机制等。

随着投资少、见效快的节能技术被逐步推广，单个工序和装备技术改造升级的节能降碳空间呈现收窄趋势。在全球经济数字化发展转型的趋势下，传统产业和信息技术的深度融合正在成为制造业节能降碳增效的新驱动。在"双碳"目标的引领下，准确把握这种新趋势，将加速生产方式数字化转型作为推动制造业绿色发展的重要方向，有助于建立绿色低碳基础数据平台、推动数字化智能化绿色化融合发展、推进"工业互联网+绿色制造"，积极推动数字经济的新优势转化为工业绿色低碳转型的新动能。近年来，一些新兴领域的节能降碳问题受到人们的普遍关注。比如，随着数字经济快速发展，带动数字基础设施能耗大幅上升，数据显示，目前主要运营商的 5G 基站主设备功耗为 4G 单站的 2.5～3.5 倍。作为实现和指引"双碳"目标实现的重要文件，《规划》不仅关注传统高耗能行业节能，还高度重视数字新基建的能耗问题，提出积极推进网络和通信等新型基础设施的节能提效和绿色升级，进一步降低数据中心、移动基站等新型基础设施的功耗能耗。综合利用方面，随着我国新能源汽车保有量快速增长，退役动力电池回收利用事关新能源汽车产业的健康持续发展，受到社会各界的广泛关注。《规划》除了关注大宗工业固体废弃物和再生资源外，对新能源汽车动力电池回收利用做出了具体安排，包括研究制定相关管理办法和标准、加强溯源监管、加快技术创新和推广应用、培育规范企业等措施。清洁生产方面，除关注工业领域传统污染物减排以外，还提出要加强新型污染物治理技术装备基础研究。以上各方面都表明，要实现"双碳"目标，必然要求制造业绿色转型。

11.3.2 绿色制造的发展是实现"双碳"目标的关键

与其他产业相比，制造业具有生产过程对环境影响较大和资本密集度高等特点，在协调经济发展与环境保护方面，欧美等发达国家采取的主要措施是向他国转移污染较大的产业和生产环节，以牺牲他国环境来维持本国经济增长。中国没有复制这种发展路径，而是努力挖掘制造业的减排空间，并通过推动制造业高质量发展为进一步提高减排潜能提供支撑。制造业既是能源消费的主要部门，又是推动能源转型的技术支撑部门。从蒸汽动力到内燃机再到电力，三次能源转型也伴随着制造业技术水平的提高和对能源资源利用效率的改进。随着清洁能源技术更加成熟、政策更加完善、成本逐渐逼近传统化石能源，可再生能源在能源结构中的比重将大幅提高，必将产生显著的减排效果。

制造业发展会带来产业结构的进一步优化。从行业大类看，目前我国电力行业、交通行业、建筑和制造业碳排放占比分别约为 40%、30% 和 30%，制造业是仅次于能源产业的产生碳排放最多的经济部门。随着我国"双循环"发展战略的深入实施，高附加值产业的发展将进一步加快，实体经济的技术水平会进一步提升，最终会降低能源消耗、减少二氧化碳的排放，使制造业向着更加健康绿色的方向发展。

绿色制造的发展将显著提升制造业的减排潜力。与传统制造相比，绿色制造是一种充分考虑资源消耗和环境影响的现代制造模式。从设计、制造、包装、运输、使用到报废处理的整个产品生命周期，绿色制造都充分考虑对资源的有效利用，并最大限度地减少对环境的影响。因此，绿色制造在促进节能减排方面发挥着重要作用，也是当前国际制造业竞争中的关键。与其他国家相比，我国单位 GDP 能耗下降较快，技术进步的贡献率超过 60%。在技术进步的推动下，我国目前主要制造业产品中有约 40% 的能效接近或达到国际先进水平，重点产业的技术减排更加超前，作为耗能和排放大户的钢铁产业有望在"十四五"

时期率先实现碳达峰。当然，从总体上看，我国制造业能效仍低于世界先进水平，一些落后的制造技术与工艺还没有被全部淘汰，技术水平还有进一步提高的潜力。为推动世界经济增长，联合国倡议各国积极推动绿色复苏，相当多的国家承诺了碳中和的时间表，可以预计，在各国政府的积极推动下，绿色技术将有较大发展，并成为驱动制造业发展和经济增长的重要动力。促进制造业绿色发展，既是为了保障"双碳"目标顺利实现，又是实现"双碳"目标的重要任务之一。

11.3.3 双碳与绿色制造共同发展

实现碳达峰和保持制造业绿色发展，不仅是我国"十四五"和 2035 年远景目标的重要内容，更是全球性的议题。中国作为第二大经济体和全球经济治理的重要参与者，有义务也有能力在高质量发展制造业的同时稳步降低碳排放，为世界可持续发展做出贡献，我们应科学衡量制造业碳排放水平，实施跨行业综合减排政策。制造业是物质生产和转化部门，其技术经济特性决定了要消耗较多的能源资源、产生较多的污染物和二氧化碳排放，但制造业是推动服务业发展和提高农业生产率的基础，是满足人民美好生活需要的物质提供部门，不应因其排放多而限制其发展，从而使市场需求得不到充分满足。可以考虑实施跨行业部门的"碳补偿"制度，对于自身虽不产生碳排放但使用高排放中间投入品的行业，征收碳税或其他形式的费用，以补偿其在整个产业链价值链中高排放环节的减排投入。此外，也要高度重视非制造业部门的耗能和碳排放问题，制定的减排政策应当科学合理地约束所有行业部门的碳排放行为。例如，数据中心虽然不属于制造业，但是，我国数据中心年用电量近 2000 亿千瓦时，几乎占全社会总用电量的 3%，是汽车行业用电量的两倍。近 10 年，数据中心用电量年增长率超过 10%，远超传统高耗能行业 3%～5%的年增长率。为此，需要严格限制数据中心的能源消耗，制定绿色数据中心发展战略和相关激励措施。发展绿色制造，既是推进生态文明建设、实现高质量发展的主要内容之一，又是实现碳达峰、碳中和的重要支撑和推动力。在合理的政策和制度安排下，发展绿色制造和我国的"双碳"目标事业绝不矛盾，而应是相互支撑、共同前进的关系。

11.4 "双碳"目标下绿色制造发展的路径

11.4.1 节能减排是制造业实现绿色发展的根本

制造业企业要在自身减排的基础上，促进供应链减排。一方面，供应链减排有助于避免制造业中下游减排，中上游排放量增长，从而更好地促进绿色发展；另一方面，供应链减排将成为未来企业减排的发展方向，并通过供应链碳排放可追溯机制来强化上下游的减排合作。对于中下游的制造企业，尤其是大中型制造企业，在生产制造减排的同时，还要以供应链减排为导向完善制造标准，发挥好供应链减排的带动作用。对于中上游的供应商，尤其是中小型制造企业，可将减排作为一项核心竞争力，不仅可以达标，还可以更好地满足客户需求，实现供应链共赢。对制造业企业来讲，对未来绿色创新发展之路的探索，不仅有助于其实现节能减排、降本增效，提高自身产品质量与服务水平，更将成为其数字化转型升级的必经之路。"节能减排"不能成为一句空口号，制造企业不仅要在生产制造方面做到节能，更要做到办公节能、生活节能，以"立体化节能"的方式，让制造企业的数字化转型积极驱动"双碳"目标的实现。

11.4.2 全面构建绿色生产体系是制造业实现绿色发展的关键

一是高度统筹能源生产体系与工业生产体系。生产方案由能源组合方案确定，在系统结构保证工业减碳的低成本和规模化。二是构建绿色循环生产体系。将制造业融入整体循环经济框架，最大限度地减少制造业转型的能源和资源需求，实现全产业链和产品生命周期的碳达峰和碳中和，实现制造业对其他行业的促进作用。三是构建环保生产体系。提高电气化程度，优化能源消费结构，应用先进储能技术，加快生产工艺升级，采用回收再利用技术，打造低碳生产链和价值链，提高工业产品的环保性和竞争力。四是构建绿色制造支撑体系。完善绿色制造的行业规范和评价方法。在低碳定价、标准核算等方面增加绿色金融服务供给。增加低碳技能培训、交流、资源对接等绿色生产公共服务供给。

11.4.3 产品的全生命周期践行"绿色"是制造业实现绿色发展的途径

要实现绿色制造，就要在产品的全生命周期践行"绿色"二字，从生命周期的末端，如退役产品回收、再制造、再资源化到中端的制造及使用，再到前端的设计，始终践行减少资源消耗、降低环境影响的理念，从而实现产品全生命周期的效益最大化。

（1）促进绿色制造与互联网深度融合，提升制造业绿色智能化水平。

目前，中国制造业已全面参与国际分工，但在全球的定位仍处于价值链的中下游。提高我国的生产能力和水平，必然可以节能降耗，增加产品附加值，提升制造业的整体经济效益和社会效益，满足绿色经济的需要。我国制造业的发展，要充分利用"互联网+"战略，实现生产管理和市场管理的自动化，通过信息化改造企业价值链，提升制造业智能化水平，促进传统制造业向绿色、智能化的转型。推动我国制造业进入全球价值链的上游，实现制造业产业升级、节能降耗及产品附加值的增加，推动中国制造业绿色转型发展。

（2）提高绿色产能，发展循环经济。

制造业绿色转型要构建从资源回收到利用的循环经济体系，在生产环节尽量减少对环境的影响，尽快实现零排放。同时，在高污染行业推广循环利用技术和绿色再造技术，使其向低排放、节能产业转变。

（3）增强绿色创新能力，推动节能技术进步。

在国家创新体系中，制造业必须发挥绿色创新先锋和实践者的重要作用，积极推进资源节约型、环境友好型及混合型的绿色创新。通过对高耗能、高污染行业的工艺整合升级，以及绿色产品及其价值链的构建，最终实现整个行业的绿色转型。提高高耗能和高污染行业的技术创新能力是提高自主创新能力的核心任务，要重点抓好基础研究和基础技术开发，掌握核心技术，尽快缩小与世界先进水平的差距。而且，还要提高绿色技术的创新和应用潜力，利用新兴智能化技术进行环境管理。此外，整个过程应最大限度地提高能源利用效率，增强产品性能，提高产品质量，大力推广节能设备的应用。

11.4.4 统筹规划是制造业实现绿色发展的保障

推动制造业绿色发展，要求我们在准确把握发展方向和原则的基础上，抓住制造业绿色转型发展的重点领域、关键环节和核心问题，找准突破口和着力点，采取切实有力的措施，贯彻落实好《规划》重大任务举措。坚持全国统筹推进工业绿色低碳转型。加强部际、部省协作，指导各地编制工业绿色发展、工业碳达峰有关方案或计划，依托行业协会、有关机构，开展《规划》宣传贯彻、碳达峰能力培训工作。双碳工作应着眼全局，从总体上算大账，坚持全国一盘棋，加强工业整体统筹，合理提出碳达峰任务目标，避免"一刀切"式减碳，严格按照标准引领约束。研究编制绿色制造、工业资源综合利用、新能源汽车动力蓄电池回收利用等领域的管理办法。建立健全工业绿色低碳标准体系，研究制定工业绿色低碳标准体系建设指南，探索建立绿色低碳标准化机构。加快制定一批低碳、节能、节水、资源综合利用、绿色制造等重点领域标准。聚焦重点行业区域绿色转型。重点行业既关注钢铁、石化化工、建材、有色金属等传统行业结构性调整和绿色低碳改造，又注重发展能源资源消耗低、环境污染少、附加值高、市场需求旺盛的战略性新兴产业、高技术产业。重点区域主要关注京津冀、长三角、粤港澳大湾区、黄河流域、长江经济带绿色发展。加大政策精准支持，发挥产业和经济政策的调节作用，对节能降碳项目在电价、税收、碳配额、信贷等政策方面予以倾斜。优化关税结构，鼓励高附加值、低碳排放产品出口，减少高碳排放产品出口。制定出台产融合作支持工业绿色发展指导意见，制定绿色发展指导目录和项目库，加强绿色低碳转型相关项目融资对接，引导金融机构加大对重点行业、领域和区域的绿色信贷投放。畅通国内国际绿色双循环。依托现有多双边机制，探索实施一批绿色低碳合作项目。集聚国内外科技领军人才，打造绿色低碳科研创新平台。在国际国内不同平台积极开展先进绿色低碳技术和典型经验的交流和合作。构建国内国际双轨、线上线下并行的再生资源供应链。推进中外合建绿色工业园区、绿色工厂、绿色供应链，扩大绿色产品在国际贸易中的比重。

11.4.5　改善制造业能源结构是制造业实现绿色发展的基础

要实现碳达峰和"十四五"时期非化石能源占能源消费总量比重提高到20%的目标，需要加快推进大型清洁能源生产基地建设，不断优化能源供给结构。同时，引导需求侧积极采取清洁能源替代方案，对清洁能源占比较高的企业实施税收返还等奖励政策，鼓励制造业企业主动调整能源消费结构。不断推进能源体制改革，进一步完善电力定价机制，优化新能源与制造业布局的协调性，鼓励太阳能、风能、中小型水电站等清洁能源就地、就近为制造业提供电能，减少长距离电力输送的能源浪费[①]。要依靠技术创新和管理创新不断提高制造业能效水平，推进制造业碳排放持续降低。针对具有全球性或区域性、长期具有危害的工业污染问题，应加大技术投入，加强技术攻关，加快其应用落地，力争使更多制造业细分行业的减排技术达到世界一流水平，重点工业行业污染物和二氧化碳的排放水平接近世界先进水平。同时，加强大气污染治理、污染土壤修复、持久性有机物污染物控制与降解等技术研发。对于制造业的新技术、新工艺、新产品、新业态、新流程、新组织方式可能出现的碳排放及环境风险，要进行充分评估和预防。例如，针对新能源汽车、分布式新能源可能带来的废旧光伏面板、废旧电池的低碳无害处理及共享经济可能造成的浪费等，要做好技术上和制度上的准备。

11.4.6　正确处理经济发展同生态环境保护的关系是制造业实现绿色发展的支撑

要实现"双碳"目标和制造业的绿色转型，就要正确处理经济发展同生态环境保护的关系。习近平总书记强调，"我们既要绿水青山，也要金山银山。宁要绿水青山，不要金山银山，而且绿水青山就是金山银山"[②]"牢固树立保护生态环境就是保护生产力、改善生态环境就是发展生产力的理念，更加自觉地推动绿色发展、循环发展、低碳发展，决不以牺牲环境为代价去换取一时的经济增长"[③]。习近平总书记一系列关于环境保护和经济发展的重要论述为我们提供了理念和行动上的指引。一是加强技术研究，通过技术进步和结构调整提高成果转化效率，大力培育绿色战略性新兴产业。完善技术创新体系，发挥国家科技重大专项的引领作用，实现低碳技术创新方面的重大突破；加快发展知识技术密集、物质资源消耗少、综合效益高、成长潜力大的战略性新兴产业、高端制造业及与之相匹配的现代服务业，推进产业结构绿色转型、提升质量。二是深化供给侧结构性改革，对传统产业进行精准化绿色改造。提倡低碳循环生产，构建环境数据共享平台，精准化识别和改造传统产业。三是加强碳市场建设，构建市场化导向的碳资源配置体系，让市场对资源配置起决定性作用，更好地发挥政府作用，引导企业发力低碳创新活动。

本章小结

从广义上来看，绿色制造中的"制造"贯穿制造业产品生产的整个生命周期，而"绿色"则是整个生产过程的原则和背景，在制造业进行生产活动的同时，必须注重环境保护问题，减少污染物排放；必须考虑到资源的优化利用问题，最大限度地实现资源的优化配置。我们认为绿色制造业是一种充分考虑环境问题、资源问题的贯穿于产品生产全生命周期的现代制造业模式。绿色制造业是一种基于全生命周期概念的现代制造模式，它充分考虑了资源利用效率及其对环境的影响，其目标是在产品的设计、制造、包装、运输、使用到报废处理的整个生命周期中尽量减少对环境的负面外部影响，提高公司的经济效益和社会效益。

"双碳"目标和绿色制造发展紧密相关，相辅相成。一方面，双碳促进绿色制造的发展；另一方面，绿色制造的发展是"双碳"目标实现的关键。发展绿色制造，既是实现高质量发展、推进生态文明建设的重要组成部分，又是实现"双碳"目标的重要组成部分和推动力。在合理的政策和制度安排下，发展绿色制造和我国的"双碳"目标事业是相互支撑、共同前进的关系。

实现碳达峰、碳中和是经济社会一项影响深远的系统性变革，不仅给我们带来了巨大的挑战，也带来了许多机遇。只要我们主动适应时代要求，全面、准确、完整地执行新发展理念，积极服务和融入新发展格局，勇于面对挑战，果断把握机遇，就一定可以形成绿色发展的内生动力，加快推进我国制造业向绿色低碳转型，促进我国经济社会"双碳"目标早日实现。

思考与练习

1. 简述绿色制造的特点。
2. 简述双碳和绿色制造发展之间的关系。
3. 简述我国发展绿色制造的必要性。
4. 简述"双碳"目标下绿色制造发展的路径。

参考文献

[1] Apple. Apple 在中国推出全新清洁能源基金[EB/OL].（2018-07-13）[2021-09-30]. https://www.apple.com.cn/newsroom/2018/07/apple-launches-new-clean-energy-fund in-china/.

[2] [印度]阿比吉特·巴纳吉，[法]埃斯特·迪弗洛. 贫穷的本质[M]. 景芳，译. 北京：中信出版集团，2018.

[3] [美]比尔·盖茨. 气候经济与人类未来[M]. 陈召强，译. 北京：中信出版集团，2021.

[4]《京都议定书》. https://wenku.baidu.com/view/c5e4df236337ee06eff9aef8941ea76e59fa4a81.html.

[5] PUE（Power Usage Effectiveness，电源使用效率）值是衡量数据中心能效的国际通用指标，为数据中心消耗的所有能源与 IT 负载消耗的能源之比.PUE 值越接近于 1，表示一个数据中心绿色化程度越高，用于非 IT 负载的基础设施能源和损耗越少.

[6] 奥利弗·威廉姆森. 经济组织的逻辑[M]. 上海：上海人民出版社，1998：64-109.

[7] 白雁，魏庆朝，邱青云. 基于绿色交通的城市交通发展探讨[J]. 北京交通大学学报（社会科学版），2006（02）：10-14.

[8] 财经频道 CCTV-2 播出《对话》特别节目——《碳中和倒计时：氢能之热》，https://tv.cctv.com/2021/04/17/VIDEmayXE47xLM8NgdvjiwWA210417.sht.

[9] 财政部，住房和城乡建设部. 关于加快推动我国绿色建筑发展的实施意见[J]. 中国建材资讯，2013（03）：26-27.

[10] 蔡昉. 中国经济增长如何转向全要素生产率驱动型[J]. 中国社会科学，2013（01）：56-71，206.

[11] 蔡浩，李海静，刘静. 从国际比较看碳达峰对中国经济的启示[J]. 新金融，2021（05）：23-29.

[12] 陈诗一，祁毓. 实现碳达峰、碳中和目标的技术路线、制度创新与体制保障[J]. 广东社会科学，2022（02）：15-23，286.

[13] 陈效东. 谁才是企业创新的真正主体：高管人员还是核心员工[J]. 财贸经济，2017，38（12）：127-144.

[14] 陈永森,陈云.习近平关于应对全球气候变化重要论述的理论意蕴及重大意义[J]. 马克思主义与现实, 2021（06）：18-25, 195.

[15] 代明,殷仪金,戴谢尔. 创新理论：1912—2012——纪念熊彼特《经济发展理论》首版 100 周年[J]. 经济学动态, 2012（04）：143-150.

[16] 邓运泉. 煤炭资源利用的现状及可持续发展的对策[J]. 内蒙古科技与经济, 2017（15）：3.

[17] 丁卫东,刘明,杜胜品. 交通方式与城市绿色交通[J]. 武汉科技大学学报（自然科学版）, 2003（01）：50-53.

[18] 杜胜品,孔建益,丁卫东. 城市绿色交通规划的研究及发展对策[J]. 武汉科技大学学报（自然科学版）, 2002（02）：172-174.

[19] 付丽,杨顺顺,赵越,陈鸿汉. 基于绿色交通理念的城市交通可持续发展策略[J]. 中国人口·资源与环境, 2011, 21（S1）：367-370.

[20] 高吉喜,侯鹏,翟俊,等. 以实现"双碳目标"和提升双循环为契机,大力推动我国经济高质量发展[J]. 中国发展, 2021, 21（S01）：6.

[21] 高世楫,俞敏.中国提出"双碳"目标的历史背景、重大意义和变革路径[J]. 新经济导刊, 2021（02）：4-8.

[22] 巩前文,严耕. "绿色生产"指数构建与测度：2008—2014 年[J]. 改革, 2015（06）：73-80.

[23] 郭朝先,王嘉琪,刘浩荣."新基建"赋能中国经济高质量发展的路径研究[J]. 北京工业大学学报（社会科学版）, 2020, 20（06）：13-21.

[24] 郭道燕,陈红,龙如银. 消费端碳交易市场中政府初始碳配额分配策略研究——基于政府和家庭演化博弈的视角[J]. 中国人口·资源与环境, 2018, 28（04）：43-54.

[25] 郭敬生. 论民营经济高质量发展：价值、遵循、机遇和路径[J]. 经济问题, 2019（03）：8-16.

[26] 国际碳行动伙伴组织（ICAP）发布的《全球碳市场进展 2020 年度报告》.

[27] 国家旅游局监督管理司. 绿色旅游饭店标准释义[M]. 北京：中国旅游出版社, 2017：18.

[28] 国内道路交通行业现有碳排放核算方法整理. https://zhuanlan.zhihu.com/p/476574322.

[29] 过秀成,孔哲,叶茂. 大城市绿色交通技术政策体系研究[J]. 现代城市研究, 2010, 25（01）：11-15.

[30] 韩文科,张建国,谷立静. 绿色建筑：中国在行动[M]. 北京：中国经

济出版社，2013.

[31] 何诚颖，闻岳春，常雅丽，耿晓旭. 新冠病毒肺炎疫情对中国经济影响的测度分析[J]. 数量经济技术经济研究，2020，37（05）：3-22.

[32] 胡孝平，史万震. 基于产业复合生态系统的十堰市生态文化旅游发展研究[J]. 江苏商论，2011（09）：131-133.

[33] 胡雪萍. 绿色消费[M]. 北京：中国环境出版社，2016：11.

[34] 黄润秋. 生态环境问题根本上还是高碳能源结构问题[J]. 电力设备管理，2021（08）：1.

[35] 黄少军. 经济增长理论与趋同问题[J]. 华南师范大学学报（社会科学版），1998（04）：1-8，124.

[36] 贾军. 中国制造业绿色发展的锁定形成机理及解锁模式[J]. 软科学，2016，30（11）：15-18.

[37] 蒋育红，何小洲，过秀成. 城市绿色交通规划评价指标体系[J]. 合肥工业大学学报（自然科学版），2008（09）：1399-1402.

[38] 解天荣，王静. 交通运输业碳排放量比较研究[J]. 综合运输，2011（08）：20-24.

[39] 解振华. 中国的绿色发展之路[M]. 北京：外文出版社，2018.

[40] 金碚. 关于"高质量发展"的经济学研究[J]. 中国工业经济，2018（04）：5-18.

[41] 金度欣. 绿色旅游发展规划的理论与实践[D]. 成都：四川大学，2002.

[42] 金吾伦，李敬德. 鼎力打造首都创新生态系统[J]. 前线，2006（10）：15-17.

[43] 金一南. 大国战略[M]. 北京：中国言实出版社，2017.

[44] 景晓波. 发掘"双碳目标"下的新发展　开辟"双碳经济"下的新模式[J]. 起重运输机械，2021（19）：1.

[45] [英]克里斯托弗·巴纳特. 你一定爱读的极简未来史[M]. 侯永山，译. 北京：北京联合出版公司，2019.

[46] 黎文靖，郑曼妮. 实质性创新还是策略性创新？——宏观产业政策对微观企业创新的影响[J]. 经济研究，2016，51（04）：60-73.

[47] 李进，于海琴，陈蕊. 燃煤发电厂 CO_2 排放强度计算方法解析与应用[J]. 环境工程学报，2015，9（07）：3419-3425.

[48] 李李. 碳中和对天津产业结构和能源结构的影响研究[J]. 天津经济，2021（09）：17-21.

[49] 李莉，吴洁，岳超源. 城市可持续发展指标体系及综合评价研究（一）

[J]. 武汉城市建设学院学报，2000（02）：30-35.

[50] 李文华. 独家揭秘中国特高压前世今生[N]. 中国电力报，2021-03-30.

[51] 李香菊，杨欢. 财税激励政策、外部环境与企业研发投入——基于中国战略性新兴产业A股上市公司的实证研究[J]. 当代财经，2019（03）：25-36.

[52] 李迅，张国华，黄坤鹏. 中国城市交通发展的绿色之路[J]. 城市规划学刊，2008（06）：51-56.

[53] 梁霄. 基于熵权法-SVM 的绿色技术创新指数构建及其有效性评价[D]. 徐州：中国矿业大学，2021.

[54] 梁艳芬. 新冠肺炎疫情对世界经济的影响分析[J]. 国际经济合作，2020（02）：4-11.

[55] 廖志高，刘攀. 中国碳达峰研究综述及其启示[J]. 广西职业技术学院学报，2021，14（06）：1-9.

[56] 林丽树. 美国通史[M]. 北京：人民出版社，2002.

[57] 刘冰，高闯. 组织信息体制、制度化关联与高技术企业集群治理效率[J]. 中国工业经济，2006（03）：21-28.

[58] 刘冬飞. "绿色交通"：一种可持续发展的交通理念[J]. 现代城市研究，2003（01）：60-63.

[59] 刘国伟. 零碳经济的市场新风口氢能发展并非"氢"而易举[J]. 环境与生活，2021（05）：12-23.

[60] 刘汉元，刘建生. 重构大格局能源革命：中国引领世界[M]. 北京：中国言实 出版社，2016.

[61] 刘良平. 工业革命时期英国煤炭工业的发展及安全机制[D]. 湘潭：湖南科技大学，2012.

[62] 刘培，陈浩. 绿色创新型制度的发展与变迁过程[J]. 生态经济，2021，37（06）：27-31.

[63] 刘俏. 碳中和与中国经济增长逻辑[J]. 中国经济评论，2021（Z1）：18-23.

[64] 刘淑春. 中国数字经济高质量发展的靶向路径与政策供给[J]. 经济学家，2019（06）：52-61.

[65] 刘晓龙，崔磊磊，李彬，杜祥琬. 碳中和目标下中国能源高质量发展路径研究[J]. 北京理工大学学报（社会科学版），2021，23（03）：1-8.

[66] 刘馨蔚. "双碳"目标是场硬仗 经济复苏需要"绿色"[J]. 中国对外贸易，2021（10）：14-15.

[67] 刘雅静. "碳达峰、碳中和"目标的实现逻辑——基于政府、市场与社

会三元驱动的视角[J]. 中共山西省委党校学报，2022，45（01）：59-65.

[68] 刘振亚. 这项处于世界引领地位的原创技术，对碳达峰和碳中和意义何在[N]. 瞭望，2021-03-15.

[69] 陆化普. 城市绿色交通的实现途径[J]. 城市交通，2009，7（06）：23-27.

[70] 陆敏，苍玉权. 碳交易机制下政府监管和企业排放的博弈研究[J]. 当代经济，2018（01）：78-80.

[71] 陆旸. 环境规制影响了污染密集型商品的贸易比较优势吗？[J]. 经济研究，2009（04）：28-40.

[72] 鹿晨昱，成薇，黄萍，等. 中国工业绿色发展水平时空综合测度及影响因素分析[J]. 生态经济，2022，38（03）：54-61，69.

[73] 罗巧灵，David Martineau. 美国交通政策"绿色"转型、实践及其启示[J]. 规划师，2010，26（09）：5-10.

[74] 罗志恒. 新冠疫情对经济、资本市场和国家治理的影响及应对[J]. 金融经济，2020（02）：8-15.

[75] 毛建辉. 政府行为、环境规制与区域技术创新——基于区域异质性和路径机制的分析[J]. 山西财经大学学报，2019（05）：54.

[76] 孟路. 轨道交通与城市土地利用相互作用的研究[D]. 成都：西南交通大学，2003：1-10.

[77] 孟祺、隋杨. 垂直专业化与全要素生产率——基于工业行业的面板数据分析[J]. 山西财经大学学报，2010（01）：58-64.

[78] 能源转型委员会与落基山研究所联合发布的《中国2050：一个全面实现现代化国家的零碳图景》.

[79] 牛叔文，丁永霞，李怡欣，等. 能源消耗、经济增长和碳排放之间的关联分析——基于亚太八国面板数据的实证研究[J]. 中国软科学，2010（05）：12-19，80.

[80] 牛文元. 可持续发展理论内涵的三元素[J]. 中国科学院院刊，2014，29（04）：410-415.

[81] 牛文元. 中国可持续发展战略框架[J]. 科学对社会的影响，1996（01）：22-27.

[82] 潘海啸. 中国城市绿色交通——改善交通拥挤的根本性策略[J]. 现代城市研究，2010，25（01）：7-10.

[83] 潘家华，廖茂林，陈素梅. 碳中和：中国能走多快？[J]. 改革，2021（07）：1-13.

[84] 齐绍洲，林屾，崔静波. 环境权益交易市场能否诱发绿色创新?——基于我国上市公司绿色专利数据的证据[J]. 经济研究，2018，53（12）：129-143.

[85] 祁毓，卢洪友，张宁川. 环境质量、健康人力资本与经济增长[J]. 财贸经济，2015（06）：124-135.

[86] 秦茜，袁振洲，田钧方. 绿色交通理念下的慢行系统规划方法研究[J]. 规划师，2012，28（S2）：5-10.

[87] 人民网. 陈雨露：绿色金融"三大功能""五大支柱"助力碳达峰碳中和[EB/OL]. （2021-03-07）[2021-04-29]. http://finance.people.com.cn/n1/2021/0307/c1004-32044837.html.

[88] 上官增前. 关于我国发展绿色旅游的探讨[J]. 林业经济问题，1992（03）：1-4，10.

[89] 佘时飞. 经济增长理论文献综述[J]. 科技经济市场，2009（08）：38-39.

[90] 厍向阳，李同升. 区域可持续发展系统结构及协调度分析[J]. 西安建筑科技大学学报（自然科学版），2000（02）：132-134，146.

[91] 申桂英.《关于加快建立健全绿色低碳循环发展经济体系的指导意见》印发[J]. 精细与专用化学品，2021，29（03）：1.

[92] 什么是碳足迹？碳足迹计算及案例. https://zhuanlan.zhihu.com/p/425998402.

[93] 沈毅，张清正. 研发补贴、股权集中度与企业研发投入[J]. 预测，2020，39（03）：42-49.

[94] 慎丽华，森豪利，郝艳萍. 中日韩三国"绿色旅游"的理念与现状[J]. 中国海洋大学学报（社会科学版），2006（04）：30-34.

[95] 石培华，吴普，冯凌，等. 中国旅游业减排政策框架设计与战略措施研究[J]. 旅游学刊，2010（06）：13-18.

[96] 孙博文，张友国. 中国绿色创新指数的分布动态演进与区域差异[J]. 数量经济技术经济研究，2022，39（01）：51-72.

[97] 孙轩. 当前我国资源型城市推动绿色转型的难点与对策[J]. 重庆理工大学学报，2021，35（12）：7.

[98] 田红娜，毕克新，吕萍. 制造业绿色工艺创新的动力机制研究[J]. 湖南大学学报（社会科学版），2013，27（01）：78-84.

[99] 田素华，李筱妍. 新冠疫情全球扩散对中国开放经济和世界经济的影响[J]. 上海经济研究，2020（04）：109-117.

[100] 仝允桓，陈晓鹏. 企业面向低收入群体的可持续创新[J]. 中国人口·资源与环境，2010，20（06）：125-130.

[101] [加]瓦茨拉夫•斯米尔. 能源神话与现实[M]. 北京国电通网络技术有限公司,译. 北京:机械工业出版社,2016.

[102] 万周燕,肖艳. 中国工业绿色发展质量综合测度与空间分异研究[J]. 全国流通经济,2021(16):136-138.

[103] 王彩霞. 新时代高质量发展的理论要义与实践路径[J]. 生产力研究,2018(10):18-22,67.

[104] 王刚,沈建武. 城市"绿色"交通规划[J]. 规划师,2004(07):63-65.

[105] 王晋,刘瑾,吴佳佳,等. 正确认识和把握碳达峰碳中和[N]. 经济日报,2022-03-11(007).

[106] 王婧. 企业绿色技术创新与"双碳"目标下的城市转型升级[J]. 张江科技评论,2021(04):22-24.

[107] 王娟,王毅. 企业员工学历水平与企业创新绩效[J]. 西安交通大学学报(社会科学版),2016,36(06):40-46.

[108] 王磊,魏雪斐,靳博越,等. 实现碳达峰碳中和的关键路径建议——基于"双碳"顶层设计文件中高频词汇分析[J]. 可持续发展经济导刊,2022(03):39-41.

[109] 王伟. "双碳"目标下电力辅助服务发展方向解析[J]. 新能源科技,2021(04):4.

[110] 王宪恩,赵思涵,刘晓宇,等. 碳中和目标导向的省域消费端碳排放减排模式研究——基于多区域投入产出模型[J]. 生态经济,2021,37(05):43-50.

[111] 王旭东. 我国煤炭行业高质量发展指标体系及基本路径研究[J]. 中国煤炭,2020,46(02):22-27.

[112] 王一鸣. 抢抓碳达峰碳中和重大战略机遇　推动产业结构优化升级[J]. 智慧中国,2021(12):27-29.

[113] 威锋网. 微软宣布人工智能地球 AI for Earth 创新奖获得者[EB/OL]. (2018-12-14)[2021-09-30]. https://www.sohu.com/a/281833426_161062.

[114] 文彦. 基于低碳旅游视角的炎陵县旅游资源综合开发研究[D]. 长沙:湖南师范大学,2010.

[115] 吴昊灵,袁振洲,田钧方,等. 基于绿色交通理念的生态新区交通规划与实践[J]. 城市发展研究,2014,21(02):106-111.

[116] 习近平. 决胜全面建成小康社会　夺取新时代中国特色社会主义伟大胜利——在中国共产党第十九次全国代表大会上的报告[M]. 北京:人民出版

社，2017.

[117] 夏清华，王瑜. 不同年龄阶段下中国企业绩效对创新投入的影响——来自制造业上市公司的动态面板数据[J]. 工业技术经济，2015，34（12）：88-95.

[118] 肖丽娜. 绿色和白色证书交易市场在中国的应用研究[D]. 上海：上海交通大学，2008.

[119] 肖胜和，连云凯. 发展广西绿色旅游浅论[J]. 桂林旅游高等专科学校学报，2001（04）：14-16.

[120] 肖佑兴，明庆忠，李松志. 论乡村旅游的概念和类型[J]. 旅游科学，2001（03）：8-10.

[121] 邢慧娜，黄润秋. 推动生态环境质量持续好转——生态环境部部长黄润秋国新办新闻发布会答记者问[J]. 环境经济，2021（16）：12.

[122] 徐政，左晟吉，丁守海. 碳达峰、碳中和赋能高质量发展：内在逻辑与实现路径[J]. 经济学家，2021（11）：62-71.

[123] 薛莹，胡坚. 金融科技助推经济高质量发展：理论逻辑、实践基础与路径选择[J]. 改革，2020（03）：53-62.

[124] [英]亚当·斯密. 国民财富的性质和原因的研究[M]. 北京：商务印书馆，1981：89.

[125] 杨博文.习近平新发展理念下碳达峰、碳中和目标战略实现的系统思维、经济理路与科学路径[J]. 经济学家，2021（09）：5-12.

[126] 杨洪林. 中国绿色旅游的内涵、现状与应对措施[J]. 和田师范专科学校学报，2007（01）：32-33.

[127] 杨燕. 绿色创新的概念内涵和特性：与一般意义上创新的比较与思考[J]. 东北大学学报（社会科学版），2013，15（06）：557-562.

[128] 殷广涛，黎晴. 绿色交通系统规划实践——以中新天津生态城为例[J]. 城市交通，2009，7（04）：58-65.

[129] 袁建明，谢晓琳. 基于 ANP-熵值法的工业绿色发展度测度研究[C]. 第十届（2015）中国管理学年会论文集，2015：28-36.

[130] 张海峰，姚先国，张俊森. 教育质量对地区劳动生产率的影响[J]. 经济研究，2010，45（07）：57-67.

[131] 张江雪，张力小，李丁. 绿色技术创新：制度障碍与政策体系[J]. 中国行政管理，2018（02）：153-155.

[132] 张丽伟. 中国经济高质量发展方略与制度建设[D]. 北京：中共中央党校，2019.

[133] 张利飞. 高科技产业创新生态系统耦合理论综评[J]. 研究与发展管理，2009（03）：70-73.

[134] 张启龙，刘璐，孙彬彬，等. 我国"碳达峰、碳中和"现状及其实施路径分析[J]. 中国建材科技，2022，31（01）：83-86.

[135] 张润朋，周春山，明立波，等. 紧凑城市与绿色交通体系构建[J]. 规划师，2010，26（09）：11-15.

[136] 张运生. 高科技企业创新生态系统边界与结构解析[J]. 软科学，2008（11）：96-102.

[137] 赵小云. 绿色交通与城市可持续发展[J]. 城乡建设，2002（09）：13-14.

[138] 郑江淮，付一夫，陶金. 新冠肺炎疫情对消费经济的影响及对策分析[J]. 消费经济，2020，36（02）：3-9.

[139] 邹统钎. 绿色旅游产业发展模式与运行机制[J]. 中国人口·资源与环境，2005（04）：43-47.

[140] Alex Longley. Bofa Sees Oil Demand Peaking by 2030 as Electric Vehicles Boom. Bloomberg, January 22, 2018, https://www.bloomberg.com/news/articles/2018-01-22/bofa-sees-oil-demand-peaking-by-2030-as-electricvehicles-boom.

[141] Chris Bradshaw. The Valuing of Trips[J].Prepared for Ottwalk and the Transportation working Committer of the Ottawa-Carleton Round-Table on the Environment, 1994(13): 13-15.

[142] Eric C Evarts. BMW Plans 12 All- electric Models by 2025. Green Car Report.

[143] Eric Garcetti L A. Green New Deal: Sustainable City Plan, 2019, http://plan.lamayor.org/sites/default/files/pLAn_2019_final.pdf (accessed May 9, 2019), 11.

[144] Evangelos C.Matsoukis Privatization of Parking Management in Greece[J]. Transport Policy, 1995, 2(1): 25-31.

[145] Gussler C, James P. Driving Eco-innovation: A Breakthrough Discipline GorInnovation and Sustainability[M]. Financial Times/Prentice Hall, 1996.

[146] Henbest et al. New Energy Outlook 2018.

[147] Horbach J, Rennings K. Environmental Innovation and Employment Dynamics in Different Technology Fields-an Analysis Based on the German Community Innovation Survey 2009[J]. Journal of Cleaner Production, 2013, 57: 158-165.

[148] INRIX. Los Angeles Tops INRIX Global Congestion Ranking, News Release, 2017, http://inrix.com/press-releases/scorecard-2017.

[149] James Osborne, Peak Oil Demand, a Theory with Many Doubters. Houston Chronicle, March 9, 2018, https://www.chron.com/business/energy/article/Peakoil-demand-a-theory-with-many-doubters-12729734.php.

[150] James P. The Sustainability Cycle: A New Tool Gor Product Development and Design[J]. The Journal of Sustainable Product Design, 1997: 52-57.

[151] Kerner B S, Rehborn H. Experimental Properties of Phase Transitions in Traffic Flow[J]. Physical Review Letters, 1997, 79(20): 4030-4033.

[152] Kinjal J. Shah, Shu-Yuan Pan, Ingyu Lee, Hyunook Kim, Zhaoyang You, Jian-Ming Zheng, Pen-Chi Chiang, Green Transportation for Sustainability: Review of Current Barriers, Strategies, and Innovative Technologies[J]. Journal of Cleaner Production, 2021, 326.

[153] Klemmer P, Lehr U, Löbbe K. Environmental Innovation: Incentives and Barriers[M]. Analytica, 1999.

[154] M E Porter. Clusters and New Economics of Competition[J]. Harvard Business Review, 1998: 16-24.

[155] Michael E Porter. Clusters and the New Economics of Competition[J]. Harvard Business Review, 1998 (11): 26-30.

[156] Navigant Research. Transportation Forecast: Light Duty Vehicles, 2017, https://www.navigantresearch.com/reports/transportation-forecast-light-duty-vehicles.

[157] OECD.Sustainable Manufacturing and Eco-innovation—Toward a Green Economy[R]. Policy Brief, 2009.

[158] Pavitt K. Sectoral Patterns of Technical Change: Towards a taxonomy and a theory. Res. Pol. 1984, 13, 343–373.

[159] Porter M E. The Competitive Advantage of Nations[M]. Free Press, 1998: 165-178.

[160] Rennings K. Redefining Innovation: Eco-innovation Research and the Contribution from Ecological Economics[J]. Ecological Economics, 2000, 32 （2）: 319-332.

[161] Ron Bousso and Karolin Schaps, Shell Sees Oil Demand Peaking by Late 2020s as Electric Car Sales Grow. Reuters, July 27, 2017, https://www.reuters.com/article/us-oil-demand-shell/shell-sees-oil-demand-peaking-by-late-2020sas-electric-car-sales-grow-idUSKBN1AC1MG.

[162] Rosenfeld S A. Bringing Business Clusters into the Mainstream of Economic Development[J]. European Planning Studies, 1997, 5 (01): 3-23.

[163] Su Yuqi, Liu Xin, Ji Junping, Ma Xiaoming. Role of Economic Structural Change in the Peaking of China's CO_2 Emissions: An Input-output Optimization Model[J]. Science of The Total Environment, 2020 (prep).

[164] Taylor.Transport Implications for Urban Air Quality in Austria Outcomes of National in Quarry[J]. Urban Transport and the Environmental Mechanics Publications, 1998, 35(08): 121-152.

[165] Weber A. Alfred Weber' Theory of the Location of Industries[M]. Chicago: University of Chicago Press, 1929: 161-165.